# Managing for Happiness

## Games, Tools, and Practices to Motivate Any Team

# マネージング・フォー・ハピネス

## チームのやる気（モチベーション）を引き出すゲーム、ツール、プラクティス

ヨーガン・アペロ　著
寳田雅文　訳

明石書店

This translation published under license with the original publisher John Wiley & Sons, Inc.
through Japan UNI Agency, Inc., Tokyo

M3.0
WEB

ヨーガンの本は実用的で楽しいし、それ以上に良いのは破壊的なことだ。この本を十分に活かして取組みを始めることができれば、組織全体が変革していく様を目の当たりにするだろう。

セス・ゴーディン Author of *The Icarus Deception*

---

見事で、反直感的で、創造的なマネジメントの方法だ。非常に洞察に満ちていて、かつ人間味に溢れている。この本を読むことを強くお勧めする！

デレク・シヴァース Founder of CD Baby, TED speaker, author of *Anything You Want*

---

Managing for Happinessは進化し続けるマネジメントの世界に存在する最高の旅路だ。

トーマス・リビン Director Project Management at Aptilo Networks

---

私たちが生きているこのリアルタイムの世界で、仕事の性質は変化しており、より良い方向に向かう可能性がある。人々はさらに自律的かつ生産的になる一方で、簡単に自滅してしまうこともある。ヨーガンはこの楽しくて面白い本を掲げ、こういった重要な変化に取り組んでいる。

デビッド・マーマン・スコット Bestselling author of *The New Rules of Marketing and PR*

---

マネージャーがあなたの周りの問題を解決するのを待つ必要はない。あなた自身が自分にとっての運命のマネージャーとなり、舵を取ればいいのだ。この洞察に溢れた本は、あなたが進むべき道に導くだけではなく、周りの人がより良い職場環境を自分たち自身の手で築くための方法を教えてくれる。

カミル・ポシアデータ Agile Software Developer

---

人々のエンゲージメントを高め、仕事を改善し、クライアントを喜ばせる。これらの信念がこの素晴らしい本には存在する。この本が教えてくれるのは、組織のあらゆるマネジメントのレイヤーを、創造性、生産性、エンゲージメントが湧き出る源泉に変革していく方法だ。

マーシャル・ゴールドスミス A Thinker Top 50 Expert, Top Ten Global Business Thinker, and top-ranked Executive Coach

---

今日では、すべてのマネージャーはマーケッターだ。あなたは自分のアイデア、計画、ソリューションを売り込む必要がある。Managing for Happinessは私たちひとりひとりが自分自身のキャリアと世界への貢献をマネジメントする責任を持つ世界で、成功への道を示してくれる。

ペネロペ・トランク Author of *Brazen Careerist: The New Rules for Succcess*

---

この世界で最も良いマネージャーのひとりにどうやったらなれるか？　プロのスポーツ選手であれば、良いコーチに付いてもらって毎日練習する。ヨーガン・アペロのManaging for Happinessはモダンマネージャーのためのエクササイズやプラクティスをたくさん教えてくれる、言わばあなたのパーソナルコーチだ。あなたに必要なのは毎日のエクササイズなのだ。

トビアス・ライスガング Systems Engineering Manager at Texas Instruments

---

急激に変化する世界では、もはやマネージャーに課せられた課題を予測可能なニュートンの教義で解くことはできない。ちょうど良いタイミングで出たヨーガン・アペロのこの本は、明日のマネージャーの定義となる考え方を提示してくれる。その内容は目新しくも、驚くほどの馴染みやすさがある。

ディーン・スローン Chief Technology Officer at Equinox IT

---

マネジメントの次の段階がどういったものになるか知りたいか？　悪いことは言わない。ヨーガン・アペロのManaging for Happinessを手に取ろう。この本にはエクササイズやアクティビティだけでなくマネジメントのヒントが詰まっている。Managing for Happinessはこれからの人々のエンゲージメントを高めるやり方についての洞察を提供してくれる。

ジョン・バルドーニ Author of *MOXIE: The Secret to Bold and Gutsy Leadership*, Chair of Leadership Development at N2Growth

---

小気味いいマネジメントの本がほしい？　であればManaging for Happinessを手に取ろう。すべての章にハッと気づかされる瞬間がある。私はこの本を出勤の際に読んでいたが、オフィスに着く頃には、職場を改善して皆を笑顔にするような素晴らしい考えが浮かんでいた。

ジャンヌ・エステル・テボー President of Montreal IIBA Chapter

---

私は700人ものソフトウェア開発チームを見ており、2週間ごとに高品質のソフトウェアを届け、顧客を幸せにするためにさまざまな人やチームの能力を最大限に引き出さなくてはいけないという課題を抱えている。この本は、チームが情熱を持って正しいことを正しくやり続けるために必要な洞察、ツール、物語、ゲームなどを提供してくれる。

ヨハン・リベール Director of Applications Europe at Cegeka

---

複雑な世界に適応していくマネジメントを夢見ているだろうか？　そんなあなたには良い知らせがある。これは現実の出来事だ！　ヨーガン・アペロのManaging for Happinessでは、チームのコラボレーションを促し、価値観を共有できるようにし、スキルを伸ばす機会をつくり、モチベーションを高めていく方法が紹介されている。これはまさにアジャイルな庭師にとっての道具箱だ。今やあなたは世界を変える力を持とうとしている。この刺激的な本を読み、私のように組織の幸せを耕そう。

ロイク・レオフォールド AGILE and Management Consultant at Astrakhan

---

リーダーシップを正しく身につけるのは難しい。しかし、きちんとしたツールとエクササイズを活用すれば仕事は極めて簡単になる。この本は、そういったツールやエクササイズに加えて、21世紀のマネージャーが持つべき洞察も提供してくれる。働く人々や仕事の内容は、これまでの10年と比べて根本的に異なってきている。より良いマネージャーになり、チームを成功に導いていくよう読者を奮い立たせる。ヨーガンの本は彼らを夢中にさせるだろう。

マイク・ピアース Development Manager at MOO.com

---

マネジメントが非常に重要でマネージャーだけに任せておけないのであれば、この本を読もう。ヨーガンがこの本に記したアジャイルなマネジメントプラクティスはIT部門だけに適用するにはあまりにも価値がありすぎる。モチベーションが高く、状況に機敏に対応でき、多様性を持ったチームは、今日の金融サービスの世界でも成功の柱となっている。この本を読めば、あなたもその柱の立て方がわかるだろう！

トマシュ・シトコフスキー Acting CRO at mBank CZ/SK

---

今の世代はワークライフの融合を楽しんでいる。人々はマネジメントに「身を乗り出す」ことに気づき、反応を示すだろう。Managing for Happinessはオフィスから一歩踏み出すための完全なガイドを提供し、あなたの旅路を楽しませながらも、ゴールとして描いた成功の文化を確立させていくだろう。

セバスチャン・ディエゲス Agile Coach and Evangelist

---

多くの著者が主張していることをヨーガン・アペロは体現している。彼はこの簡単で魅力的な本のなかで、刺激的な組み合わせやはっきりとしたアイデアを提供している。もしあなたがリーダーたちと強く生産的な関係性を育むための実行可能なアドバイスがほしいのなら、このヨーガンの本を読むことを強く勧める。

マイク・マイアット Author of *Hacking Leadership*, a Forbes Leadership columnist, and founder at N2Growth

---

この本にはマネジメントのビジョンを描くための独特の方法が記載されている。ヨーガン・アペロがこの本で提供しているのは、あなたが自分の環境を変えようとしたときに簡単に試せるプラクティスやエクササイズだ。あなたは自分のマネジメントの能力を伸ばしていくなかで、私のようにきっとこう言うだろう。「ありがとう、ヨーガン！」

アレクシス・モンヴィル Chief Agility Officer at eNovance, Cofounder of Ayeba

---

# 訳者はしがき

かつて、私はひとりのチェンジエージェントとして全社的な変革の取組みをリードしたことがある。それは、本書におけるエクスプロレーションデイズ的なものだった。いくつかの状況が重なり、モチベーションの高い人たちがチームを形成し、誰の指示でもなく、今の状況を何とかして変えていく動きを自分からとっていた。幸運にも、おそらく彼らのモチベーションやエンゲージメントを高めるような状況づくりや働きかけが意図せず出来ていたのではないかと思う。

取組みはまたいくつかの状況が重なって終わっていったが、そこで得た経験は今の私に大きな影響を与えている。私のなかで目指すべきチーム像が「モチベーションの高い人たちが、お互いに信頼し合い、コラボレーションしながら高い成果を発揮していく」という形になっていったのも、そこからだ。

特定の誰かが他の人を管理したり、特定の誰かの能力に依存したりすることを良しとする働き方をチームのコラボレーションで凌駕したい。もっと言えば、（善意がエゴとはよく言ったもので）自分の信念に基づく正しさを結果で証明したい。今やこれは私が働くうえでの目的であり、存在意義だ。

前者の働き方は、階層構造（ヒエラルキー）主体の働き方とも表現できる。人や組織は複雑適応系であるため、ヒエラルキーでは本来のパフォーマンスを引き出すことができず、むしろ抑制してしまっているというのが本書の根幹にある考え方だ。

これは、人やチームを信頼して裁量に任せる働き方と表現できる。チーム志向の働き方が広まってきている現状では、そう受け入れづらい考え方ではなく、むしろ常識と言えるかもしれない。

ただし、本書にもあるとおり、常識と習慣は違う。健康的な食生活を送るのは常識だが、つい食べ過ぎたり飲み過ぎたりするのが習慣になっている人は少なくないと思う（何を隠そう、私もそうだ）。同じように、人やチームを信頼して裁量に任せるのは常識と捉えているが、自分はそうすべき立場にあるという前提で他の人に指示や指摘をしたり、自分の思いどおりに動いてもらうために他の人を細かく管理したり、チーム間や組織間のコミュニケーションの経路に必ずマネージャーとして介在するなど、無意識でもそれを阻むような行為が習慣になっている人も少なくないと思う。

近年、デジタルトランスフォーメーションのような組織変革が最重要課題になっている会社は多い。在りたい姿を描いた後、たいていは、これまでに築いてきた経験や成功体験から得た考え方に基づくシステムがネックになる。これは組織の習慣ともいえる。

本書では、まさにそういった組織の習慣を変えるための入り口となる具体的な実践方法が紹介されている。ゲームのように始められるものばかりなので、本当に簡単に、誰でもどんな会社でも、明日から実践できる。

また、本書で特徴的なのは、人を信頼するアプローチに重きをおきつつも、目的はあくまで組織の生産性にあるという主張だ。幸せすら生産性の手段となる。幸せや良好な関係性を求めることだけが目的になってしまい、コンフォートゾーン（悪く言うとぬるま湯）に嵌ってしまった経験を持つ人は少なくないと思う。この主張は、そういった落とし穴を避けるための観点も与えてくれる。

さあ、特定の誰かに頼るのはもうやめよう。私たちは、本当の意味で皆の力を合わせることで、新しい組織の在り方に到達できる。そこにあるのはまぎれもなく生産性の高い組織だ。そして、そうしていくための仕事は、他の誰かに任せるにはあまりにも重要すぎる、あなたの仕事なのだ。

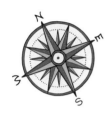

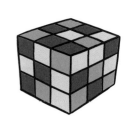

# 序文：皆にとってのより良いマネジメント

良いアイデアはすんなりと受け入れられるものではない。勇気をもって忍耐強く習慣づけていく必要がある。

ハイマン・リックオーバー
アメリカの提督
（1900-1986）

私はある従業員のパフォーマンスと生産性について改善を試みたことがある。彼が奮起するきっかけになればと思い、彼の昇給を他のチームメンバーよりも低く設定してみたのだ。結果はうまくいかなかった。状況はさらに悪化し、私の善意は宇宙からことごとく嫌われているかのようだった。最終的にはチーム全体のモチベーションが低下し、恨みを買うことになった。

言い訳になるかもしれないが、この従業員の仕事は酷かった。私は彼のマネージャーとして、顧客からサービス品質やその不足に対する苦情や脅しや罵倒に対処しなければならず、絶望を感じていた。なんとかしなければいけなかったのだ！　それで手を打ってはみたが、間違ったアプローチだった。何をやってもうまくいかず、私はマネージャーという立ち位置に嫌気がさしていた。

それが20年前の話だ。

あなたはマネージャーとして選択を迫られる。チームのモチベーション低下をそのまま放置するわけにはいかない。あなたは何かをしなければいけないのだ！　この本はそういった状況に役立つだろう。21世紀のチームやマネージャーに必要なプラクティス〔訳注：具体的な実践方法〕やエクササイズがたくさんある。その多くは、私よりも皆のモチベーションを高めるのに長けており、素晴らしいチームのマネージャーになっていった人たちから拝借してきたものだ。幸運にも、私も自分なりに考えた実験のいくつかを敢行してみる勇気を持ち合わせていたようで、その結果、小さな成功を重ねることができた。そういったこともあって、この本で紹介するアイデアには私がシンプルに考えたものも含まれている。

私がマネジメントというものを好きになったのは、同僚たちを悪いマネジメントプラクティスで苦しめるのを止めることを決心したその瞬間からだ。私は、世界的なManagement 3.0ライセンスプログラム、講演、論文、本、コースウェアなど何らかの形で関わってくれる人で構成されるHappy Mellyビジネスネットワークをマネジメントしている。その運営において、私は年次ボーナスを誰にも支払うことはない。休暇、フレックス勤務、オープンドアの制度も明文化していない。私の連絡先にある誰であっても、年1回の業績評価を怖れる必要はない。Management 3.0ファシリテーターやHappy Mellyメンバーなど、私と一緒に働く多くの人には興味深い共通の特徴がある。皆、エンゲージメントが高く、仕事の改善が大好きで、どうしたらクライアントに喜んでもらえるかを熱心に学ぼうとしているのだ。彼らひとりひとりと個室で定期的な1on1も実施せずに、どうしてそれが実現できているのだろうか？

去年、今の私のチームメンバーのひとりが「あなたは私が初めて出会った最低ではないマネージャーだ」と言った。きっと褒め言葉なのだろう。かつて私がチームのモチベーションをめちゃくちゃにしてしまったあのときから20年の月日が経っていた。今や私は、チームメンバーが幸せであり、モチベーションを感じており、生産性が高まっているといえることを誇りに思っている。それに加えて、私は彼らのマネージャーとして最低ではない。ひと安心だ。

この本は皆にとってのマネジメントの本だ。開発者、アーティスト、作家、チームリーダー、ミドルマネージャー、デザイナー、プロジェクトマネージャー、プロダクトマネージャー、人事マネージャー、マーケッター、テスター、コーチ、メンター、コンサルタント、トレーナー、ファシリテーター、起業家、フリーランスなどさまざまな人を対象にしている。程度の差はあれど、誰もがマネジメントの当事者なのだ。この本があなたに伝えるのは、世界中にある会社の事例を踏まえたより良いマネジメントの実践方法だ。もしかしたら、マネージャーも少なくてすむかもしれない。彼らは私たちのために道を開いてくれたのだ！

さあ、この本を読んでほしい。私の20年もの試行錯誤の成果が数日で学べるはずだ。「幸せな組織のつくり方」を紹介しよう。素晴らしいプラクティスや、マネージャーに頼らないマネジメントの取組みの数々が、それを教えてくれる。

そして、次の20年は私にとって本当に意味のあるマネジメントの実験の旅になるはずだ。あなたがこの旅に一緒に参加してくれることを願っている。

ヨーガン・アペロ, 2015年12月 jurgen@noop.nl

この本の執筆にあたって、傷つき苦しんだマネージャーはひとりもいませんのでご安心ください。

M3.0
WEB
MARTA

# イントロダクション

Management 3.0とは

幼い頃に信じていたのとは違い、上司であることと、腕を振ったり、威張って歩いたり、「私は上司だ！　私は上司だ！」と声をあげたりすることはほとんど関係がない。

ティナ・フェイ
アメリカのコメディ女優
(1970-)

組織の文化が酷くてもマネージャーを責めてはいけない。組織を幸せにするのは皆の仕事だ。より良いマネジメントとは皆のエンゲージメントを高め、システム全体を改善し、クライアントにとっての価値を向上させることを意味する。しかし、ほとんどの人にとってはこれらの原理を知るだけでは十分ではない。彼らは具体的なプラクティス、あるいは継続的なエクササイズが必要だ。

マネジメントはマネージャーに任せるにはあまりにも重要すぎる。20年間マネージャーを務め、2冊のマネジメントの本を書き、30もの国でマネジメントの講座を80回ほど開催し、世界中で100を超えるカンファレンス（マネジメントがテーマのものもあった）で講演したことで、この結論に辿り着いた。私は、多くのリーダーがマネジメントの問題の解決策を知らないことに気づいた。エンジニア、教師、コンサルタント、デザイナーのようなほとんどのナレッジワーカーが、マネジメントも（ある程度は）自分の仕事であることに気づいていない。しかし、周囲の雑音を抑え、ファイルを整理し、会議室を整え、顧客を満足させるようなマネジメントは**皆の仕事**だと私は確信している。私たちは皆、あるときはマネージャーという定義にあてはまる。[1]

嬉しいことに、私の公開ワークショップに参加したすべての参加者のうち、自分がマネージャーだと考えている人は20%以下だ。残りの80%は、開発者、コーチ、コンサルタント、起業家、チームリーダー、あるいは他の**クリエイティブワーカー**（後述のコラム参照）となる。この参加者の多様さは、マネジメントという仕事がマネージャー以外のたくさんの人にも関係していること、あるいは私の募集が下手で対象外の参加者が集まってしまったことのどちらかを表している。願わくば前者であってほしいものだ！

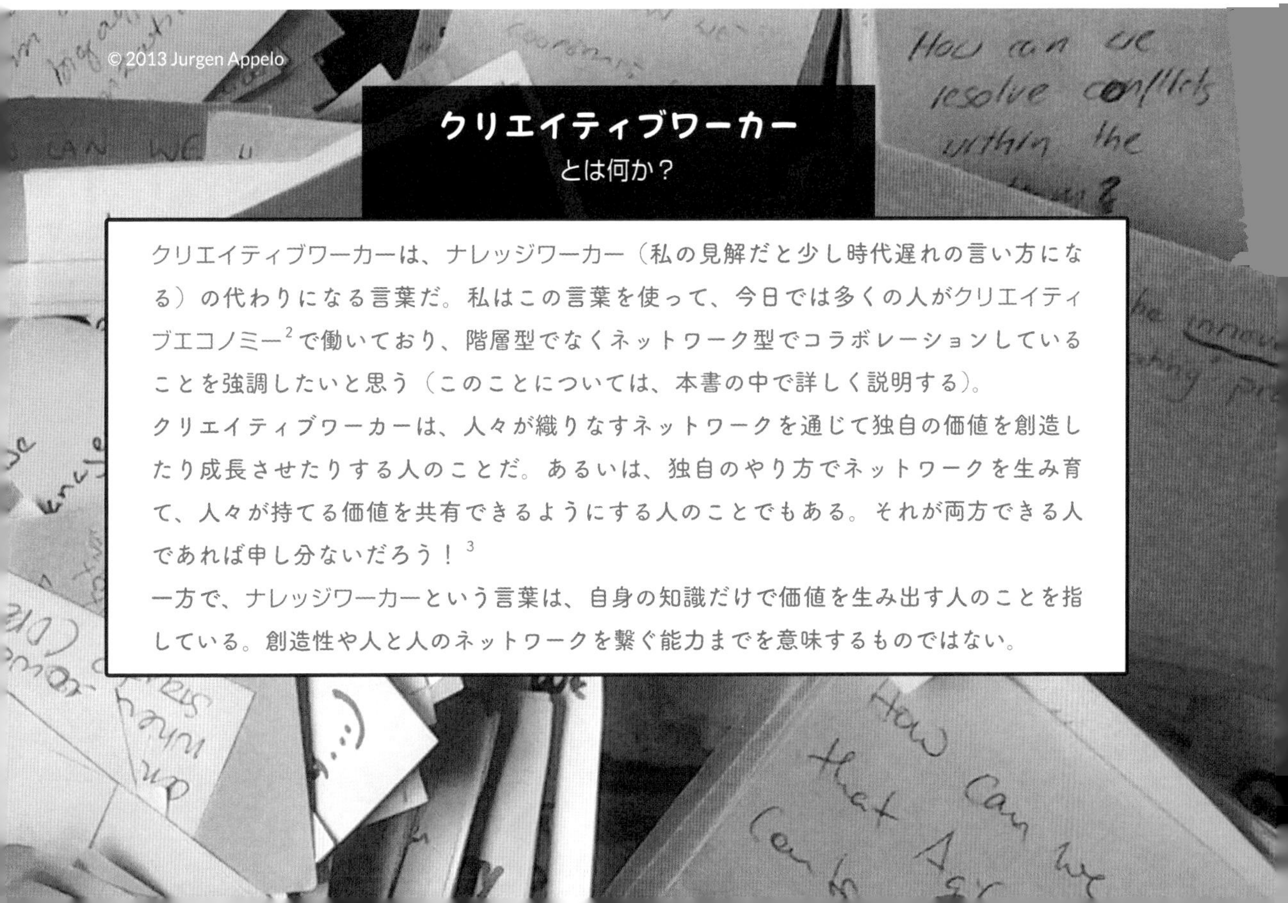




## クリエイティブワーカー
とは何か？

クリエイティブワーカーは、ナレッジワーカー（私の見解だと少し時代遅れの言い方になる）の代わりになる言葉だ。私はこの言葉を使って、今日では多くの人がクリエイティブエコノミー[2]で働いており、階層型でなくネットワーク型でコラボレーションしていることを強調したいと思う（このことについては、本書の中で詳しく説明する）。

クリエイティブワーカーは、人々が織りなすネットワークを通じて独自の価値を創造したり成長させたりする人のことだ。あるいは、独自のやり方でネットワークを生み育て、人々が持てる価値を共有できるようにする人のことでもある。それが両方できる人であれば申し分ないだろう！[3]

一方で、ナレッジワーカーという言葉は、自身の知識だけで価値を生み出す人のことを指している。創造性や人と人のネットワークを繋ぐ能力までを意味するものではない。

私は2年間、マネジメントワークショップで世界中の参加者から寄せられた質問を記録し続けた。質問箱は、2,000枚近くのカラフルな付箋（sticky notes）で埋まった。つまり、同数の厄介（sticky）な問題があるということだ。箱に投函された多くは、私が行く先々で報告されたのと同じか似通った問題だった。私がよく受けたのは以下の質問だ。

- どうすれば皆のモチベーションを高められるか？
- どうすれば組織文化を変えられるか？
- どうすればマネージャーのマインドセットを変えられるか？
- どうすればチームが自ら責任を負うようになるか？
- どうすればチームワークやコラボレーションを改善できるか？
- どうすればマネージャーにチームを信頼してもらえるか？
- どうすれば皆のコンピテンシー〔訳注：高いパフォーマンスを発揮する人が持つ行動特性のこと〕を高められるか？
- どうすればアジャイルでない組織をアジャイルにできるか？

最後の質問以外は**すべて**、言い替えると「どうすれば**他者**を変えられるか？」になる。このような考え方は、「人が人の行動をコントロールする」という従来のマネジメントのアプローチからくるものだ。しかし、こういったすべての問題が、単にマネジメントを間違って解釈した結果によって引き起こされているとしたらどうだろう？　他者をコントロールしようとしているとき、問題が一向に解決されないどころか新しい問題がどんどん増え続けていくことに驚かなければならないのだろうか？　皆が**自分たち**の改善に目を向けないのであれば、お互いに文句を言い合う関係になってしまっても何ら不思議ではないと思わないだろうか？

私は参加者に「いろんな改善方法や革新的なマネジメントプラクティスなどの世界的な動向について知っていることはあるか？」とよく聞くが、ほとんどの場合、ごく少数の手しか挙がらない。しかし「自分の組織の文化は変わる必要があるか？」と聞くと、ほぼ全員の手が挙がる。改善方法を学んでいる人が少数にもかかわらず、自分の組織の現状のやり方の欠点を見出す人は多い。もしかしたら、彼らが他の場所でうまくいっている方法を学び始めたとしたら、一緒に文化を変えていくことは可能かもしれない。彼らが互いにコントロールするのを止め、自分自身を改善していくようにしたのなら、問題はもう出なくなるかもしれない。

## この本の**大事なところ**

この本では、マネジメントのアプローチを改善することに焦点を当てている。私は、デザイナー、ミドルマネージャー、プロジェクトマネージャー、メンター、トレーナー、フリーランスなどを含むクリエイティブワーカー全員に、コラボレーションを通じて仕事をマネジメントするやり方を変えるためにできることを伝えたい。さきほどあげた問題を全部解決する必要はない。あなたが別のマネジメント観を持つことにしたなら、それらの問題は自ずと解消に向かうだろう。また、あなたはマネージャーの許可を得るまで待つ必要はない。まずはあなたから変わろう。刺激を与えよう、そして楽しもう、この本を！

マネージャーを含む世界中の働く人が味わっている不幸は、メリー・シャムという架空の人物が体現している。25年もの間ずっと、メリーは自分の仕事が大嫌いだ。彼女は私の生まれ故郷であるオランダのロッテルダムにある大きな看板に描かれている。彼女はオフィスに座ってカメラに向けて薄ら笑いを浮かべ、1990年から一度も仕事を止めたことはない（ただし、2013年のオフィス工事期間にとった休暇は除く。その後、彼女は別のフロアで仕事に戻っている）。メリー・シャムは、アーティストでありフォトグラファーであるケン・ラムによって生み出された。私にとっては、組織で不満や不幸を感じているが、仕事を辞める覚悟がまだできていないすべての働く人の象徴だ。いくつかの研究によると、こういった人は世界の労働力の2/3を占めているそうだ。[4,5,6]

© 2013 FaceMePLS, Creative Commons 2.0
https://www.flickr.com/photos/faceme/8345123691

マネージャーであろうとなかろうと、働く人にとって幸せは重要だ。なぜなら、幸せな人のほうが生産性が高いからである。[7]私は「皆がマネジメントに対する責任を持ち、他者をマネジメントするのではなく、システムをマネジメントすることを学べば、働く人は間違いなくもっと幸せになれる」と固く信じている。しかし、皆は「もう我慢できない。自分のことは自分でやるぞ！」と立ち上がらない。これが酷い組織で苦しむ人がいなくならない唯一の理由だ。困ったことに、人々に自分の人生での大事な瞬間が何かを聞いてみると、たいていはプライベートで起こった出来事しか返ってこない。しかし、あなたの人生の最高の思い出が休暇のなかにしか見出せないとしたら、明日あなたは仕事に行かないほうがいいのかもしれない。

あなたの人生の最高の思い出が
休暇のなかにしか見出せないとしたら、
明日あなたは仕事に行かないほうが
いいのかもしれない。

## 間違ったことをしている

私がたくさんの旅をしている理由は、この21世紀型のモダンマネジメントについてのプレゼンテーションとワークショップをほぼすべての大陸で提供するためだ。私が共有したアドバイスやプラクティスを単なる常識だと言う人もいる。それは私も同意する。残念ながら、私がこれまでに観察してきた多くの場合において、常識は習慣ではない。私にとっての習慣は「映画を見る間にM&Msのジャイアントサイズ袋入りチョコレートを食べること」だ。常識は「自分の健康に注意して健康食品だけを食べること」だろう。組織にとっての習慣は「人をまるで機械のギアやレバーのように扱い、組織を機械のようにマネジメントすること」だ。私はこれを**Management 1.0**と呼ぶ。このマネジメントスタイルでは、組織はパーツの集合体とみなされる。全体を改善するには、パーツの監視、修理、交換が必要となる。Management 1.0はさまざまな場所で目にする。

例えば、ある人は「勝者がすべてを得る」組織を語る。こういった組織では、個人の成果をランク付けし、成績が振るわない人を排除する一方で、「ベストパフォーマー」にたくさんの仕事を割り振るべきだとされている。[8]彼らは前提として、「従業員はコラボレーションや目的の共有よりも競争や策略に苛まれるほうがいい」と思っているようだ。

また、上司が休暇に入ったときに従業員は「サボる」傾向があると主張する人もいる。そういう人は「猫がいないときにはネズミは遊ぶ」と考える。そして、トレッドミルで激しく運動しているネズミやチーズでパーティーを開いているネズミがいないかをときどき角からそっと覗き見するために、上司はオフィスに戻るべきと言うのだ。[9]ワークライフバランスは悪であり、猫の「仕事」は誰からもチェックされる必要がない、というのがこの主張の前提だ。

この考えを突き進めて、従業員がオフィスツールを使っているか、本当に仕事しているか、Skypeで友人と雑談をしていないか、Facebookで投稿を上げていないか、Photoshopで子どもの写真を編集していないかについて、上司は常に監視すべきだと主張する人もいる。このプラクティスの重要で倫理的なポイントは「皆が監視されていることを皆に知らせる」というところだ。[10]この場合の前提は「マネージャーは誰も信用しないことを受け入れて初めて、マネージャーとして皆からの信頼を保てる」ということだ。

まったく何ということだろう。

興味深いことに、こういった記事は私のオンラインニュースリーダーに毎日たくさん送られてくる。この無意味さと言ったらどうだ。年間、いや、人生において、延々と押し寄せてくるのを想像してみてほしい！　こういった記事は、私にとって「従業員をひとりの大人として扱うのは常識だが、習慣ではない」ことの明確な証拠だ。しかし、これは一方で職場をより良くしていこうとする人にとっては大きなチャンスでもある。やれることは明らかにたくさんあるのだ。

従業員を
ひとりの大人として扱うのは
常識だが、
習慣ではない。

## 正しいことを間違ったやり方でしている

幸運にも、それをいくらか学んだ人たちもいる。**Management 2.0**の組織では「人こそが最も価値のある資産」と認識している。また、マネージャーがサーバントリーダーとなって、「良い組織から素晴らしい組織」へと導く必要があるのも認識している。これらは確かに的を射た考えであるが、悲しいかな、往々にしてマネージャーは間違ったアプローチをとってしまう。彼らは一部を改善するだけでは組織全体の改善は実現できないと正しく理解しているが、同時に階層型組織に従うことに固執する。また、人間というものはトップダウンのコントロールや有無を言わせない改善のやり方には好ましい反応をしないという事実も忘れがちだ。

マネージャーが従業員と定期的に**1on1**を実施するのは良い考えだ。[11]これは私もポジティブに受け止めている。つまり、マネジメントとはそれぞれの人に向き合うことであり、メンバーが本当にやりたいことを見つけられるようにし、一緒に大きな成果を出す道を探していく必要があるということだ。ただ、残念ながら、多くのマネージャーは「人を直接マネジメントするのではなく、人を取り巻くシステムをマネジメントすべき」ということをわかっていない。マイクロマネジメントはチームに任せるべきであることを理解していない。そのため、各メンバーの目標設定のために1on1を使い、進捗報告を求める。こういったやり方は、コマンド&コントロール型組織の典型的特徴である上下関係を強化してしまうだけだ。

**360度フィードバック**もとても効果的だが、[12]マネージャーが独立した観測者ではないというのが問題だ。マネージャーの視点だけで組織のメンバーのパフォーマンスを客観的に評価するのは不可能なため、複数の観点から評価する必要がある。残念なことに、パフォーマンスを計測する方法自体がメンバーのパフォーマンスに影響を与えてしまうのに気づいていない人もいる。それで人事部門がパフォーマンス計測のために匿名でお互いに評価するようなITツールを導入するとどうだ。信頼は破壊されてしまう。なぜなら、従業員について、従業員同士よりもマネージャーのほうが多くを知り得る状態になってしまうからだ。こうなると、あたかもマネージャーはメンバーよりも重要な存在であるかのように強調されてしまう。

**バランススコアカード**[13]の考え方にも大きな誤りはない。計測することで起きる問題は、ひとつのメトリクス〔訳注：ある事象を大まかに数値で傾向を把握する場合に使用する指標群〕を使うと、人は簡単に（仕事のある部分を改善する一方で他の部分をないがしろにしてしまうような）部分最適に陥ってしまうということだ。そのため、組織のパフォーマンスをより全体的に把握するためには、複数の観点が必要になる。



従業員について、
従業員同士よりも
マネージャーのほうが
多くを知り得る状態になってしまう。

残念ながら、マネージャーが組織を階層型として認識し続ける場合、通常、組織というシステムのどの部分にもゴールとメトリクスを課そうとする。しかし、複雑系では、パフォーマンスは部分間の相互関係次第となるのが通常であり、適切なゴールやメトリクスはトップダウンで目標設定するようなフレームワークの一部ではなく、インテリジェントで局所的な相互作用からしか生まれない。

サーバントリーダーシップや、総合的品質管理（***Total Quality Management, TQM***）、制約理論などの多くのマネジメントモデルの背後にあるポジティブな考え方についてはまだまだ話したいことがたくさんある。組織をManagement 1.0から脱却させるためにはこれらすべてが間違いなく役立つだろう。Management 2.0の組織は少なくとも正しいことを**やろうとしている**。しかし、彼らはまだ階層型組織の考え方に留まっているため、ときに間違った方法を採用してしまう。良いアイデアを採用するまではよかったのだが、悪いアーキテクチャに無理やり合わせようとしてしまうのだ。これが一番の原因となり、良いアイデアがほとんど定着せず、流行やブームは約束を果たせないまま失敗に終わり、次から次に別のアイデアに取って代わられることを繰り返してしまう。[14]上司によって導入されたすべてのアイデアで一貫して達成されている効果は、上司のポジションを**より強くする**ことだけだ。

**TQMの本質的な欠陥は、導入された場合、多くのマネージャーが頭のなかで描いているとおりの機械的で階層型なモデルを強化してしまう傾向があることだ。**

クリス・アージリス *Flawed Advice and the Management Trap*, loc:359

マネージャーはメンバーより賢い必要はあるのだろうか？　最近、私は「マネジメントの仕事を担当するには賢い人である必要があるか」という興味深いメールの議論に参加したことがある。これは定期的に出てくるテーマだ。その理由は、他の人よりも高い役割を担っており、組織の広範囲を管理監督しているため、仕事がより複雑になるというものだ。責任が増す分、メンバーよりも賢い必要がある。

これは理にかなっているように聞こえるが、ナンセンスだ。

人間の脳が宇宙で最も複雑なシステムのひとつであることは科学者の間でも合意が得られている。脳とその他の人体の複雑性が相まって、ひとりひとりの人間を本当に、とても複雑なものにしている。おそらく、ほとんどの複雑系思考者（Complexity Thinkers）にとって最も有名な法則である**最小多様度の法則**（***the Law of Requisite Variety***）にはこう書かれている。

**システムが安定するためには、それをコントロールするメカニズムは、コントロールされる対象と同等以上に多様な状態をとり得るものでなくてはならない**〔訳注：2022年7月2日現在、この記述は「システムが効果的に適応するためには、システムがコントロールすべき外界の複雑性に見合うだけの複雑性がシステム内部に備わっている必要がある」と更新されている〕。

Wikipedia英語版, “Variety（Cybernetics）”

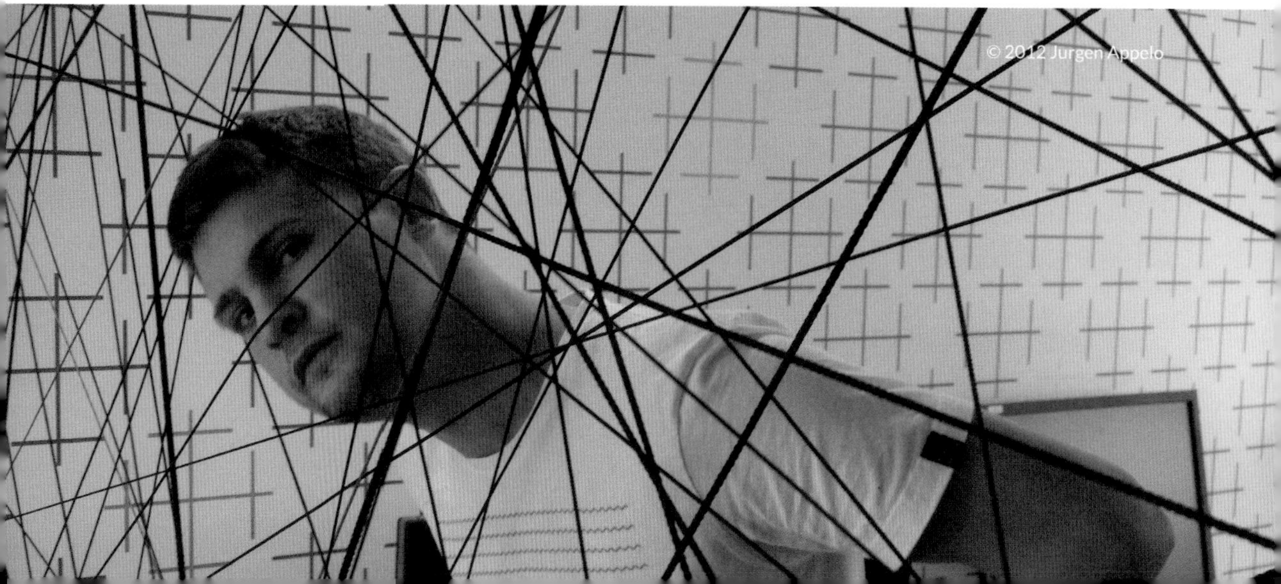

## 複雑系思考者
とは何か？

複雑系科学では、複雑系（生態系や経済など）の構成要素間の関係の積み重ねがどのようにシステム全体の振る舞いを引き起こすのか、また逆にシステム全体は構成要素にどう影響するのかを研究している。システム思考という言葉は、人間系（人やチーム、組織を含む）が環境とどう相互作用して、お互いにどう影響を与えるかを理解していくプロセスのことを指している。複雑系思考者は、複雑系に対する科学的研究から得られた洞察と社会システムの働きに関する理解の両方を活用する。

物理学者にとっての相対性理論（the Laws of Relativity）と同じように、マネージャーにとっては、最小多様度の法則が重要な法則だと主張する人もいる。[15]最小多様度の法則では、システムをコントロールする者は、**少なくとも**コントロール対象のシステムよりも**複雑**であることが必要だとされている。マネジメントの仕事に置き換えると、マネージャーがシステムを**完全にコントロール**するためには、対象のシステムと同等以上の複雑性で対処できなければならないことを意味している。

一見もっともらしいように聞こえるが、ひとつ注意したい。私はグループのマネージャーだったとき、人が織りなす（人と人の複雑な相互作用が全部入った）複雑系以上のことを複雑性を発揮して対処できたことは一度もない。これはまったく不可能なことだ！

ここでの問題は**コントロール**という言葉だ。この言葉は人間社会の文脈のなかで使うべきではない。人間はサーモスタット〔訳注：自動温度調節機構〕ではないのだ！　代わりに、**導く**、**コーチする**、**刺激を与える**、**モチベーションを高める**、**制約を加える**、**治める**、**支援する**といった言葉を使うべきだ。これらの言葉を使えば、人間系システムの複雑性の一部を自覚的に無視することになるため、最小多様度の法則を回避できる。

例えば、心臓外科医は、人体の複雑性のほとんどを無視している。彼は、手でなく、脳でなく、扁桃腺でなく、痔でなく、心臓のみに目を向ける。ただ、心臓の1点のみだ。それが彼の仕事なのである。事実、手術中の外科医は人体の複雑性の多くを無視するだろう。これにより、手術は純粋に難しいとは言えるだろうが、複雑ではなくなるのだ。しかし、手術前後に患者を受け持つ看護師は、患者の心身の健康に目を向ける。これは間違いなく複雑な仕事だ。しかし、彼らとしては心臓の詳細は無視する。それは外科医の仕事なのだ。

病院長についてはどうだろう？　彼女は「高い役割」を持つか？　彼女は、多くの医師、看護師、患者を含む病院全体に配慮している。だから彼女の仕事は「複雑性が高い」のだろうか？病院長の役割にはより賢い頭脳が必要なのだろうか？

そんなことはない！

病院にいる数百の患者と医療スタッフ、その複雑性は驚くほどだ。誰も病院を「コントロール」するなどとは口に出したりはしない。なぜなら、最小多様度の法則は**紛れもなく**病院長の脳に少なくとも他の全員分の複雑性を求めるからだ！　これは明らかにまともな話ではない。複雑系には、こういった中央集権的な仕組みは存在しない。病院長は膨大な複雑性を無視する。そして、彼女が重要とみなすことだけに目を向ける。あとは、優れたクリエイティブワーカーに委ねられている。事実、病院長の仕事は看護師の仕事よりも複雑性は**低い**かもしれない！

**複雑系には**
**中央集権的な仕組みは**
**存在しない。**

コントロール権限を委譲することは、複雑系をマネジメントする唯一の方法だ。他に選択肢はない。もし、私たちが権限委譲の選択肢を持たない場合、アメリカ大統領はアメリカ合衆国全体で最も高い知的処理能力を持った人がなるべきだろう。当然ながら、通常はそんな人物を大統領執務室に置かなくても、アメリカはうまく機能している。

率直に言って、マネジメントの仕事が「高い複雑性」を持ち、マネジメントの役割に「高い知的能力」を必要とする考え方はナンセンスだ。しかしながら、システム理論の理解が浅いときにこういう間違いを犯しやすいのは私にもよくわかる。多くのマネージャーがこの種の考え方を好むとしても驚くことではない！　自分が他者よりも優れているという声に耳を塞ぐ人はいないのではないだろうか？　自分の仕事が困難であり、かつ高額な対価を必要とする確証を得たくない人はいないのではないだろうか？「上司」として認められたくない人はいないのではないだろうか？「上司」が組織を大成功に導く宿命を持った「リーダー」であることを裏付けてくれる本は、子どもたちのパーティーで次々に出されるケーキのように消費されている。実際、Management 1.0とManagement 2.0の出版物は上位マネジメント層によく売れている。論理的には当然のことなのだ！

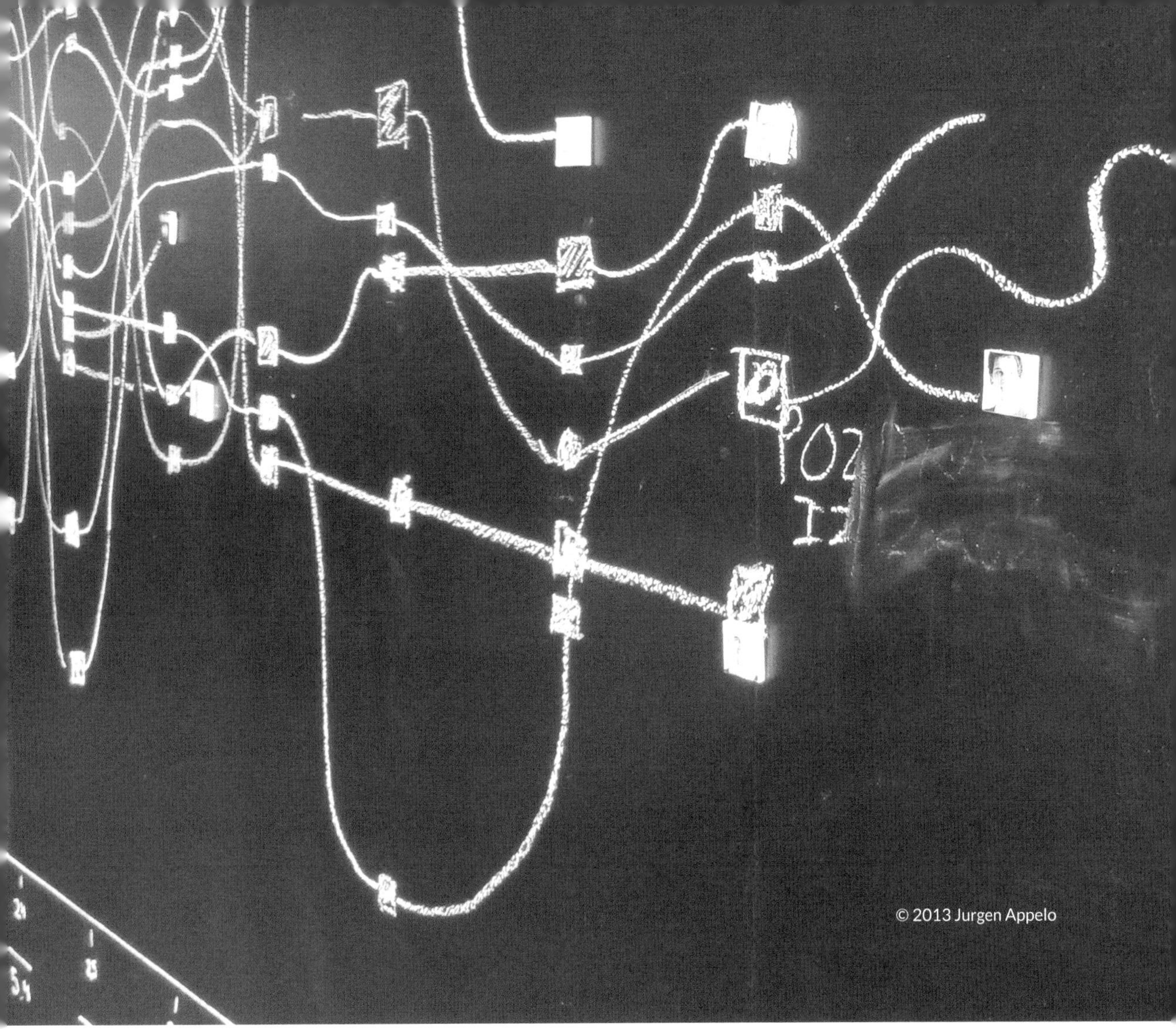


**伝統的な「ボス」像は完全に時代遅れになったとぼくは思う。「暴力団のボス」「労働組合のボス」「カジノの元締め」といった特定の場面では使えるかもしれないが、ボス然と偉そうにしているのは経営者に限らず、だれにとっても好ましい特徴とはいえない。**

リチャード・ブランソン『ライク・ア・ヴァージン——ビジネススクールでは教えてくれない成功哲学』（原題：*Like a Virgin*, loc: 2400）

ここ10年か20年で、アジャイル、リーン、スクラム、カンバン、脱予算経営、リーンスタートアップ、デリバリング・ハピネス、デザイン思考、リアルオプション、シナリオプランニング、コンシャス・キャピタリズムなど、たくさんの優れた考え方が世に出てきた。これらのマニフェスト、方法、ムーブメントには共通点がある。科学の力を借りて、より良い働き方を推進するという点だ。これらは両親から受け継いだ同じDNAを共有する家族だとも言える。両親とは**システム思考**と**複雑系理論**だ。これらの考え方は、実際の家族さながらに喧嘩することもある。

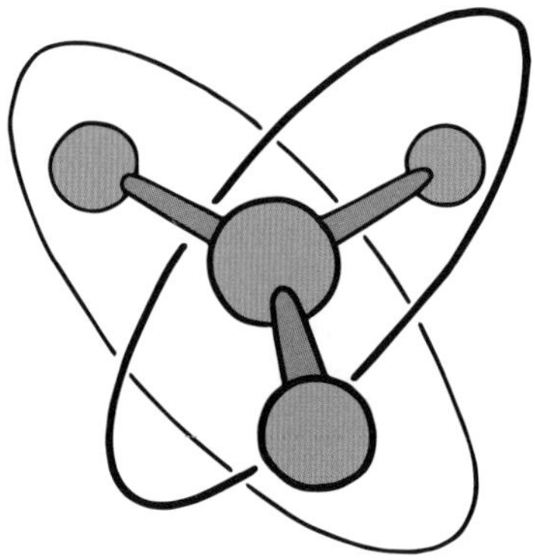

あいにく、多くのクリエイティブワーカーはこういった優れた考え方の導入が困難であることに気づいている。なぜなら、導入しようとすると、組織文化、組織構造、チェンジマネジメント、ピープルマネジメント、コマンド&コントロール型の階層組織といった障害に常にぶつかってしまうからだ。たいていの場合、これらのテーマはマネジメントに直接関係するとみなされる。[16]事実、Management 1.0や2.0に基づく文化やプラクティスは世界中で大きな障害となっており、仕事のやり方をもっとモダンで実用的なアプローチに変えていくのを妨げている。

このことは、マネジメントの専門家であるドラッカーの本を読んだ人にとっては驚くことでもない。彼は10年も前から説得力を持って、「マネジメントは人間のための活動であり、マネジメントこそが死活的・決定的に重要な要素なのだ」と主張している。[17]開発、デザイン、テスト、金融、マーケティング、人事など、どんな仕事であろうとその気になれば最適化できるものだ。しかし、マネジメントも常に変化していく必要がある。そうでなければ、せっかくの改善も虚しく壁にぶつかってしまうだろう。

**マネジメントも**
**常に変化していく必要がある。**

とても興味深いことに、ドラッカーはマネージャーという職種ではなく、**マネジメントする**行為が重要だと言っている。私がよく例に出すのは**テストする**行為と**テスター**という職種の違いだ。当然ながら、プロダクトをテストすることは極めて重要だ。しかし、専任のテスターと仕事をすることは重要ではないだろう。専任のテスターを置くことに対する有効性は、組織の規模、専門家の必要性など、さまざまな要因に依存する。しかし、テスターがいてもいなくても、**皆**は自分の携わるプロダクトをテストすることに責任を持つべきだ。酷いプロダクトになったときにテスターだけを責める人がいないことを私は願っている。

同じように、**マネジメント**は極めて重要であるが、専任のマネージャーがいなくてもマネジメントは行われるだろう。改めて言うが、専任のマネージャーを置くことの有効性は、組織の規模、マホガニーの机の必要性など、さまざまな要因に依存する。しかし、マネージャーがいてもいなくても、**皆**はマネジメントに責任を持つべきだ。とても酷い組織だったとしても、マネージャーのせいにしてはいけない！

冒頭に述べたとおり、マネジメントはマネージャーに任せておくにはあまりにも重要すぎると私は結論づけている。なぜなら、マネジメントは皆の仕事なのだから。

**マネージャーが**
**いてもいなくても、**
**皆はマネジメントに**
**責任を持つべきだ。**

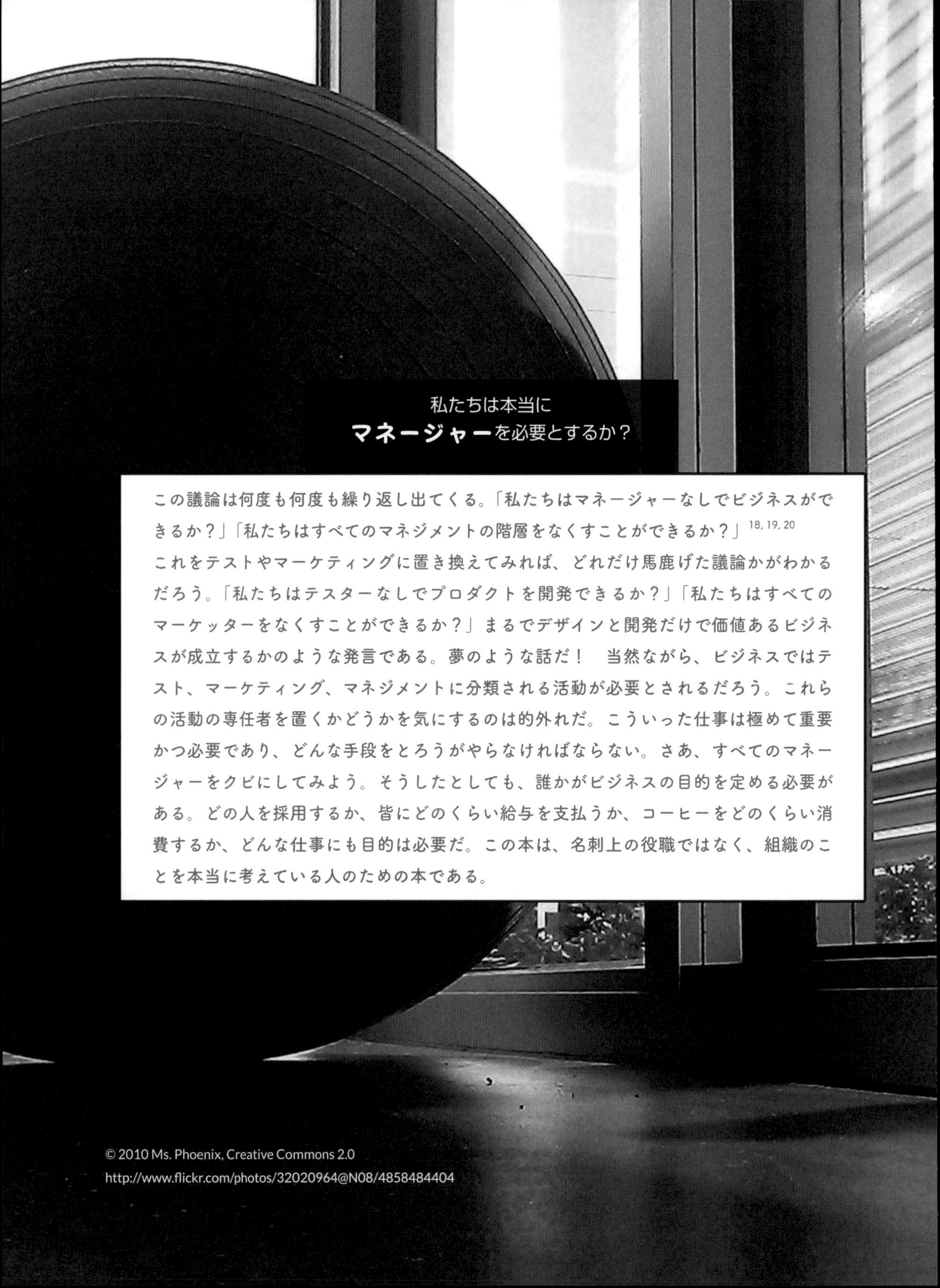

## 私たちは本当に **マネージャー**を必要とするか？

この議論は何度も何度も繰り返し出てくる。「私たちはマネージャーなしでビジネスができるか？」「私たちはすべてのマネジメントの階層をなくすことができるか？」[18,19,20] これをテストやマーケティングに置き換えてみれば、どれだけ馬鹿げた議論かがわかるだろう。「私たちはテスターなしでプロダクトを開発できるか？」「私たちはすべてのマーケッターをなくすことができるか？」まるでデザインと開発だけで価値あるビジネスが成立するかのような発言である。夢のような話だ！　当然ながら、ビジネスではテスト、マーケティング、マネジメントに分類される活動が必要とされるだろう。これらの活動の専任者を置くかどうかを気にするのは的外れだ。こういった仕事は極めて重要かつ必要であり、どんな手段をとろうがやらなければならない。さあ、すべてのマネージャーをクビにしてみよう。そうしたとしても、誰かがビジネスの目的を定める必要がある。どの人を採用するか、皆にどのくらい給与を支払うか、コーヒーをどのくらい消費するか、どんな仕事にも目的は必要だ。この本は、名刺上の役職ではなく、組織のことを本当に考えている人のための本である。

## Management 3.0の原理

私はManagement 1.0を「間違ったことをしている」、Management 2.0を「正しいことを間違ったやり方でしている」と表現した。おそらく、あなたはManagement 3.0は「正しいことをしている（か、もしかすると「間違ったことを正しいやり方でしている」）」と表現するのを期待しているはずだ。しかし、マネジメントにおいて「正しいことをしている」とは何を指しているのだろうか？　この質問に答えるためには、まず別の質問に答えておく必要がある。

たくさんの国を旅するなかで、いくつもの企業やカンファレンスのミーティングで多くの人と話してきた。そこでの素晴らしい点は、とても興味深い質問を受けることだ。最近だと、スウェーデンのヨーテボリでこんな質問を受けた。

**〈何かの方法〉の専門家が教えてくれたプラクティスをすべて実践してみたが、プロダクトは良くならず、いまだに組織も酷い状況にあるとしたら、どうすればいいか？　〈何かの方法〉で十分ではない場合、他に何ができるのか？**

ああ、これは簡単だ。原理が変わることはそうそうないが、プラクティスは状況によって常に変わる。そのため、答えはあなたが〈何かの方法〉をどう解釈するかにかかっている。あなたが背景となる原理に基づいてその方法を捉えているのであれば、その原理に反しない範囲で新しいプラクティスを常に考え出せる。しかし、もしもあなたが〈何かの方法〉を特定のプラクティス群にしか関連づけていないのなら、その先に待っているのは絶望だ。あなたはすぐに次の流行の言葉を求めるに違いない。

私の友人のなかには、工場生産された食品よりも自然食品を好む人がいる。彼らにとっては自然食品を消費するのが正しい行いなのだ。私はその意見を尊重している。大量生産された食品と自然食品のどちらが良いかを選ぶことは方法ではない。フレームワークでもなく、宗教でもなく、その人の生き方だ。それは私の友人が正しいと信じていることである。「正しいこと」をするということは、信念に沿って行動することなのだ。

私のマネジメントに対する信念は「組織は複雑（complex）かつ適応系（adaptive systems）であり、良いマネジメントとは、人を操作するのではなく、システムに気を配ること」だ。私は、働く人のエンゲージメントを高め、幸せであり続けられるように環境を改善していくことがマネジメントの責任のひとつだと考えており、それができない場合、組織は価値を生み出せなくなってしまうと考えている。私は、マネジメントはシステム全体を継続的に最適化していくべきだと考えている。それができない場合、組織が廃れていく日はいつか必ず訪れるだろう。また、私は、マネジメントはすべてのクライアントを横断した価値を最大化するよう配慮すべきだと考えており（後述の「クライアントやステークホルダー（あるいは「関係する人」）」を参照）、それができない場合、組織は機能不全に陥ってしまうと考えている。まとめると、マネジメントに関するグッドプラクティスとは以下のようなものだ。

1. マネジメントは人とその相互作用に関わる。
2. マネジメントは人がシステムを改善できるようにする。
3. マネジメントはすべてのクライアントを喜ばせられるようにする。

例えば、私は**歩き回るマネジメント**（2章の「パーソナルマップ」を参照）はグッドプラクティスだと考えている。実際に仕事しているチームとマネジメント層との交流が必要になるからだ。このプラクティスのゴールは、彼らの仕事を取り巻くシステムの改善方法を見つけ出すことであり、顧客やステークホルダーへの価値提供のやり方を理解することだ。

## クライアントやステークホルダー（あるいは「関係する人」）

この本では、私はクライアントとステークホルダーを互換性のある言葉として使っている。ステークホルダーは組織の活動に何らかの利害を持つ人のことを指し、クライアントは組織が提供する何らかの価値を享受する人のことを指す。大まかに言うと、クライアントはステークホルダーと同じものであり、顧客、株主、従業員、サプライヤー、コミュニティ、など、他も多く含んでいる。
悲しいことに、ステークホルダーは株主とよく間違われる。そしてクライアントは顧客とよく間違われる。適切に指す言葉がなかったため、この本ではクライアントとステークホルダーをまとめて指すことにした。顧客だけ、あるいは株主だけを指していないことを覚えておいてほしい。私が指しているのは、そのビジネスを気にかけていたり、関係しているすべての人だ（そのため私は英語辞書に「関係する人」として"involvee"という言葉を追加することを提案する）。

誰でも3つの原理を満たすような便利で新しいプラクティスを考え出すことができる。Management 3.0は、デリゲーションボード、Kudoボックス、ムービングモチベーターズ、フィードバックラップなどの具体的な行為で定義されるものではない（後述の章を参照）。これらのプラクティスやエクササイズは、マネジメントが組織を健康にするために実施できることの例にすぎない。自然栽培のコーヒーを飲んだだけで、その人がオーガニック思想を持つ人になるわけではないし、すべてのオーガニック食品の愛好者が全員コーヒーを飲むとも思えない。自然栽培のコーヒーはフレームワークや方法の一部ではなく、オーガニック食品を好むマインドセットを持つ人には非常に相性のいいシンプルなプラクティスだ。

同様に、Management 3.0もフレームワークや方法のどちらでもない。Management 3.0はあなたの仕事を取り巻くシステムのひとつの捉え方であり、普遍的な原理をいくつか持っている。メリットマネー、エクスプロレーションデー、サラリーフォーミュラ、ハピネスドアを適用するのは、Management 3.0のマインドセットと非常に相性がいい。どのプラクティスも必須ではないが、ぜひ検討してみてほしい。あるいは、あなたが自分なりのManagement 3.0のプラクティスを考え出してくれたら、もっと素晴らしいと思う。

そう、Management 3.0が「正しいこと」だと私は信じている。

## Management 3.0のプラクティス

専門家が特定の人たちの仕事のやり方について議論する場合、よく「ベストプラクティス」が引き合いに出される。対して、「ベストプラクティスなどというものはなく、あるのはグッドプラクティスだけ」という意見に私は同意する。だからといって何のプラクティスも提供しないのはもっと悪いことだ。基本的に、原理とプラクティスの両方を提供するのはグッドプラクティスである。プロジェクトマネージャー、ソフトウェア開発者、そして他の分野のクリエイティブワーカーは、毎日の仕事で利用できるプラクティスを非常に多く持っているが、マネジメントのグッドプラクティスとは一体何だろうか？

## 基本的に、原理とプラクティスの両方を提供するのはグッドプラクティスである。

本当に不思議なことだが、従業員たちにマネジメントのグッドプラクティスの例を聞いてみると、彼らは「顧客を喜ばせる」「共通の目的を持つ」「チームを信頼する」などの原理だけしか出てこないようだ。これらの回答は適切で十分に意味があるが、**具体的**ではない。具体的とは「初学者が月曜の朝にやるべきことを正確に理解できるくらい事細かに表現されたプラクティス」を指している。「サーバントリーダーになれ」は抽象的であり、「チームにコーヒーを出そう」は具体的だ。「自分自身を開放しなさい」は抽象的であり、「6ヶ月の休暇を取ろう」は具体的だ。

マネジメントに関しては、ほとんどの人が初学者だ。彼らは以下のような具体的なアドバイスや段階的な手引きを必要としている。

- **どのように**パフォーマンスを計測すればいいか？
- **どのように**業績評価を別の方法に置き換えればいいか？
- **どのように**給与や賞与を決めればいいか？
- **どのように**キャリアパスや昇格を提示すればいいか？
- **どのように**従業員のモチベーションを高めればいいか？

車の運転を習得する際に「車の運転で押さえておくべき原理は、傷害や殺害事件を起こさずに目的の場所に辿り着くことだ。グッドラック！」と伝えるだけでは不十分だ。初心者のドライバーはもっと多くの手引きを必要としている（私がそうだった！）。彼らは、シートの座り方、ハンドルの握り方、道路の見方、ヘッドライトや方向指示器の操作方法など、具体的な助言が必要だ。初心者ドライバーは、ヨーロッパではギアの使い方を学び、アメリカではカップホルダーの使い方を学ぶ。初心者ドライバーはすぐに原理を理解するだろうが、それはルールを遵守して生き残れたらの話だ。ルールはすべて、皆の安全確保に役立つプラクティスを提案しているに過ぎない。このことを説明するのはインストラクターの仕事だ。

残念なことに、具体的なプラクティスを教わったら、原理を理解せずに助言をそのまま文字通りに受け取ってしまう危険性がある。例えば、スタンドアップミーティングの目的は「簡潔で効果的かつ継続的なコミュニケーションのため」とチームが理解することが必要だ。しかし、あるチームでは、プラクティスの名前が「15分のデイリースタンドアップ」だからという理由で15分後にチームメンバーを解散させていたという話を聞いたことがある。また、別のあるチームからは、「スタンドアップミーティングで車椅子に座る人を許容できない」という話も聞いたことがある。スタンドアップしていないからというのが理由らしい！　このような原理を見失ったまま考えなしでルールに従ってしまう姿勢は、間違いなく官僚主義の前兆だ。

私がManagement 3.0のグッドプラクティスを提供する際、それと同じような原理主義や官僚主義の気風が生まれる危険も提供してしまう。例えば、皆でお互いへの感謝としてKudoカードを渡し合うことを提案すると、こんな質問を受けることがある。「これは匿名？　あるいは名前は公表する？」「カードは手渡し？　あるいは箱に投函すべき？」「紙でやるか？　それとも電子でも大丈夫なのか？」こういった質問は、まるで私が「朝、チームにコーヒーを差し入れてみたら？」と提案したときに、ミルクが必要か、砂糖が必要か、クッキーを追加してもいいのか、チョコ入りのクッキーにするかヘルシーなものにするか、お茶しか飲まないメンバーをどうしたらいいのかについて聞いてくるようなものだ。私は詳しく決めすぎることは拒むようにしている。なぜなら、私が言ったことをそのままチェックリストにされてしまう危険性があるからだ。チームにコーヒーを差し入れることの背後にある**原理**は「サーバントリーダーになること」であり、コーヒーを差し入れるのはそのための行動なのだ。

マネジメントの落とし穴にはまってしまったような話の紹介からこの章を始めてしまった。私は、あなたがもっと明るい気持ちになれるような事例を提供しないままにこの章を終えたくないと思っている。幸運なことに、私はたくさんの良い話をあなたに紹介できる。例えば、従業員によるオフィス空間の活用例がいくつかある。

オランダのロッテルダムのソフトウェア企業のVI Companyでは、マネジメント層がオフィスの壁の一部を大きな黒板に変え、さまざまな色のマーカーで従業員がオフィスを装飾できるようにした。あるチームは幸福度指数[redacted]をそこに書き出すことにして、チームメンバーたちは壁一面に色とりどりの線を引いた。その黒板はオフィスをこれ以上ないほど鮮やかにしただけでなく、チームの実験、学習、改善のニーズを促したというわけだ。

ノルウェーのオスロにあるCisco Systemsの従業員は、ランチエリアのテーブル・サッカーで遊ぶことが好きだ。しかし、それはただの**よくある**テーブル・サッカーではなく**特別**な代物なのだ！技術系の従業員たちが持てる技術を駆使して改造を施し、アップグレードしている。例えば、ふたつのゴールには、レーザービームが取り付けられ、テーブルは、ゴールの得点数を表示するためのデジタルカウンターが取り付けられている。テーブルはセキュリティカードリーダーも取り付けられていて、プレイヤーはテーブルで本人認証できる。従業員がこういう形にアップグレードできたのは、技術を試す体験が彼らの心を刺激するからであり、また、彼らが思うままにテーブル・サッカーを改造するために決して少なくはない時間を費やすことをマネジメント層が許容しているからだ。

ポーランドのグリヴィツェにあるFuture Processingでは、すべての従業員の名前と写真が壁に貼ってある。新しく入社した人の写真を撮影してランチエリアに貼り出すのはこの会社の伝統だ。その写真と一緒に人の名前が書かれたグラフがあり、この一年間の会社の急速な成長を表している。会社はそこで働くすべての人が責任を持っていることを認めており、それは彼らの誇りとなっている。

スペインのバルセロナにあるInfoJobsという会社は「最も良い職場」として知られている。従業員が会社の価値観に照らし合わせて会議室の名前を決め、決めた名前に応じた装飾が施されている。例えば、**幸せ**（***Alegría***）ルームには素敵な枕、ブランケット、花、本、ヨガマットがある。彼らが自分のことを表現できるようにしながら、少しばかりの幸せを体験できる部屋になっている。また、人事部署は人材開発支援（People Development Support）と名前を変えた。なぜなら、彼らはそのほうが自分たちの仕事をよく表現していると考えたからだ。

アイスランドのレイキャビクのオンラインゲーム会社であるCCP Gamesは、広いバーチャルの世界や宇宙、それにたくさんの戦艦やエイリアンをつくっている。私が最も興味深かったことは、その両側でふたつのチームが違うスタイルのタスクボードをうまく使っていたことだ。ひとつは「スクラム」ボード（要求やタスクが書かれ、見える化されたボード）で、プロダクトのリリースで繰り返しとなるフローを管理するために使われていた。もうひとつの「カンバン」ボード（スクラムボードとはまた別のワークフローの見える化のやり方）は、宇宙船の継続的な開発のために使われていた。そして、チームは自慢げにタスクボードの間を飛んでいる宇宙船の写真を私に見せてきたのだ！

スウェーデンのストックホルムにあるオンライン音楽配信会社のSpotifyでは、マネジメント層は新しいオフィスのデザインを従業員に任せた。皆とコーチが一緒に考え出したデザインは、ガラスや壁の代わりにワイヤーでメッシュ状に区切るもので、廊下から作業場にかけて開放的にしたままスペースを区切ることだった。このデザインは透明性とプライバシーを同時に実現している。

ドイツのベルリンにあるオンラインゲーム会社のWoogaにも、とてもモダンなオフィス空間がある。従業員はお互いに最も良いオフィスのデザインを競い合っている。私がこれまでに訪れた会社のなかで最も色鮮やかなオフィスであることがひと目でわかった。

そう、私はこれらすべての会社を自ら訪れたのだ（私はたくさん旅行すると言っただろう？）。確かに、オフィス空間の活用に関する工夫は純粋な装飾である場合もある。しかし、私が見学した事例は良いマネジメントの指標になるものだと考えており、高額な費用や努力が必要とならないことも多い。事実、ここであげた事例はシンプルであり、安く済んでおり、あまり豪華なものではない。しかし、それらはうまく機能している！　私は働く人の幸せや誇りを目の当たりにしてきた。私は自分の仕事をマネージャーが改善してくれるのを待たずに、マネジメントの責任を自ら果たしていく人々の姿を見た。クリエイティブワーカーが上司に選ぶのは自分自身だ。

クリエイティブワーカーが
上司に選ぶのは
自分自身だ。

これらは、従業員のモチベーションを高め、システムを改善すると同時に、ステークホルダーの価値を高めるための良いやり方だ。そして、優れたナレッジワーカーやクリエイティブワーカーは、何かを変えていくことに対して上司の許可を必要としない。幸運にも、似た話がこれからもたくさん出てくることだろう。

より具体的なマネジメントのプラクティスを求める気持ちはわかるが、だからといって「あるマネジメント方法」を定義するのには常に反対してきた。これは、あるマネジメント方法に関する一連のカンファレンス、あるマネジメント認定トレーナー、公式のあるマネジメント方法ツール、あるマネジメント方法の成熟度評価、あるマネジメントを正確に理解したかどうかのオンラインテストなど必然的な結果へと辿り着くだろう。やがて学びは失われる。これは複雑系科学に反するもので、システム思考とは相容れない。「科学に触発された」と「方法やフレームワークの提供」は言葉として既に矛盾を感じさせる。

私はときどき、ワークアウトをメタファーとして好んで使う。

ヨガやピラティスが「原理に辿り着くための手引きに基づいた大量の、~~痛みを伴う~~、便利なプラクティス集」の名称であることを誰もが理解している。それらは、方法やフレームワークを指しているわけではない。私たちは皆、毎日の20回の腕立て伏せがとても健康的であることを知っているが、それは必須ではない。グッドプラクティスを他の何かと置き換えるのはまったく問題ないのだ。事実、あなたのパーソナルトレーナーが言うように、たまには置き換えたほうがいい！　同様に、あなたは飽きるまでムービングモチベーターズ（第10章の「ムービングモチベーターズ」を参照）をできる。相手がうんざりするまでイェイ！クエスチョンで質問できる。価値がなくなるまでパーソナルマップを試せるし、その必要がなくなるまでデリゲーションボードをつくったとしてもおかしいことではない。

あなたはアーティスト、開発者、テスター、医者、マネージャー、リーダー、コーチ、ファシリテーター、公務員、起業家だろうか？　あなたの組織が幸せになるのを支援したいだろうか？

この本では具体的なマネジメントのプラクティスを提供している。なぜなら、皆が学ぶべきなのは「人をマネジメントするのではなく、システムをマネジメントするやり方」であるからだ。これらは、皆が「少数のマネージャーでより良いマネジメントができるようにする」ためのプラクティスである。組織の文化を変えるのに真面目なゲームとモダンなツールが役に立つだろう。明日からでも段階的に始められる。さあ、ワークアウトを始めよう。それはつまり、システムを健康に、そして、楽しくすることだ！

少数のマネージャーで
より良いマネジメントを始めよう。
Peter

You brought a lot of drive into the group, organized the group and took responsibility.
VERY HAPPY!
~Kudo~
To my whole Team
Marion, Willi, André, Jürgen, Monika, Dirk
we have great Discussions
CONGRATULAT
Thanks for lead the Team-table!
THANK YOU!
TOBIAS, THANKS FOR THE GREAT ATTENTION TODAY!
CONGRATULATI
3 Kids, a job, and a PhD.
MANY THANKS!
to: flo for his good suggestions especially for recruiting (Impro Cards)
MANY THANK
Georg!

第1章

# Kudoボックスと Kudoカード

より良い報酬で皆のモチベーションを高める

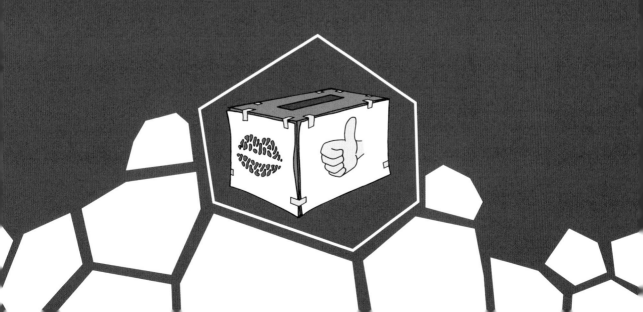

本当に長続きする価値は、いかなるときでも内からの贈り物だ。

フランツ・カフカ
オーストリア＝ハンガリー帝国の作家
（1883-1924）

従業員に報酬〔訳注：給与など金銭的なものに限らず、称賛や奨励などの内的報酬にあたるものもこの本では「報酬」と表現する。どちらに重きを置いているかは文脈で判断してほしい〕を与える方法には多くの誤りがある。シンプルで効果的なアプローチは、Kudoボックスの導入だ。そうすれば人々がお互いに小さな感謝を送り合えるようになる。Kudoボックスは「報酬にとっての6つのルール」を満たしており、ボーナスなどの金銭的な動機付けよりもはるかに効果的だ。

2001年、アメリカにあるエネルギー取引とITサービス企業であるEnronが倒産したのは、マネージャーが真実よりもボーナスを重視したためだ。彼らは組織の成功ではなく、自分たちの給料を最大化することにインセンティブを与えた。こういったある意味「創造的な」の不正行為は、Parmalat、WorldCom、Bernard L. Madoff、AIG、Baringsなどたくさんの企業で起こった。企業の歴史には、支払能力を上回るほどの個人の欲望やエゴで膨らんだ組織の残骸が散見される。また、専門家が何十年も前からボーナスとパフォーマンスの間に相関関係が立証されていないことを突きとめているにもかかわらず、「パフォーマンスに対するインセンティブ」の前提で、世界中のあちこちでボーナス制度が導入されている。[1]

確かに、行き過ぎた欲望は自由市場における大きな問題かもしれない。アメリカやヨーロッパの銀行は、個人的な成果に固執するあまり、これまでに誰も経験したことがないほどの深刻な不況に世界を陥れてしまった。[2]

**多くの状況において、成果に応じた給与を支払う場合、実際にはパフォーマンスを落としてしまうことが多い。それどころか、給与を多く支払えば支払うほどパフォーマンスが悪くなることを示す証拠は増え続けている。この事実を知ると、多くの人はショックを受けてしまうだろう。**

ニック・フレミング *“The Bonus Myth”*[3]

行き過ぎた欲望は
自由市場における
大きな問題かもしれない。

## 外発的動機

外発的動機は、給与、成績、称賛の言葉のような「外（他者）から与えられる報酬によって起こる行動」だ。報酬はマネジメントのツールとして最も扱いが難しく理解しづらい。しかし、適切な方法で運用できれば大きな成果を出すこともできる。残念ながら、多くのマネージャーは「もっとハードに、もっと長時間、もっと効果的に働かせたい場合、お金以外にうまく使えるものはない」という共通の前提を持つことが多い。また、「外発的動機は金銭を採用するのが最も効果的」という前提を持つことも多い。これらの前提は両方とも間違っている。

> **知識労働者も、他のあらゆる人間と同様、金を必要とする。しかし彼らは、金を絶対的な価値とはしない。成果や自己実現の代替として認めない。仕事が生計の資だった肉体労働者と異なり、知識労働者にとって仕事は生きがいである。**

ピーター・F・ドラッカー『経営の真髄［上］』（原題：*Management*）[4]

科学的研究により、パフォーマンスに対するインセンティブが実際は逆効果になってしまうことが明らかにされている。[5]報酬に対する期待（お金でも他の何かでも）は内発的動機が失われるため、逆効果だ。インセンティブによって、働く喜びを原動力にした行動を止めてしまう。これは過剰正当化効果と呼ばれている。[6]彼らは楽しさを求める代わりに、報酬を期待するようになる。

インセンティブによって、
働く喜びを原動力にした行動を
止めてしまう。
1000
1000
1000
1000

成果に基づいた報酬を与えると不正行為の危険性が増すという別の問題がある。なぜなら、人はより良い仕事をするよりも報酬を得ることに集中し始めるからだ。成果に基づいた報酬を従業員に与える場合、彼らは最短距離で成果を得るようになる。[7]機能不全を招くような不正を起こし、組織のパフォーマンスを徐々に衰えさせながら、ボーナスや同僚の年金基金を手に立ち去るのだ。

成果に基づいた大量のインセンティブを伴う外発的動機は、籠いっぱい金を積み込んだ熱気球のようなものだ。高価であり、飛び立たせるのは非常に困難だ。

## 内発的動機

幸いなことに、良い知らせもいくつかある。内発的動機を引き起こす報酬は、もっと効果的かつ持続的でコストも掛からないことが多い。📚 内発的動機とは、「人の内面から湧き起こる行動」だ。別の言い方をすれば、人は自分自身に報酬を与えている。

**影響力に長けた人は、まず重要な行動が内面的な満足に繋がるようにする。次に、社会的支援を準備する。人のモチベーションを高めようと外発的報酬を選択する前に、その両方をダブルチェックする。**

ケリー・パターソン[8]

## 次の６つのルールを踏まえれば、報酬の仕組みが組織にとって逆効果にならずにうまく機能する。

1

**報酬を事前に約束しない**

期待されないように報酬を与えよう。そうすると、人が意図を変えて報酬に集中するのを回避できるようになる。研究によると、誰かの良い仕事を認める場合、それをサプライズで伝えれば内発的動機は損なわれないとのことだ。[9]

2

**期待される報酬は小さく抑えよう**

ときとして、人の暗黙的な報酬に対する期待を防げないこともある。研究によると、大きな報酬がパフォーマンスを下げてしまうことがわかっている。しかし、報酬が小さければ、パフォーマンスに与えるリスクはごくわずかだ。[10]

3

**報酬は一度だけではなく、継続的に渡そう**

祝う対象を月1回や年1回しか考えないのは止めよう。何かしらの理由で毎日が祝う日になる。毎日が報酬の機会なのだ。[11]

報酬にとっての6つのルールは、内発的動機を破壊せず成長させながら、人のパフォーマンスを向上させ、仕事を楽しめる機会を作る。例えば、ミーティングでふとした瞬間に同僚の良い仕事を称賛しただけでも、それが6つのルールすべてを満たしていることに気づくはずだ。テーブルの向こう側から狙いを定めた投げキッスだってそうかもしれない（これはジョークだ！）。良い報酬の上手な導入はそれほど難しくはない。

4

**報酬は秘密にせず、公にしよう**

報酬を受けた理由を皆が知るべきだ。報酬を与える狙いは良い行動を習慣づけて認めることであり、仕事を楽しむことである。このためには、秘密にしておくよりも定期的に公の場で渡す機会を作るほうが効果的だ。[12]

5

**結果ではなく行動に対して報酬を与えよう**

行動が大変な労力や努力を必要とする一方、結果はショートカットできる場合がある。良い行動を重視すれば、人は行動の仕方を学ぶ。望ましい結果のみを重視する場合、彼らは不正行為のやり方を学ぶかもしれない。[13]

6

**報酬は上下関係ではなく、同僚間で渡そう**

報酬はマネージャーからのみ与えるべきではない。誰が称賛に値するかはマネージャーよりも同僚のほうがよく知っていることが多いからだ。お互いに報酬を与え合えるような環境をつくろう。

## Kudos（感謝の言葉）

お金が報酬として推奨されるのは、つまらない仕事や繰り返しの仕事をする人にモチベーションを高めてもらう必要がある場合だけだ。[14]クリエイティブワークの場合であっても、やり過ぎない限りは報酬に多少のお金が掛かってもいい。

とあるワークショップで、ポーランドのLunar Logic Polkaの元社長のポール・クリップから報酬の仕組みを教えてもらった。[15]彼が言うには、従業員は20ユーロをギフトとして他の誰かに渡しているそうだ。彼らはそれを**kudos**と呼んでおり、中央システムのメールボックスにメールで送る形、あるいは段ボール箱に小さなメモを投函できる形で導入している。マネジメントチームは、その人が報酬をもらうに至った理由を一切聞かないそうだ。報酬に値すると感じた場合、会社の誰もが報酬を受け取る。その際、ポールは手書きのメモに加えてギフトを乗せたトレイを持ってきて、受け取った人がそのなかから1つ選べるようにした。そうすると、皆はFacebookや社内チャットでそれについて知ることになる。そのギフトの仕組みは非常にうまくいっていて、彼は、従業員全員が良い行動をお互いに認め合える状況ができていることを気に入っていた。これはコストの低い報酬の仕組みであり、信頼が悪用されることはなかった。

### でも、kudo という言葉はない！

kudos自体が単数形の言葉であり、kudoという言葉を使うのは間違いだと指摘する読者もいるだろう。しかし、kudoは単にギリシャ語のkydosという言葉からきたもので、「栄光」あるいは「名声」という意味を指しており、複数形であると誤解されている。kudoやkudosという言葉は前世紀に英語に輸入された。確かに、単数形と複数形は誤解から始まったが、今や当たり前になっている多くの言葉にも同じことが言える。

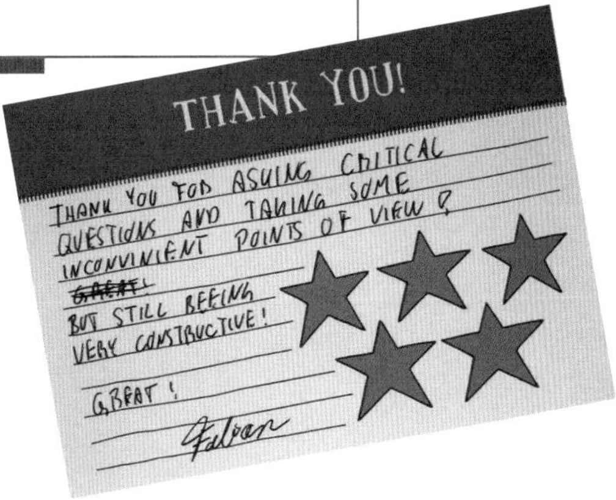


仮想現実のプラットフォームのSecond Lifeを運営するLinden Labの元CEOのフィリップ・ローズデールも、似たような仕組みを導入している。[16]ローズデールがLoveMachineと呼んでいるものだ。従業員はそのツールで同僚に感謝の言葉を送ることができる。ローズデールによれば、お互いの努力を認め合えるようにすると、誰もが素晴らしい仕事や職場だと感じられるようになるそうだ。また、すべてが透明化されているため、誰がよく感謝されていて、誰がそうではないというマネージャーにとっても役立つ情報を得ることもできたそうだ。

同じような仕組みが異なる名前で呼ばれている。例えば、ZapposではHERO awardsと呼んでいる。[17]しかし、それを何と呼ぶかが重要なわけではない。「より良い仕事をするために小さな思いがけない感謝の言葉をお互いに送り合えるような開かれた仕組み」は、良い報酬にとっての6つの基本的な原理を満たしている。称賛の言葉にギフトを添えるかどうかは、もちろん任意であり、重要なのはその意図だ。しかし、経験上、称賛の言葉にギフトも加えたほうが、より大きなインパクトを与えることができる。形あるギフトによって、称賛の言葉を実際に触り、抱え、大切にすることができる。そうすることにも価値があるのだ。

## kudosは匿名であるべきか？ また、秘密にすべきか？

あるとき、誰かから匿名で素敵なメッセージを受け取ったことがある。20年経った今でも、誰が感謝してくれたかわからなかったことが気になっている。
もしかしたら、あなたは違うのかもしれない。匿名で渡した、あるいは受け取ったという神秘的な出来事を大事にしているのかもしれない。私からのアドバイスは、それは送る側や受け取る側の人の判断に任せたほうがいいということだ。称賛に至る背景と組織文化を踏まえることで、送ってくれた人を知ることができるかどうかについての最善の判断がきっとされるはずだ。
Kudoを公の場で渡せるようにするか秘密にするかも議論になるところだ。一般的な基準として、組織文化を変えていくには公で渡すほうが効果的だ。しかし、公の場で称賛されるのを嫌がる人もいるだろう。繰り返すが、大事なのは、組織文化や人々の傾向を踏まえてあなたや彼らにとって最善となる選択肢を見つけ出すことだ。

THANK YOU!
Thanks for stepping forward
at the end of
the open space
session at
#ale2012
Jurgen
29 August 2012


## でも、……だとしたら？

「……だとしたら、どうすればいいか？」と質問する人が必ずいることに気づいた。

**「人々が公平に働いていないとしたら、どうすればいいか？」**

**「ある2人が無料映画チケットを獲得するためにKudoボックスの仕組みを悪用しているとしたら、どうすればいいか？」**

**「誰かがKudoカードで上司のご機嫌を取りに行っているとしたら、どうすればいいか？」**

これらの質問に対する私の回答はひとつだけだ。「例えば、あなたの他者に対する信頼が薄いためにそういったリスクを気にしているとしたら、どうすればいいか？　その信頼の薄さが今のあなたの会社の文化を表しているとしたら、どうすればいいか？ Kudoボックスが比較的デメリットのない方法であり、その文化を**変える**ために必要なプラクティスだとしたら、どうすればいいか？」確かに、想定外の行動が起こる危険性は常に存在する。私がカンファレンスで無料の本を提供した場合、文鎮やドアストッパーとして使う人もいるだろう。この場合、私は良い行動をするのを躊躇すべきだろうか？

不正行為が**起きた**場合、皆が対処できるよう透明な方法でその行為を明るみに出し、事を自然に任せるのが最善策となるだろう。不正行為にどう対処するかはコミュニティに任せよう。マネジメント層は政府のような立ち位置なので、そういった問題を委ねてはいけない。チームメンバーが**良い**行動に報いることを期待しながらも、**悪い**行動にはマネジメント層が対処するのを望む場合、マネージャーとメンバーのギャップは増していくだろう。このギャップは組織文化を悪化させてしまう！　最終的に、皆はシステムに不正を働くことになるだろうし、マネジメント層は報酬のために精巧な書式を作って「然るべき」ルールを規定するために時間を費やすだろうし、彼ら自身の利益のために予算は使い果たされてしまうだろう。私たちは政府のやり方をよく知っているはずだ。:-)

**不正行為にどう対処するかは**
**コミュニティに任せよう。**

他にもこんな質問がある。「もしも報酬をもらうことを**期待**されているとしたら、どうすればいいか？　例えば、ある人が実施したXの作業に対して称賛の言葉を得た場合、同じくXの作業をした彼の同僚も報酬を求めてしまうだろう。突き詰めると、同じことを行えば報酬を得る資格があると皆が思ってしまうのではないだろうか？」

私はこの問題を理解している。ほとんどの人は適切な公平さの感覚を持っている。彼らがある同僚に報酬を渡す場合、同じことをした他の同僚に報酬を渡さなければ気が済まなくなるかもしれない。そうなると、皆がXを行うことの報酬を自動的に得るような状況に陥ってしまう。これは明らかに防ぐべきだ。

報酬にとっての1番目のルールは「期待されないように突然渡したほうがいい」だ。報酬が期待される場合、報酬の仕組みは進むべき道を踏み外してしまう。だからこそ、「称賛の言葉は求められたり望まれたりするとうまくいかない」と頻繁に強調するのをお勧めする。また、初めてのことだとか、独自のやり方で成果を上げただとか、期待を超える努力があったことを強調する形で称賛するのもいい。そうすると、次の人が「同じこと」をしても、それで称賛してもらおうとは思わないだろう。それは初めてのことではないし、独自の方法でもないし、期待を超えるものでもないからだ。

最後に、こう質問する読者もいた。「個人ではなくチームに報酬を与えるべきではないか？一人で仕事をするのではなく、コラボレーションしてほしいと思わないのだろうか？」

ああ、もちろんそうだ。しかし、チームワークは、個人がチームに貢献した結果として現れるだけだ。個人がチーム全体に貢献したからこそ、報酬が与えられるのではないだろうか。もちろん、チーム全体、部門全体、組織全体を称賛することもあるだろう。しかし、たいていの場合においては、全体が称賛に値する成果を出す前に、全体に対する個人の貢献があることを認めるべきだ。

Kudoボックスは6つのルールだけではない。Management 3.0のプラクティスのための3つの原理も満たしている。仕事を改善すること、クライアントに価値を届けること、人々が内発的動機に基づいてエンゲージメントを高めるために報酬が与えられる。おまけとして、このプラクティスはボーナスをなくすようにもできる！〔訳注：第9章のメリットマネーを参照のこと〕

© 2014 Gary Shepherd

チームワークは、
個人がチームに
貢献した結果として
現れるだけだ。

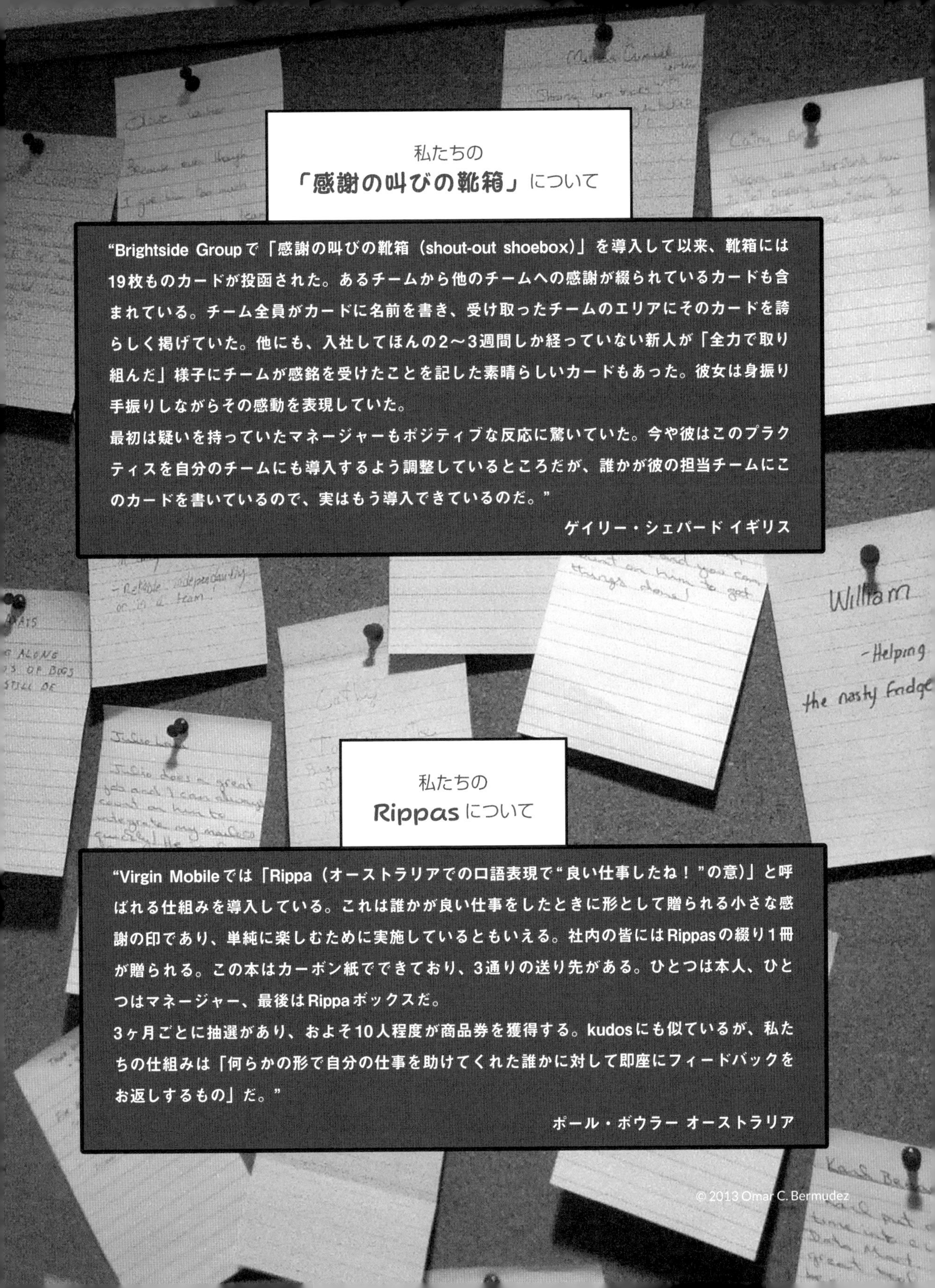


## 私たちの「感謝の叫びの靴箱」について

"Brightside Groupで「感謝の叫びの靴箱（shout-out shoebox）」を導入して以来、靴箱には19枚ものカードが投函された。あるチームから他のチームへの感謝が綴られているカードも含まれている。チーム全員がカードに名前を書き、受け取ったチームのエリアにそのカードを誇らしく掲げていた。他にも、入社してほんの2〜3週間しか経っていない新人が「全力で取り組んだ」様子にチームが感銘を受けたことを記した素晴らしいカードもあった。彼女は身振り手振りしながらその感動を表現していた。

最初は疑いを持っていたマネージャーもポジティブな反応に驚いていた。今や彼はこのプラクティスを自分のチームにも導入するよう調整しているところだが、誰かが彼の担当チームにこのカードを書いているので、実はもう導入できているのだ。"

ゲイリー・シェパード イギリス

## 私たちのRippasについて

"Virgin Mobileでは「Rippa（オーストラリアでの口語表現で"良い仕事したね！"の意）」と呼ばれる仕組みを導入している。これは誰かが良い仕事をしたときに形として贈られる小さな感謝の印であり、単純に楽しむために実施しているともいえる。社内の皆にはRippasの綴り1冊が贈られる。この本はカーボン紙でできており、3通りの送り先がある。ひとつは本人、ひとつはマネージャー、最後はRippaボックスだ。

3ヶ月ごとに抽選があり、およそ10人程度が商品券を獲得する。kudosにも似ているが、私たちの仕組みは「何らかの形で自分の仕事を助けてくれた誰かに対して即座にフィードバックをお返しするもの」だ。"

ポール・ボウラー オーストラリア

## 始め方

さあ、あなた自身のKudoボックスを始める時間だ。

1. マネジメント層に新しい報酬の仕組みのために毎月少しの予算を使うことを了承してもらおう。もしそれほど予算が掛けられないのであれば、まずは毎月無理なく払える範囲で上限額を設定しよう（そして、抽選で当選者が得られるようにする）。もし、マネジメント層の協力が（まだ）得られないのであれば、ギフトなしの簡単な仕組みにしてみよう。

2. 会社全体や部門全体など、プラクティスをより広い範囲で導入しよう。それが不可能な場合、チーム内に留めざるを得ないかもしれない。しかし、良い結果が出たらすぐに拡大させるのを目指そう。

3. メールボックスを準備するか、共用スペースに色とりどりの箱を設置して「Kudoボックス」と名付けよう。あるいは、あなたの組織や環境や状況に合った名前でもいい。新しい取組みを推進するためにKudoカードやポスターを印刷して、誰かにKudoボックスの担当者になってもらおう（もしも必要なら、無料のKudoカードをm30.me/kudo-carsからダウンロードできる）。

4. 誰でもメモやKudoカードを箱に投函して小さな報酬を渡し合えるということを皆に周知しよう。皆を信頼してこれを悪用する人はいないと思っていることをはっきりと伝えよう。あるいは……言わなくても、彼らは自己組織化して行動を起こすかもしれない。

5. ギフトに使う上限額を決めよう。いくつか例を提示するといい（映画チケット、花、ランチ、ギフト券、現金、本など）。また、人が創造的になることを認めよう。

6. 箱は毎日チェックしよう。そして誰かが感謝を受け取ったら公の場で周知しよう。もしかしたら、あなた自身がたくさんのKudoカードを書いて、このプラクティスを先導する必要があるかもしれない。

## Tipsとバリエーション

kudobox.coを使ってリモートワーカーに素敵な見た目のKudoカードを送る。私たちは組織文化に感謝が根付くように会社の価値観をKudoカードに印刷している。

ひとつのチームで安全にこのプラクティスを試して、成功した後はもっと広い範囲に広げる。

私たちは個人間でカードを受け渡す。相手の目を見て、「ありがとう」と言えば、ずいぶん違うものだ。

kudosのデザインはいろんなものが作れる。まずカード自体が幸せに見えるようにしよう！

白紙のKudoカードは簡単に取ってこられる場所に置いたほうがいい。コーヒーメーカーやウォータークーラーの近くとか。

プラクティスがうまくいくことを皆に見せつけるために、私は敢えてコミュニケーションが酷いチームで始めてみた。

できれば人通りの多い場所にKudoウォールを用意し、そこにカードを貼りつけてもらう。

カードを見つけやすくするためのすべての障害を取っ払おう。引き出しを引いたり開けたりするのさえ面倒くさがる人もいる。

カードに会社の目的を印刷する。なぜお互いに称賛し合うかを思い出せるだろう。

私たちは週ごとに新しいKudoカードを集め、それを大声で周知して皆で祝っている。

無料のKudoカードを m30.me/kudo-cards からダウンロードしよう。さらなるアイデアを m30.me/kudo-box で見つけよう。

# 第2章

# パーソナルマップ

## 相手とのコミュニケーションを改善し、相手への理解を深める

私たちの人生で大切なのは、遠く離れたものをぼんやりと見ることではなく、目の前にはっきりと見えるものを実行することだ。

トーマス・カーライル
スコットランドの作家
（1795-1881）

他の人の仕事を理解するには、その人の仕事の近くに近づかなくてはならない。そのためには、自身の足で動き回り、机の配置を変え、マイクを動かすことが必要だ。相手との距離が近づけば、コミュニケーションや創造性はもっと良くなっていく。その人について自分が知っていることを書くのは、相手を深く理解するための素晴らしいエクササイズだ。

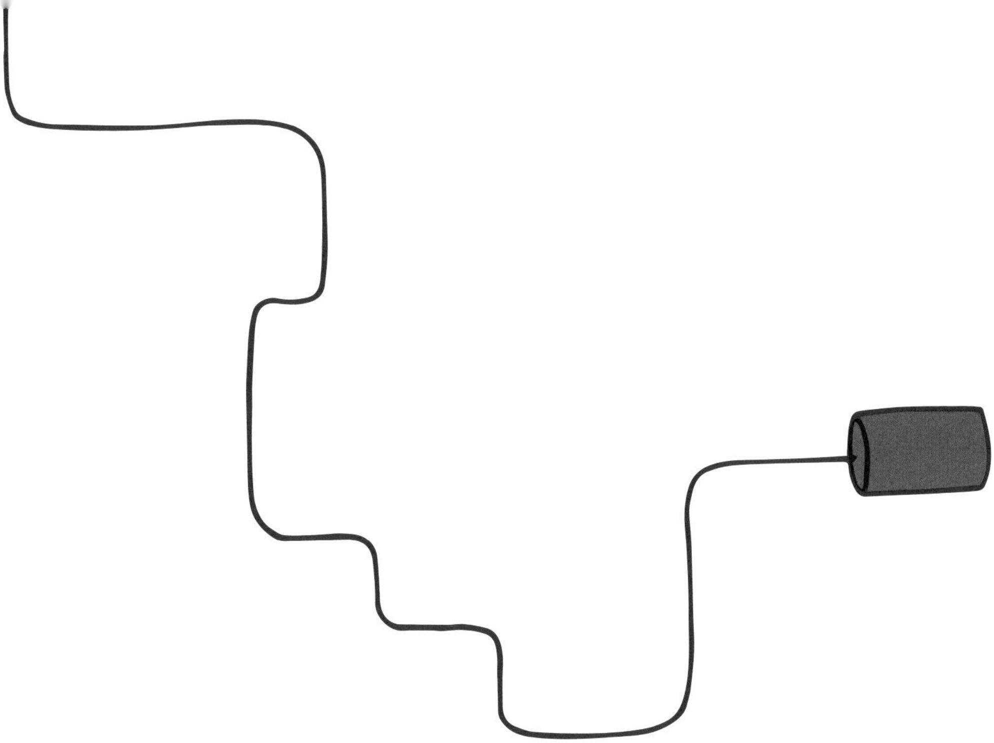

16年前、私がちょうどマネージャーに成り立ての頃、広い自席を持っていて、真新しい机、高速で新しいコンピューター、そして普通の独裁者が着るセレモニースーツよりもボタン数の多い固定電話が用意されていた。また、私が思いのままに命令できる十数名のソフトウェア開発者たちもいた。しかし、ひとつだけ私に足りないことがあった。それは「彼らが何を考えているのかがまったくわからない」ということだ。

ソフトウェアエンジニアとして育った私は、開発者のことを「もっさりした髪に足が生えている信頼できないコンピューター」と見ていた。私が必死になって彼らをプログラミングしようとしても、彼らが従うことはほとんどなく、絶望的なほどに失敗を重ねた。また、私は彼らをデバッグしようとして、やっかいな副作用をいくつか引き起こした。しばらくした後、私はコンピュータープログラムと人のマネジメントの違いに気づき始めた。私は学び始めたのだ。今や私は「マネジメントは5%の指示（私がしてほしいこと）と、95%のコミュニケーション（彼らが必要とすること）」だと思っている。

マネジメントは5%の指示と

95%のコミュニケーションだ。

自分が抱えているコミュニケーションの課題を調べてみると、その解決策は科学的研究や常識から何ら違和感なく導かれることがわかった。組織のコミュニケーションの流れ方を理解するのは極めて重要なことだ。

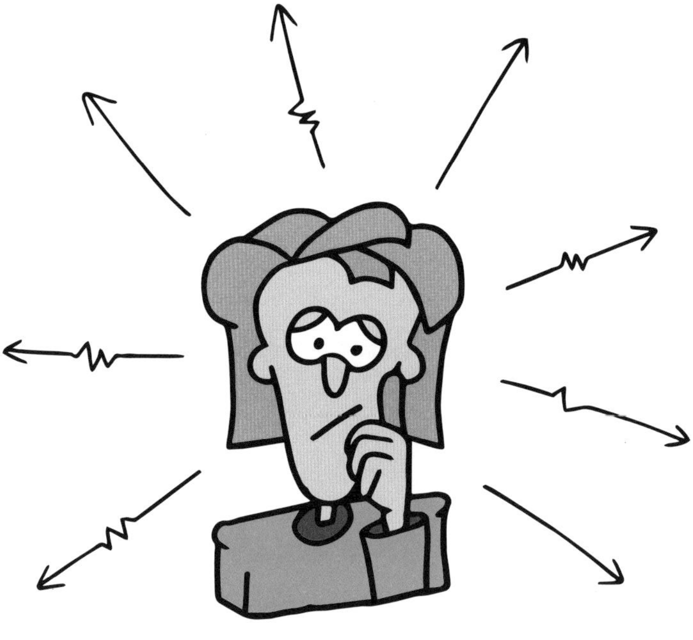

人は意識するしないにかかわらず、気分、仕事、感情、嗜好、その他多くの個人的な属性や行為に関する情報を絶えず発信している。他の人はそういった情報の一部を受け取ることができる。例えば、あなたがストレスを感じている場合、あなたは必然的にそのシグナルを外に発信する。周りの誰かはそれを受けて、あなたに何があったかを聞いてくるかもしれない。あるいは、同僚が困難な課題に取り組んでいる場合、あなたは知らず知らずのうちに問題解決に役立つ情報を発信しているかもしれない。あなたの机にある写真は、あなたに2人の子どもがいることを伝える。あなたのデスクトップの背景画像は、あなたが猫好きであることを伝える。また、あなたの椅子に掛かっているショッピングバッグは、あなたが友人をディナーに招待していることを伝える。

ソフトウェア開発の専門家であるアリスター・コバーンは、「チームや組織に流れる情報は熱やガスの拡散に例えることができる」と表現している。[1]驚くことではないが、ある情報を伝える場合、「隣り合った個室に分かれて座る」よりも「同じ部屋に並んで座る」ほうが効果的だ。同様に、これは「建物の半分とコーヒーマシン数台だけ離れている2人」よりも効果的である。コミュニケーションの「流れ」を最適化するには、相手と同じ部屋にいるのが最善策だ。なぜなら、(意識してもしなくても)他者が発信した情報を受け取れるからである。もし受け取られなければ、その情報の価値が認められることはない。これは熱やガスと同じなのだ。

このように、人と人とのコラボレーションの効果が人と人との近接性に大きく相関しているのは明らかだ。

> **ある研究者がベル研究所で行ったのは「2人の科学者が共同研究するかどうかを決める要因」の調査だ。あなたも想像がつくだろう。一番の要因は彼らの席同士の距離だった……コラボレーションの可能性は、ほんの数フィート離れるだけで明確に下がってしまう。**

ケリー・パターソン *Influencer*[2]

悲しいことに、ミスコミュニケーションはどんな組織でもよく起こる。[3]距離がコミュニケーションを低下させることがわかれば、相手との近接性を最適化することでコミュニケーションは改善できる。マネージャーと他の従業員との距離を縮める手段は、多くの本や論文で語られている。その内容に細かな違いはあるが、突き詰めれば「自分にとって重要な仕事には近づくべき」という意見に集約される。もちろん、これはマネージャーに限ったことではない。周りの人たちと一緒により良い仕事をしていくクリエイティブワーカーにもあてはまる。

## 歩き回るマネジメント

組織のなかを歩き回ることを、日本語では現場（実際に事が起きている場所という意味）という言葉で表現している。現場に行くとは、「彼らが自分の仕事をどれだけうまくできているか、あるいは何を必要としているかについて理解するため、彼らが実際に働いている場所に行く」ということだ。[4]あなた自身の目で実際に見ることは、彼らが抱えている問題を解決できることにも繋がる。大事なのは、想像ではなく、事実に基づいて物事を改善することだ。[5]他の文献では、**現地現物**[6]、対面[7]、歩き回るマネジメント（Management By Walking Around, MBWA）と表されることもある。チームが地理的に分散している場合、これは「飛び回るマネジメント（Management By Flying Around, MBFA）」となるだろう。[8]このプラクティスの呼び方は、ウィレム＝アレクサンダー・クラウス・ヘオルフ・フェルディナンド国王陛下、オランダ国王、オラニエ・ナッサウ公などの呼び方よりもはるかに多い。そのため、かなり重要なプラクティスであると考えてもいいかもしれない。

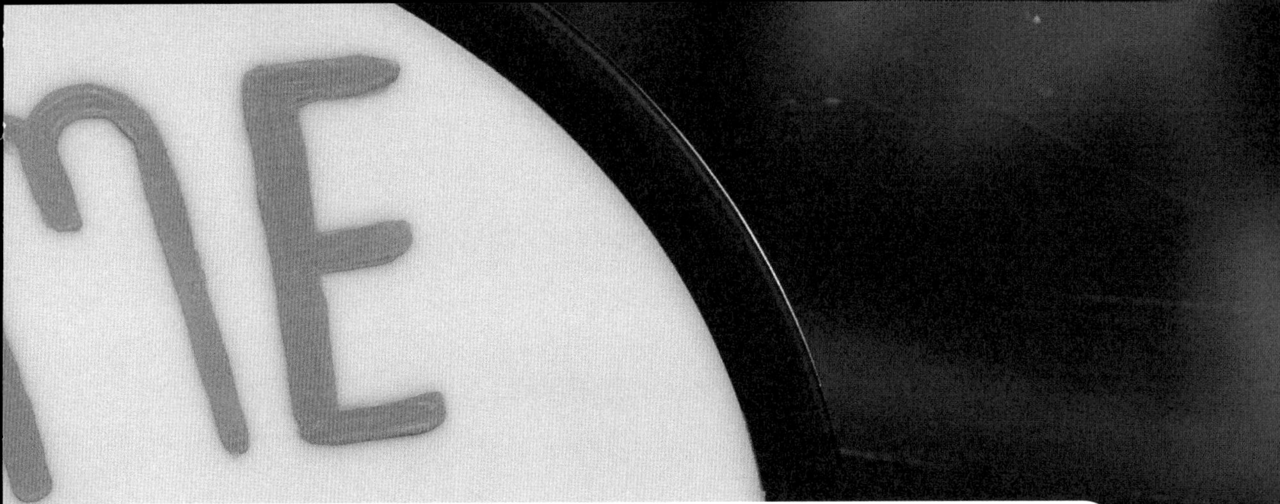

専門家のなかには、あなたにとって重要なメンバーの周辺を歩き回る場合、固定順ではなく行き当たりばったりでやってみたらどうかと言う人もいる。彼らの話を聞き、話し掛け、考え、アドバイスする。チームの計画づくり、あるいは短いスタンドアップやデモなどのさまざまなミーティングに参加することもあれば、ウォータークーラーの近くで彼らを呼び止めて話し掛けることもあるだろう（これはリモートチームだとはるかに難しくなるが、その話は後で説明する）。このとき、大事なのはチームに事細かに**チェックしている**印象を与えないことだ。なぜなら、あなたの目的は「より良い**コミュニケーション**によってチームを**理解**すること」であり、決して「より良く**指示**すること」ではない。これはマネジメントであって、プログラミングではないのだ。また、対面の場を仕事だけに絞る必要もない。仕事以外の時間（ランチや、コーヒーマシンの近く、仕事終わりなど）も同じく重要になる。

> **交流する時間はチームのパフォーマンスに重大な影響を及ぼす。多くの場合、それはコミュニケーションにおけるポジティブな変化の50%以上を占めることがわかっている。**

アレックス・ペンランド“The New Science of Building Great Teams”[9]

事実として、歩き回ることは素晴らしいプラクティスであるが、このアプローチには小さな問題が存在する。その問題とは、「立ち上がって歩き回らなければならない」ということだ。ただし、私のように日頃の運動不足を解消するにはこれはちょうどいい（結局のところ、この本は素晴らしいエクササイズについての本だ！）。しかし、あなたがチームと会話するために席を立ってオフィスを歩き回らなければならない場合、あなたがどんなに誠実だったとしても、彼らとのコラボレーションはぎこちなくなったり大げさなものになったりしてしまう可能性はある。

## 並んで座るマネジメント

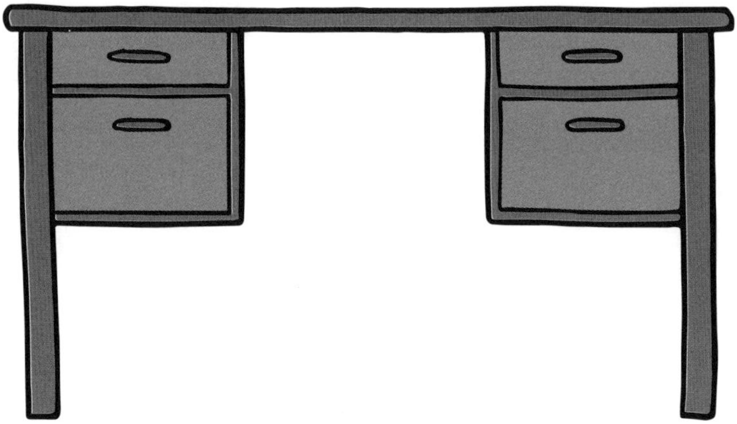

歩き回るアイデアについて考えれば考えるほど、もっと適したプラクティスがあるような気がしてきた。そして数年前、私は「仕事が行われる場所にいる」というコンセプトをさらに一歩先に進めた方法を考えついた。チームの作業場所に自分の仕事道具ごと移動させ、普通の机に並んで座るようにしてみたのだ。これは私のマネジメントにおける最高の判断だったかもしれない。チームメンバーと楽しく交流する時間を大幅に増やすことができたからだ。

**どんなに優れたコンピューターシステムでも、その場にいて、起こっていることを話しながら、微妙な手掛かりに即座に対応していくことにはかなわない。**

ティム・ハーフォード *Adapt*[10]

机を移動してからは、何が起こってもそばにいるようになった。そのおかげで、私は多くの情報を得ることができ、他の人が何を気にしているかをより深く理解できた。今まではたまたま近くを歩いているときだけしか話さなかったチームメンバーも、定期的に私に意見を聞いてくれるようになった。また、その場にいなければきっと気づかなかった喜びや不満のサインに気づくこともできた。このことから、並んで座るマネジメント（Management By Sitting Around, MBSA）は、MBWAやMBFAに勝ることもあると確信した。

非常に面白いことに、皆が同じ意見というわけではない。Virgin Groupのファウンダーかつ会長で有名なリチャード・ブランソンは、常に逆のアプローチを実践していた。彼は敢えて自分のマネジメントチームの近くに座ることをしなかった。なぜなら、彼の観点において、それは人の創造性や自立心を抑制してしまうと考えていたからだ。[11]そのため、彼はほとんどの時間を皆に任せておくようにしていたが、常に飛び回ることで皆と直接話す時間を確保している（もちろん自分の航空会社を持っていれば容易いことだ)。

### MBSA

**“私はかつてプロジェクトマネジメントの仕事をしていたが、重要な会話や秘密の電話ができるように他の先任者たちと小さな部屋を構えることは妥当だと思っていた。**
**しかし、プロジェクトに参加しているメンバーとのコミュニケーションがうまくいかない状況だったため、あるとき、彼らと並んで座るようにしてみた。明確な理由は思い出せないが、私も居心地の良い部屋からプロジェクトの現場へと移動したのだ。それは他の人を動かすだけではなく、自分自身が動くことを示すためだったように思う。**
**効果は劇的だった。驚くことに、私はプロジェクトの脈動を感じ、メンバーの問題を直接知ることができた。メンバー同士の議論を和らげることもでき、彼らが私に気軽に質問してくれるようにもなった。一緒に座ったことで、「そこにいる全員がこのデスマーチプロジェクトにおける運命共同体であること」を示すという別の効果もあった。新任マネージャーだった私にとって、これは信頼を築くのに非常に大きな助けとなった。それ以降、例えばアジャイルアプローチの導入のような変化も簡単に導入できた。なぜなら、私はチームが感じていることをより良く理解していたからだ。”**

**ピーター・ルバース ドイツ**

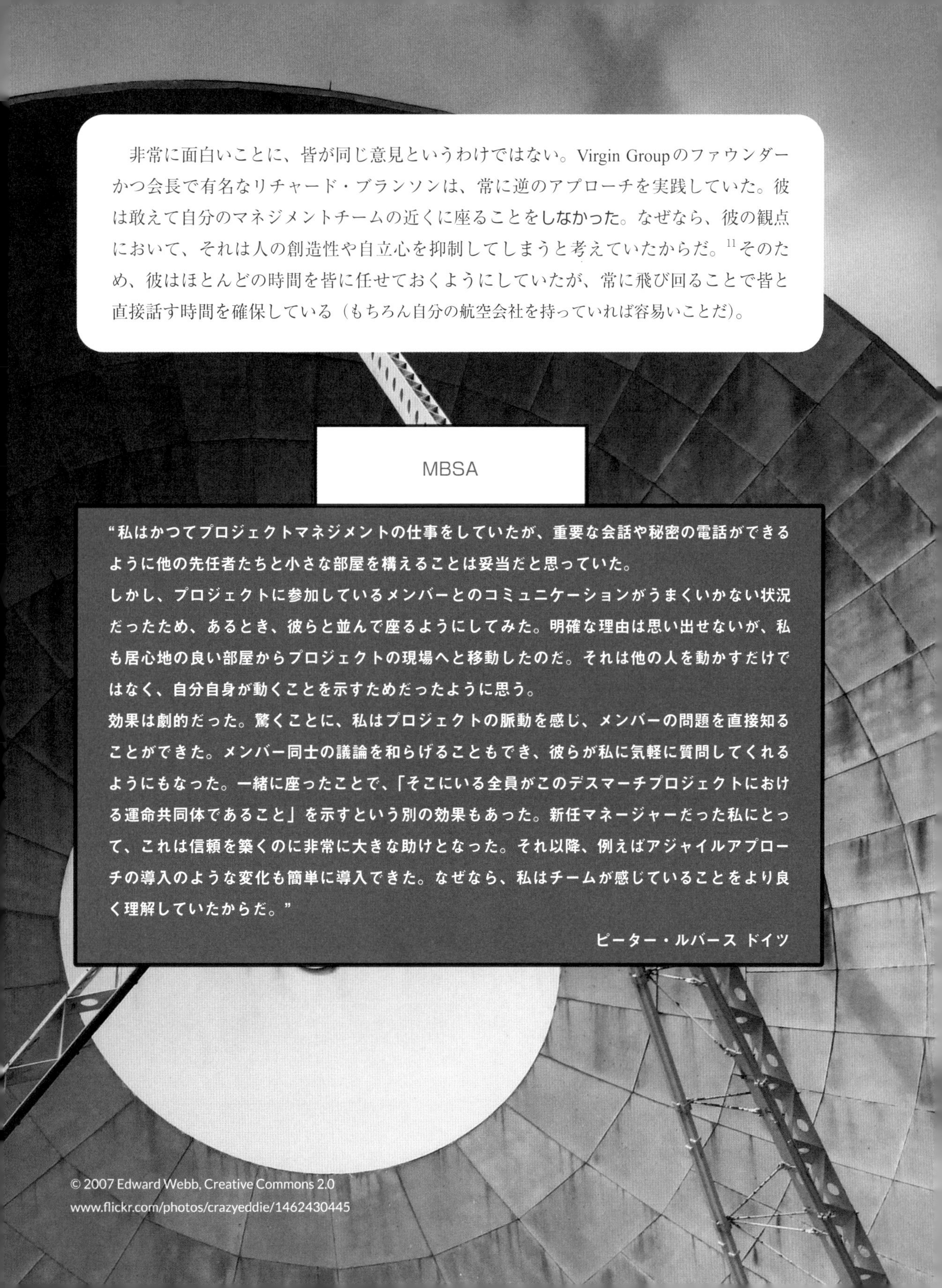

## Skypeによるマネジメント

2013年の2月、Yahoo!のCEOのマリッサ・メイヤーは従業員にメモを送った。自宅からの仕事は何があっても認めない、Yahoo!にいるすべてのリモートワーカーはオフィスに出社するか仕事を辞めるかを選択することになると述べられたものだった。[12]「従業員がオフィスでお互いに顔の見られる場所で一緒に働けばコラボレーションやコミュニケーションは改善される」というのが彼女の主な判断理由だった。マリッサ・メイヤーは正しかった。

しかし、彼女は同時に間違ってもいた。多くの研究や事例によって、リモートで働いている創造的な人は、オフィスで働いている彼らの同僚よりも平均的には生産性が高いことが裏付けられている。[13]マリッサ・メイヤーが主張した「自宅で働く場合、スピードと質は犠牲になる傾向がある」という言葉は、彼女自身あるいはYahoo!の一部の従業員にとっては真実かもしれない。しかし、一般的には科学的見地からすると妥当ではない。「あなたは本当にオフィス以外で働いたことがないし、これからもそうだろう」というのが、マリッサ・メイヤーに対するリチャード・ブランソンの反応だ。[14]

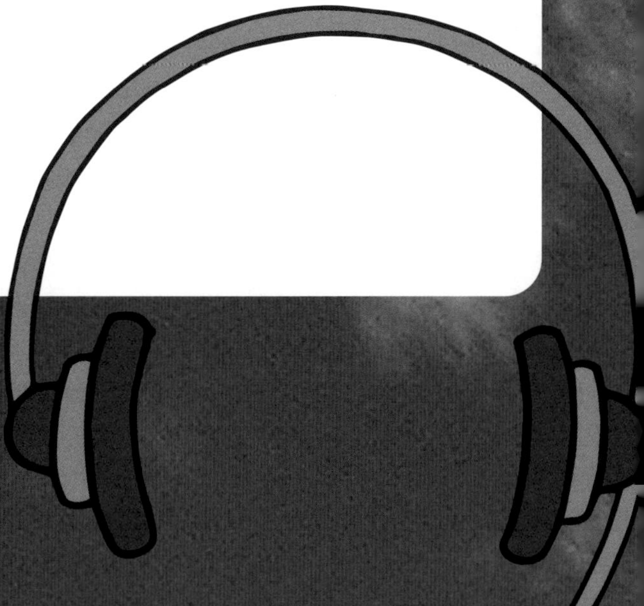

「従業員は自宅で働くべきか、それともオフィスで働くべきか？」という質問に対する回答は、いつものように「一概には言えない」だ。リモートで働く場合、人はより創造的になれる。しかし、打ち解けた場に頻繁に集まったり、皆のアイデアを掛け合わせたりしなければ、創造性は生まれない。一方で、人々が同じ場所で多くの時間を過ごせばコミュニケーションの改善はできるが、優れた生産性がなければ役に立たない。たいていの場合、多くの人はひとりきりのときにそれを発揮する。つまり、どうにかして両方を最適化しなければいけない。片方だけを最適化するのは的外れだ。

最適なバランスを見つけることが組織にとってのベストなアプローチとなる。つまり、組織の人々に「自分たちにとっての最善の方法で創造性とコミュニケーションの両方の最適化をしてもらう」のだ。おそらく離れた場所で情報量の多いコミュニケーションが可能となる仕組みを提供するのも必要だろう。例えば、Skype、Google Hangoutなど、音声とビデオ通話の両方ができるようなツールだ〔訳注：現在だとGoogle HangoutはGoogle Meetとなり、こういったツールではZoomやMicrosoft Teamsなどが主流である〕。

## リモートワーク化の風潮は是か非か？

多くの業界では、同じ建物に人を集めることを好み、彼らに個室やパーティションを提供することで埋め合わせしようとしている（思いあたるのは、銀行、ソフトウェア、政府だ。Yahoo!もそうだろうか？）。他の業界では、多くの会社は従業員同士が分散して働く形を認めることを好み、クリエイティブワーカーを頻繁に集めて協調的かつ生産的なミーティングを開催することで補っている（エンターテインメントやメディア、ファッションがそうだろう。Virginもそうだ）。確かに、オフィス志向の会社がリモートワークをもっと許容していこうとしている傾向はある〔訳注：現在はコロナ禍によっていやがうえにもリモートワーク化が進んでいる〕。同時に、クリエイティブなビジネスにおいては、異なる組織が一緒により親密に仕事できるように共有スペースや都市部へ移転するような反対の傾向もある。どちらの方向性も良い悪いはない。良いのは、両極の間で最適な条件を見つけ出そうとすることだ。

## 観測者効果

ビジネスに携わる人なら誰でも、同僚とのコミュニケーションは極めて大事な習慣だ。あなたがマネージャーだとしても、チームメンバーだとしても、個人事業主だとしても関係ない。あなたは自分から動き回るべきであり、他者が同じことをできるようにすべきだ。

しかし、自分の足を動かそうが、机を動かそうが、マイクを動かそうが、客観的な観察者など存在しないことは念頭に置くべきだ。あなたが仕事をしている他の人たちに近づいた場合、彼らはその影響を受けてしまう。これを**観測者効果**、あるいは**観測者のパラドックス**と呼ぶ。この事実に気づけている限り、問題にはならない。むしろ、有利になるように活用もできる！

あなたが仕事をしている他の人たちに近づいた場合、

彼らはその影響を受けてしまう。

相手との近接性を高めると信頼関係を築くことができる。また、チームメンバーには「自分たちの行動を気にかけてもらっている」という意識が生まれるようにもなる。あなたの近接性そのものが情報ラジエーター〔訳注：チームやステークホルダーから目立つ場所に配置した、仕事に有効な情報が記載された紙媒体もしくは電子媒体の総称のこと。情報の伝搬が熱やガスのように周囲の人に伝わるというメタファーを起点にアリスター・コバーンが提唱。しかし、ここでは同じメタファーを起点とした「近接性が高い場合、人は意識しなくても自動的に情報を発信し、作業しながらでも受動的に情報を吸収している」という浸透型コミュニケーションのほうを指していると思われる〕であり、彼らの仕事に影響を与える。歩き回ることやその人の仕事に注意を払うことは、コミュニケーションの改善だけでなく、行動やパフォーマンスの改善にも繋がる。

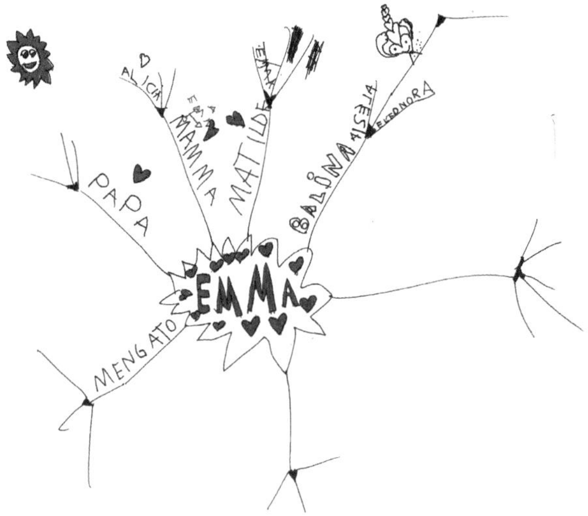


© 2010 Luigi Mengato, Creative Commons 2.0
http://www.flickr.com/photos/luigimengato/5131580987

## 近接性

今、あなたが考えていることを当てよう。歩き回ることは確かに素晴らしいアイデアだが、たくさんのチームを掛け持ちしている場合はどうしたらいいだろうか？　チームが別のビルや別の国で働いている場合はどうしたらいいだろうか？　自分が400もの会社を設立している場合はどうしたらいいだろうか？　私の答えはこうだ。まずは、そのうち少なくとも1社が航空会社であることを確認しよう。次に、近接性の原理を活用して前述の3つのアプローチをうまく組み合わせる方法を見つけ出すことだ。

生産性の高い組織を運営するには、創造性とコミュニケーションの最適なバランスを見極める必要がある。クリエイティブな人は自分の時間を必要とする。つまらない電話で邪魔せず、好きな場所で働けるようにすれば、ほとんどの人の生産性は下がるどころか、さらに向上する。一方で、組織が創造性を生み出すコラボレーションを必要としていることに気づかず、自分のクリエイティブな仕事に集中し過ぎてしまう傾向を持つ人もいる。両方のバランスを取るのは、あなた次第だ。

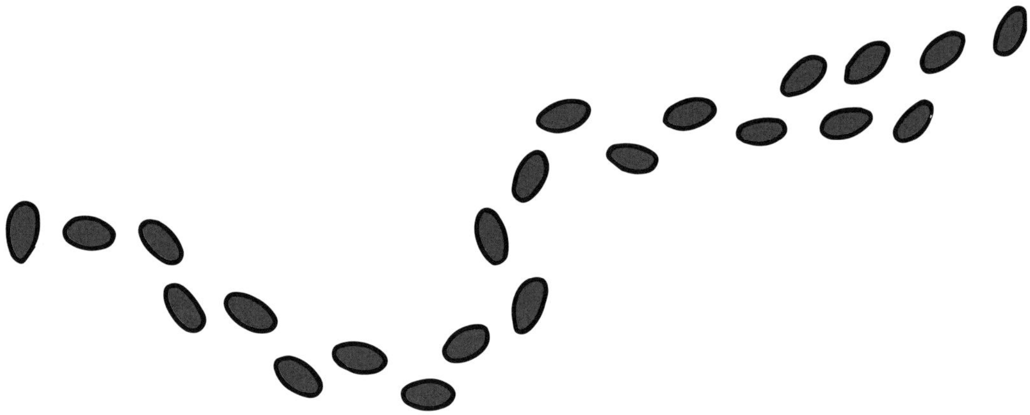

## 近接性の第一原理

- **その人の仕事の重要さを踏まえて近接性を調整する。**

それは重要なプロジェクトか？　納期が迫っているか？　それなら、チームとずっと一緒に座ろう。他のチームより大きく遅れているチームがいる？　あなたの机を彼らの仕事場に持っていこう。特別に注意を払う必要があるふたつのチームと一緒に仕事をしている？　日ごと、週ごとに交代で両方のチームの近くに座ろう。その場にいることで、あなたが彼らや彼らのしていることを気にかけて状況を理解していることを彼らに示そう。

## 近接性の第二原理

- **近接性を多様で柔軟かつ予測不可能に保つ。**

重要なチームだけに全神経を集中させたまま、他のチームを放置すべきではない。散歩、近隣や遠方への出張、ビデオ電話などを活用して、コミュニケーションを最適化しよう。彼らとの距離には多様性があるべきだ。それは彼らの勤務地や働き方に依存する。しかし、何をするにしても、問題があなたを見つけてくれるのを待っていてはいけない。[15]オープンドアポリシーと呼ばれるものはほとんどうまくいかない。あなたは彼らが来るのを待つべきではない。あなたが彼らのところに行くべきなのだ。[16]

## 素晴らしい話題

天気、スポーツ、ビジネス、有名人のゴシップなどの話がされているとき、私は興味を持ち続けるのが難しい。これまでに最も私が楽しんだ深い議論は、カンファレンス終わりにスピーカー仲間と一緒にフィンランドのサウナに行ったときのことだ。私たちは20分間で、政治、哲学、人生の意味などについて語り合った。

私が初めてHappy Merryのマネジメントチームのメンバーと顔合わせした際、アイデア、プロジェクト、タスクを議論するだけではなく、少しばかり個人的なことも話そうと提案した。そこで考えたのが、「それぞれ個人的に興味のある質問を他のメンバーに投げ掛けて、そのターンの最後に自分も質問に答える」という方法だ。私が投げかけた最初の質問は「あなたは自分の文化のどの部分を自覚しているか？」というものだった。他のチームメンバーも「あなたの好きな映画は何か？　それはあなたの何を語っているか？」「あなたは身体をどうやって鍛えているか？」「他の人のことであなたが理解できないことは何か？」「あなたの世界観を変えた本は？」「このチームに参加するきっかけとなった過去の出来事は何か？」と続いた。

ちょっと考えてみて、興味深い質問や際どい質問など、似たような質問をたくさん用意しておくのがいいだろう。いくつか質問を覚えておくと、いつでも誰にでも聞けるようになる。次回、同僚とサウナで語り合う際に彼らを感心させられるかもしれない。

深い質問以外にも、チームメンバーとの興味深い会話ができるきっかけは十分にある。1on1ができるだろうし、Gallupの有名な12の質問に関する議論もできるだろう。[17]あるいは、デリゲーションポーカー（3章を参照）やムービングモチベーターズ（10章を参照）もできる。Facebook、LinkedIn、TwitterのようなSNS、ディナーパーティーやコミュニティの集まりのようなイベントでも、何かしらその人を理解する機会を作ることもできるだろう。それほど厳密なものではないが、コミュニケーションタイプの分類方法としてMBTIや16PFのような性格診断もある。[18]星占いや数秘術もある。これらは「典型的な」性格の特徴を議論する際に役立つ（信じ難いだろうが、信じ難いだろうが、私は最近、数秘術で自分が「典型的な5」であることがわかった。それは10歳から好きな数字だった）。

コミュニケーション改善のために何をやったとしても、相手を理解するための最善の方法はその人の好みに大きく依存するのを忘れてはいけない。ある人でうまくいったことも、他の人に対してはうまくいかないかもしれない。例えば、私がビールを飲まないことや、内向的な性格なのでひとりの時間が必要なことは世界中の大半の人が知っている。一日中イベントで忙しかった日の終わりに私にビールを勧めることで、あなたは私に「自分たちには社会的な隔たりがある」と伝えることになる。私の友人であれば、決してそんなことを勧めないだろう。それによって、私は心を開いて自分の考えを共有しようとする意思を失ってしまうかもしれない。

翌朝、償いとして私にカフェラテを奢ってくれてもいい。

短い雑談

**"日々の活動の中でちょっとした雑談ができる時間を作ることをあなたは意識していないかもしれない。あまりに明らかなことのひとつなので、私たちはつい忘れてしまう。私は仕事の会話をする際、お互いの打ち解けた関係を確認するために、始めや終わりの些細な会話を習慣にしている。こうすることで、個人的な繋がりを持つ余地を持たせるだけではなく、相手に「仕事のことばかり気にしている」という印象を与えないようにしている。"**

**リチャード・ブア ベルギー**

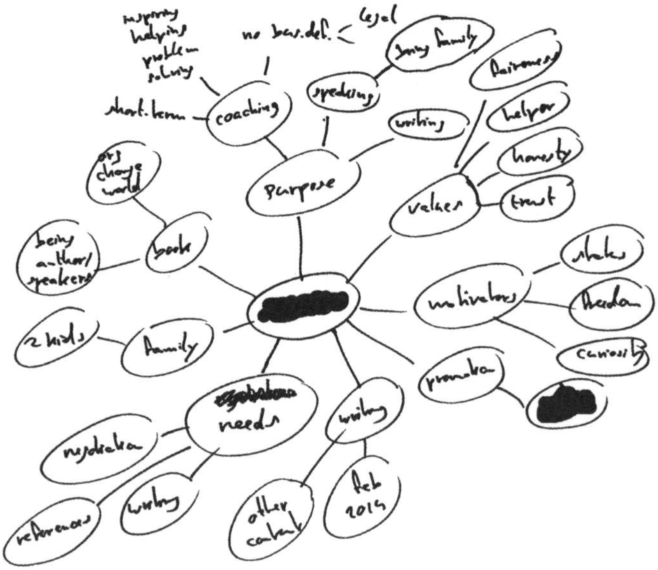

## あなたはいつも私のマインドマップ上にいる

この章の以前のバージョンでは、自分がどこにいて、重要な人々がどこにいるか、どうやって彼らと定期的に会う予定なのかを示すために近接性マップを描くことを提案していた。しかし、私はこの提案に自分で満足しなかった。フライトプランやGoogleマップのメリットを褒めても意味はないし、私は自分が間違った道を歩んでいることに気づいたのだ。

**地理的な距離ではなく、心理的な距離と関係があるのだ。**

ジム・マッカーシー kenote at Agile Lean Europe 2012 in Barcelona

グローバル化と技術の進歩のおかげで、年々地理的な距離の重要性が小さくなっていることに何度も気づかされる。一昔前と違い、身近な人との繋がりは文字通り指先で触れられるようになった。しかし、同時に心理的な距離は確実に開いてしまっているように思う。同じ技術のおかげで、私はほとんど知らない何千人もの人々と「友達」になることができる一方、近しい友人や親戚との大事な時間は、日々の投稿、フォト、ビデオ、いいね、リツイート、+1〔訳注：GoogleのSNSサービスだったGoogle+の“いいね”に相当する機能〕、そしてたくさんのSNSからくるダイレクトメッセージのノイズに悩まされている。

アムステルダムからブリュッセルに向かう車のなかで、あるアイデアを思いついた。ドライブをしている間、私は何ヶ月も悩まされた問題を解決したくて、運転しながら遠くを見つめていた。隣に乗りながらも快く口を閉ざし続けているラウルを除き、私は全世界と繋がっていなかった。言うまでもなく、私にとってそれは創造的に思考を巡らすことができる完璧な時間だった。そこで私はあるアイデアを思いついた。私たちはもう地理的な地図を必要としていないことに突然気づいたのだ。私たちに必要なのは、より良い心理的な地図だ。

マインドマップはシンプルだが効果的なテクニックだ。ペンさえ持てば、誰でも概念を関連づけて視覚化できる。同僚の**パーソナルマップ**（personal map）を書き、その人のことをもっと理解しようと努力する。まず、紙やメモ帳の空きページ、タブレット端末の真っ白の画面を準備したら、その人の名前を真ん中に書く。名前の周りに、例えば、**家**、**学校**、**仕事**、**趣味**、**家族**、**目的**、**価値観**など関心のあるカテゴリーを書き、その人について知っていることを書きながらマインドマップを広げていく。その人が夢中になっているのは愛犬だって？　さあ、書こう。その人と同じ大学に通っていた？　さあ、書こう。その人は他の国に移住したいと思っている？　さあ、書こう。

**同僚のパーソナルマップを書くことは、**
**その人を**
**もっと理解しようと**
**努力することだ。**

チームメンバーのためにパーソナルマップを書き始めると、あなたは彼らのことをほとんど知らなかったことに驚かされるかもしれない。あたかもパタゴニアのハイカーを見つめる氷河のように、空白のページがあなたをじっと見つめる。もし筆が進まないようなら、対面で話したり、関心のある話題についていくつか質問したりする必要があるということだ。「自分の背景、必要としているもの、求めているものについて純粋に関心を持ってくれる人が自分以外にも存在することの素晴らしさ」を相手がどれほど高く評価するか、あなたは驚くことになるかもしれない。

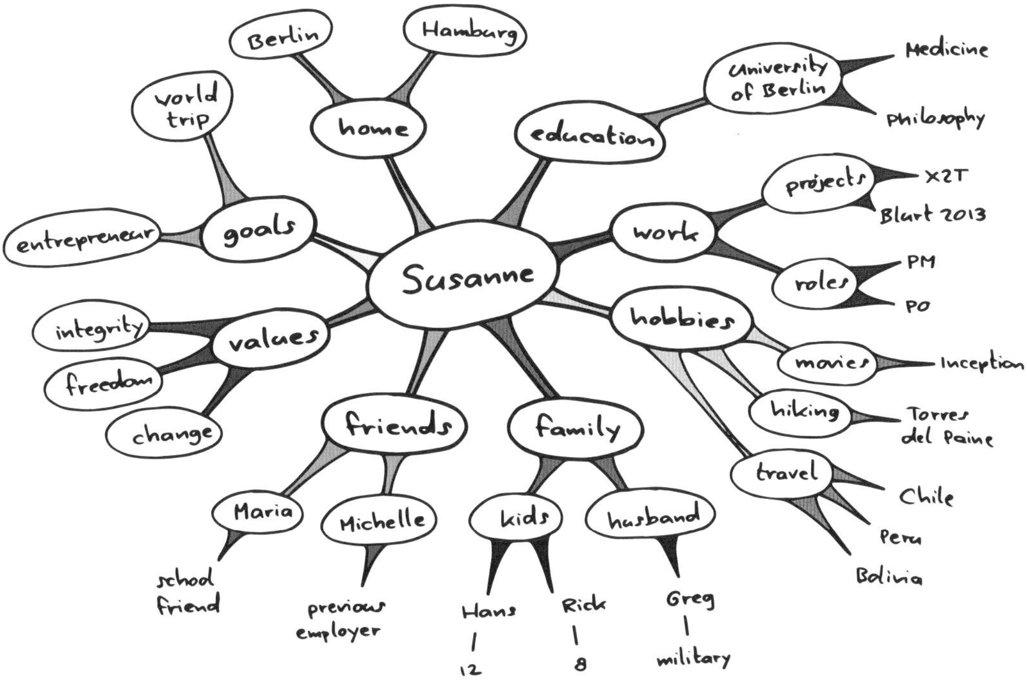


## これは**ぞっと**する！

KGBやStasiのようなかつての諜報機関の反倫理的な調査活動をいまだに覚えていて、今では多くの人がアメリカのNSAとその世界中のカウンターパートの活動をひどく嫌っている世界では、「個人に関する情報を集めるのは間違っているのではないか？」といった質問が出たとしても何ら不思議ではない。
まあ、それはあなたがどれだけ秘密にしているのか、その結果をどう使うかによる。
私の母が誕生日にバースデーカードを贈るため、相手の誕生日をカレンダーに記入するのは間違っているだろうか？　私が名刺からメールアドレスを拾って本の出版イベントに招待するのは間違っているだろうか？　一緒に働いている人のエンゲージメントを高め、彼らの仕事を改善し、顧客を喜ばせるために、いくつかの個人的な情報を書くことは間違っているだろうか？

## 始め方

1. 紙を用意し、チームメンバーの1人の名前を書く（いないなら私の名前を書いてみよう）。

2. 名前の周りに、家、学校、仕事、趣味、家族、友人、ゴール、価値観を書き、名前と線で結ぶ。

3. 外側に向かって、その人に対して思いつく言葉、名前、概念を書き出し、既に書いた言葉と線で結びつけていく（私の名前を書いた場合は、この章全体を通して私が示したヒントを参考にしよう）。

4. 書いたマインドマップを共有し、書けなかった部分を確認しよう。その人とのコミュニケーションを改善し、空白の部分を埋めていくにはどういったアプローチが最適かを決めよう（近接性の第一原理も参考にしよう）。

5. 同じように他の人ともやってみよう。皆と最適な対面の時間を過ごすために、人によってどういうアプローチをすればいいのかを考えてみよう（近接性の第二原理も参考にしよう）。

6. キャスター付きの椅子を手に入れて、Googleナビゲーターに繋げてみよう（なんちゃって）。

## Tipsとバリエーション







パーソナルマップのエクササイズはワークショップのアイスブレイクに最適だ。参加者が到着する前に、自分のマップを書くことから始めよう。

色とりどりのペン、マーカー、鉛筆を用意しよう。人によっては色彩豊かなほうが自分を表現しやすいこともある。

真ん中には自分の名前ではなく、他のことを書くのが好きだ。例えば、私の人生の目的とか。

書き始める前に参考になる例があるといい。他の人が書いた内容がわかると、もっと創造的になれる。

空白の丸が最初からいくつか書かれている紙を用意する。これで簡単に始められる。

パーソナルマップを壁に貼り、似ているところ、そうでないところを見つけてみよう。

他の人のパーソナルマップについて感想や質問を言い合おう。

自分のパーソナルマップを説明させないほうがいい。自分の話を延々と喋り続ける人もいる。

私は同僚について、誕生日、子どもやパートナーの名前、コーヒーとお茶のどちらが好きかなどが書かれたノートを持っている。

ふりかえりのエクササイズとしてパーソナルマップをやってみた。

マインドマップの写真を撮って（許可も得て）、社内SNSでシェアする。

ウォータークーラーかコーヒーマシンの近くに貼り出そう。そうすると、マップがそこに来た人の話すきっかけになる。

さらなるアイデアをm30.me/personal-mapsで見つけよう。

We will agree together
Delegate
I will fully delegate
I will fully delegate
5
Advise
4
4
Agree
We will agree together
3
Consult
4
Agree
We will agree together
Sell
6
2
1
Tell
1
7
Sell

第3章

# デリゲーションボードとデリゲーションポーカー

はっきりとした境界で皆をエンパワーメントする

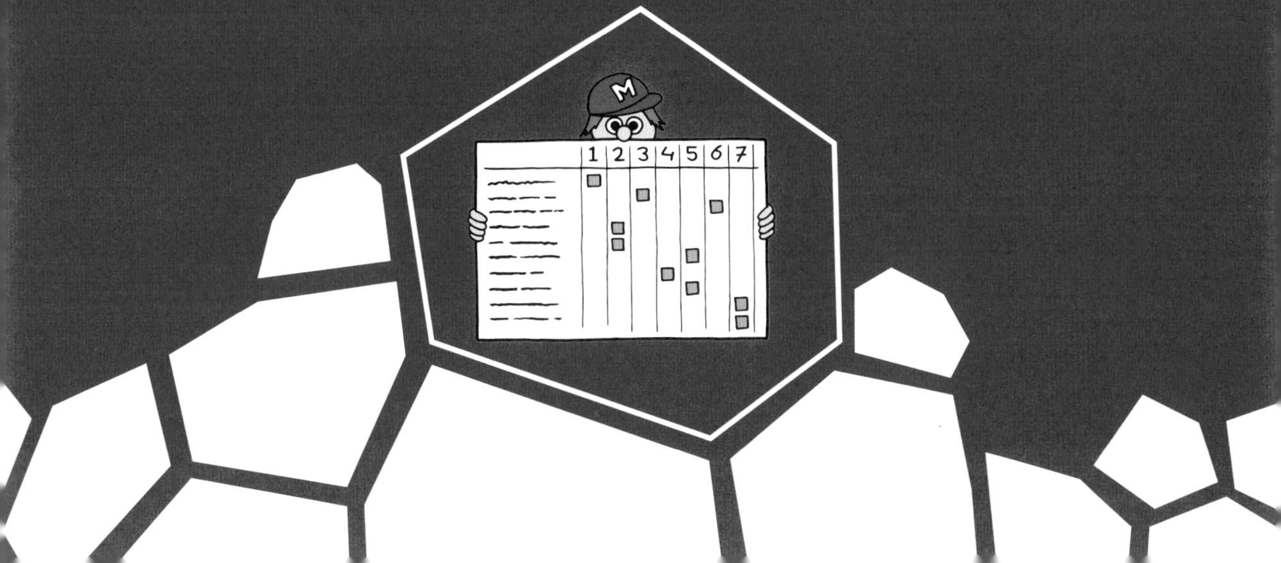

権力は腐敗すると言われているが、実際は「権力が腐敗しやすいものを引き寄せる」というのが真実だ。まともな人は、たいてい権力よりも他のものに惹かれる。

デヴィッド・ブリン
アメリカの科学者
(1950-)

権限委譲は簡単ではない。マネージャーはチームが自己組織化したときにコントロールを失うことを恐れがちになるし、クリエイティブワーカーは自己組織化する術を知らないこともある。デリゲーションボードを使うことで、権限委譲を明確にし、マネージャーとメンバー両方のエンパワーメントを促進できる。

私は前に一度、チリの山中で馬に乗って旅したことがある。その旅行は4時間続き、ガイドは私を含めた4人の旅行者を連れ、アンデスの森の中を進んでいった。木に覆われた山を登る間、私は「ときどき、馬が止まったり後ろをちらっと振り向いたりしているのはなぜだろう？」と不思議に思っていたが、ガイドが説明してくれた。ガイドは私に「他の馬から離れて、できれば列の最後尾まで下がったほうがいい」と言った。私の馬は気性が荒いことで知られていたのだ。4頭の黒馬のなかで私の馬だけが白馬であり、ガイドは「馬も人間と同じように外国人を嫌うことがある」と話してくれた。私の貧弱な白馬は、黒馬によって酷い目に遭わされたことをトラウマに持っており、もし黒馬の頭を蹴飛ばす機会があれば、迷わずそうしただろう。案の定、私がリラックスして景色を楽しんでいたその瞬間、突然、私の荒々しい白馬はパートナーの差別的な黒馬に対して突進していった。おそらく黒馬が私の馬に対して変なものを見るような視線を送ったか、悪口を言ったかと思われる。私は自分の馬が黒馬の目に噛みつくことを防ぐのがやっとだった。もし私が達人かつ英雄のような手綱捌きを披露しなかったら、その後の私たちの結婚はなかっただろう。もちろん、パートナーとの結婚だ。馬とではない。

組織のマネジメントは、まるで馬を率いるかのようだ。競馬場で見かける力強く引き締まった馬のような組織もあり、食糧や雑貨でいっぱいの荷車を引くがっしりとした馬のような組織もある。退屈した旅行者と英雄的な作家を背中に乗せるチリの馬のような場合もある。ピンクのふわふわした毛のユニコーンと比較されることもあるかもしれない。あなたの組織がどの種類の馬であっても、世話をし、食物を与え、愛情を注ぎ、毛繕いをし、ブラッシングし、そしてときにはしっかりと手綱を引っ張ることが必要なのは間違いない。

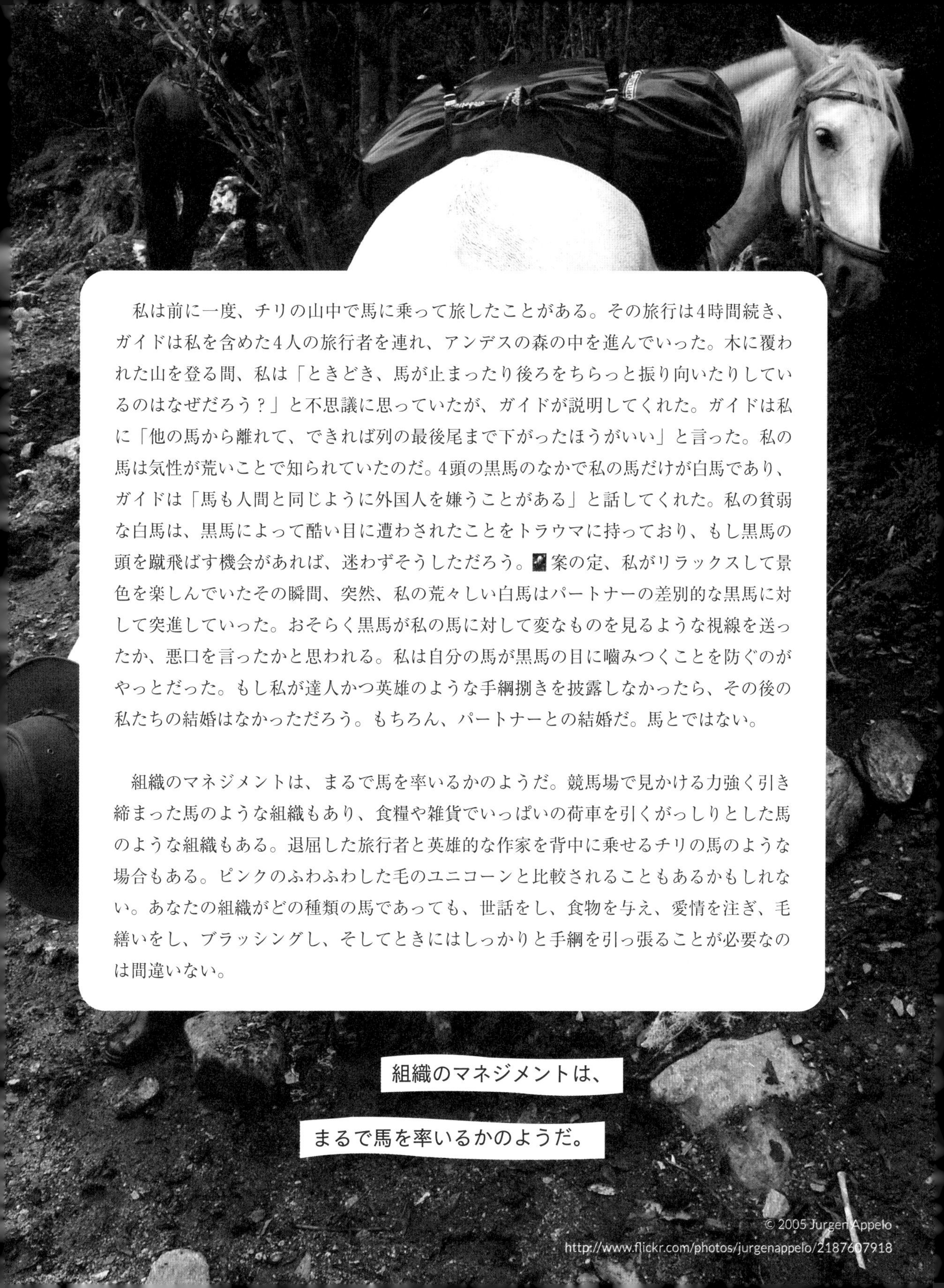
組織のマネジメントは、
まるで馬を率いるかのようだ。

© 2005 Jurgen Appelo
http://www.flickr.com/photos/jurgenappelo/2187607918

## コントロールの分散

さて、馬から降りて組織に乗ろうか。私に近しい人物のなかに、とても知りたがりの上司を持つ人がいる。彼女はいつも誰かの仕事のチェックに忙しく、何かにつけて指摘し、批判し、訂正する。彼女は何か気に入らないことを見つけると狂犬のように噛みついてくるので、メンバーたちが彼女を少し恐れてしまうのも何ら不思議ではない。おとなしい馬と凶暴な犬では一緒にいるのは不可能だ。

彼女の弁護をすると、政府機関のマネージャーとして多くの責任を持っている。彼女は自分のオフィスで起こることすべてに対して管理責任がある。そのため、彼女は目を光らせておかなければならない。そうかもしれない。しかし、人は相手からの扱われ方によって行動が変わる。上司が毎回あなたのアウトプットのすべてを訂正する場合、洗練された結果を出すのが面倒になるのはなぜだろうか？　どうせすぐに訂正されてしまうからだ！　こうなると仕事の質はさらに低下し、上司はもっとコントロールを強化する。この押し付けがましいマネジメント方法は、上司の世界観が正しいことを確認させ続ける。メンバーたちはいい加減であり、唸り声をあげたり、噛みついたりするに値するのだ。噛まれることに慣れている馬は、噛まれたときだけ前に進むようになるだろう。これはまさに予言の自己成就〔訳注：何かしらの予期に根拠がなかったとしても、その予期を意識的にも無意識的にも実現させるような行動をとり、結果的に現実として起こってしまうこと〕を表した実例とも言える。[1]

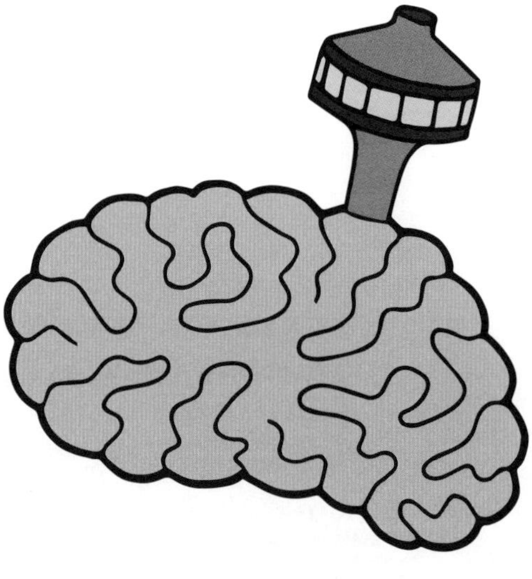

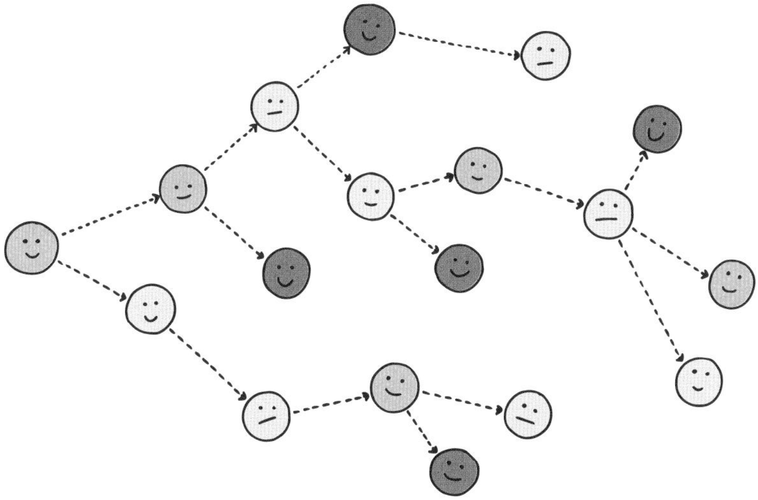

私たちの組織において、この典型的なマネジメントの罠を回避して仕事の質を向上させるためには、コントロールを分散させる必要がある。中央集権によるコントロールが薄まるからこそ、私たちの周囲に存在する（内部も含めた）すべての複雑系はうまく自己組織化する。免疫系をコントロールするマスターT細胞はいないし、心拍を調整するプライマリーペースメーカーもいないし、意識を司る脳にセントラルニューロンもいない。複雑系では、通常、コントロールがそれぞれの部分に分散されている。それは良いことなのだ！　もしも免疫系がコントロールセンターを持っているとしたら、ウィルスがそこをダウンさせるのは容易いはずだ。また、もしも心拍が数えるほどの細胞に委ねられていたとしたら、あなたはこの本の残りを読むのに十分な時間すら生きられないだろう。

コントロールの分散については他にも理由がある。それは**暗闇の原理（darkness principle）**だ。この原理は、「システムのある部分は、他のさまざまな場所で起こるすべての振る舞いを認識できない」ということを表している。仮にある部分がシステム全体を「知っている」とすれば、システム全体の複雑性はその部分に集中してしまうだろう。暗闇の原理は、どんな人でも仕事の「全体」については不完全なメンタルモデルしか持ち得ないことを表している。これはマネージャーに対しても同じことが言える！　組織全体でなければ、仕事の全体を理解することはできない。これがコントロールの分散が最善の策である理由だ。[2]

複雑系はコントロールが分散されているからこそ、生き残り、繁栄している。インターネットを破壊できない理由もそれだ。テロリストグループがそれぞれ自己組織化したグループ単位で独立して動いている理由もそれだ。組織がそこにいる人自身の仕事に高い裁量を求める理由もそれだ。トップダウン型のマネジメントが望ましくないのは、それが組織の複雑性に適応する能力を抑制してしまうからだ。[3]

### 階層型から**完全に**脱すればいいのでは？

企業が自然系と異なるのは法的権限に基づいた活動形態をとっているところだ。組織の人々は法を逸脱するのを許されない。マネージャーはビジネスオーナーからさまざまな権限を与えられている。採用や解雇、顧客やサプライヤーとの契約締結によるサービスや支払いへのビジネス全体へのコミット、組織の入出金管理、他の人への仕事の委譲といったものだ。これらはすべて、権限の追跡を可能とするため、階層的に組織のなかを通っていく。私が考える限り、これは階層型が有効になり得る非常に少ない利点のひとつだ。

## 従業員へのエンパワーメント

科学者がコントロールの分散と呼んでいることを、通常、マネジメント分野のコンサルタントは**エンパワーメント**と呼ぶ。しかし、この言葉を好まない専門家もいる。[4,5]人がありのままの状態では無力（disempowered）であり、マネージャーによってエンパワーメント（empowered）される必要があるかのように見えるからだ。[6]それが本来の意味だったのかもしれないが、いささか敬意に欠けることには私も同意する。

一方で、私は階層型システムよりもネットワーク型システムのほうがより強固だと考えている。なぜなら、ネットワーク型システムの破壊は非常に困難だからだ。組織におけるコントロールの分散は、メンバーだけではなくマネージャーもエンパワーメントする。それは人に対するエンパワーメントではなく、システムに対するエンパワーメントと捉えたほうがいいかもしれない。あなたが最後に病気になってしまったときのことを覚えているだろうか？　賭けてもいい。あなたは、1人の人間として分散した非常に小さなウィルスに対してまったくの無力感を感じたはずだ。そうは言っても、私はあなたの分散した免疫システムがウィルスを超える力強さを発揮したことを嬉しく思う。さもなければ、私は読者を1人失っていただろう！

コントロールの分散は
人に対するエンパワーメントではなく、
システムに対するエンパワーメントとして
捉えるべきだ。

マネジメントに関する文献では、働く人の満足度の向上、利益性の向上、競争力の強化など、エンパワーメントを支持するような論点が多くあげられている。[7]これらはすべて真実だ。しかし、忘れてはいけない。エンパワーメントが必要な本当の理由は、システムの有効性と生存率の向上である。私たちは意思決定の委譲とコントロールの分散によって、組織のレジリエンスとアジリティを強化できる。

残念なことに、エンパワーメントは言葉だけだと簡単そうに聞こえてしまう。組織によっては、まったく別の文化への変革が求められることもあり、一朝一夕では起こらない。これは関係者たちにエンパワーメントする意思があるにもかかわらず、目に見える結果がすぐには現れない状況に陥ってしまう理由のひとつだ。[8]しかし、他に手段は無い。組織は皆が自分自身で意思決定するようにエンパワーメントしなければいけない。世界中で働くクリエイティブワーカーは、適切な教育を受け、自分自身の手で問題に対応できるようになってきている。そして、そういった教育を受けた人ほど権威主義は弱まる。[9]多くの組織では、マネージャーよりもチームのほうが自分たちの仕事をよく理解している。ほとんどの馬は、騎乗者から細かく指示されなくても、どう食べるか、どう走るか、あるいは崖から落ちないためにはどうすればいいかをよく理解している。そのため、マネジメントでまず考えるべきことは、管理監督ではなくエンパワーメントだ。[10]私たちが目指すのは、きっちりとコントロールされた人々ではなく、力強いシステムである。私たちは、システムをより良く改善していく方法を学ぶことが必要だ。マネージャーよ、揺り木馬から降りよう。生きた馬の扱い方を学ぶときが来たのだ。

## 境界の定義

私は馬について知っているのは、ファンタジー文学から学んだことだけだ。馬には、鞍、馬勒、拍車、靴（イタリアンでなく）、美しく長いたてがみがあり、戦士が敵を倒し葬り去るときには、いつもあるべき方向になびいていることは知っている。ただ野生の馬に乗って「イーハー！」と雄叫びを上げる者は、たいてい50ページ前に死んでいる。

私は（人ではなく！）チームや組織を馬に喩え、馬と世話人との間にはお互いを尊重し合う関係が必要だと考えている。馬の世話とは、方向性の提示や境界線の設定のことだ。マネージャーが仕事をチームに権限委譲する際、明確な権限の境界を示していないことはよくある。[11]そうなると、彼らは自分たちができること、できないことを柵に衝突しながら見つけ出していく。その過程で負うのは精神的なダメージだ。ドナルド・ライナーセンは、これを「見えない電気柵の発見」と表現している。[12] 何度も電気柵に衝突してしまうと、時間やリソースが無駄になるだけでは済まない。馬のモチベーションまで殺してしまい、彼らの毛並みまで台なしにする。見えない境界がどこにあるかわからなければ、馬は立ち尽くすしかない。あるいは、他の馬の頭を好んで蹴飛ばすようになる。

ライナーセンは、この境界を設定しない問題に対応するために意思決定領域のリスト作成を提言している。リストには、働く時間、中心となる技術選定、プロダクトデザイン、チームメンバーシップといったものを含める。チームが持つ権限をはっきりとさせるため、マネージャーはそれぞれの意思決定領域をリスト化する。柵の場所を馬がわかっている場合、恐れや痛みは少なくなるだろう。また、柵が遠くにある場合、馬は自分の縄張りをもっと楽しめるようになる。

これは逆の場合もそうだ。多くの場合において、チームは、報酬の支払、ビジネスパートナーシップ、マーケット戦略、駐車場の管理といった仕事をマネージャーに権限委譲している。馬は、どんな境界、制約、酷使であっても単純に受け入れる必要はない。それを表すかのように、馬は自然から力強い歯と逞しい後脚が与えられている。私が乗った荒々しいチリの白馬は、それらをうまく使っていた。

## 権限委譲の７段階



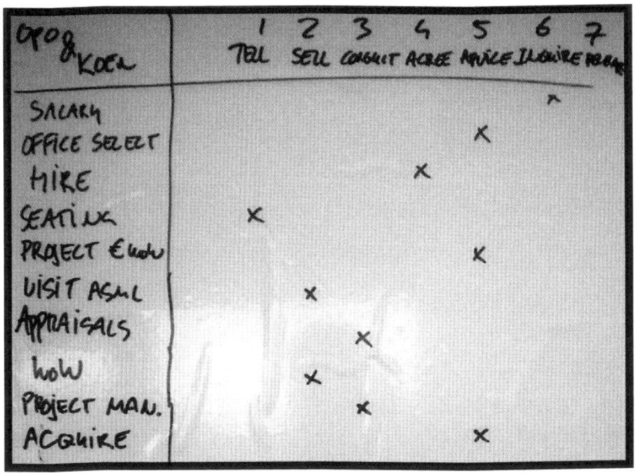




複雑系におけるコントロールの分散は、権限をネットワークの隅々まで行き渡らせた場合に実現する。しかし、人は「コントロール不能」までは望まない。そのため、彼らに安全感を与えるためには、少なくとも、彼らの状況においてある程度コントロールしているという前提に基づく必要がある。だからこそ、権限委譲の7段階を活用することでメリットを享受できる。[13]

1. tell／指示する　あなたは皆のために決定し、自分のモチベーションの在処を説明する。それに関する議論は望まず、想定もしない。

2. sell／説得する　あなたは皆のために決定するが、自分が最善の選択をしていることを納得させ、その決定について彼が関与していると感じられるようにする。

3. consult／相談する　あなたはまず意見を聞き、検討し、皆の意見を尊重して決定する。

4. agree／合意する　あなたは皆と議論し、グループの決定として合意を得る。

5. advise／助言する　あなたは自分の意見を皆に伝え、彼らが受け止めてくれることを望む。しかし、それはあなたではなく彼らが決定することだ。

6. inquire／尋ねる　あなたはまず、決定を皆に委ねる。その後、彼らの結論で自分を納得させてもらうようお願いする。

7. delegate／任せる　あなたは皆に決定を委ねる。また、自分の頭を悩ませるだけの細かいことは知ろうともしない。

権限委譲の7段階は対称的なモデルだ。そのため、双方の段階が対となる。例えば、2段階目は逆の視点から見た場合、6段階目に対応する。3段階目は意見を求めることを表していて、意見を提供するという5段階目の裏返しとなる。

このモデルは、個々のタスクや成果物に適用すべきではなく、意思決定領域に適用すべきだ。意思決定領域の定義は、馬の周囲に柵を立てることに似ている。権限委譲の段階の調節は、乗馬の際に手綱に緩急をつけることに似ている。

権限委譲の7段階は、マネージャーから個人やチーム、チームや個人からマネージャー、個人間やチーム内のピアツーピア方式など、さまざまなシーンにおける権限委譲を定義するために活用できる。

いくつか例を示そう。

- CEOは合併や買収を1段階目に設定する。そのため、他社の買収を従業員に単にメールで指示する。
- プロジェクトマネージャーはプロジェクトマネジメントを2段階目に設定する。そのため、プロジェクトチームにアジャイルなプロジェクトマネジメントのフレームワークを導入するよう説得する。
- チームメンバーは休暇の取得を3段階目に設定する。そのため、休暇を取りたいときには他のチームメンバーに相談する。
- ワークショップのファシリテーターは議題やエクササイズを4段階目に設定する。そのため、彼女のクラスで選択するプログラムについて議論する。つまり、詳細について全員で合意する。
- 顧客のコアとなる技術領域に詳しいコンサルタントは5段階目に設定する。そのため、彼はその技術について顧客に助言するが、最終的には顧客に決定してもらう。
- 母はボーイフレンドについて6段階目でなければならないと知っている。そのため、彼女は彼の名前や娘が最近欲しがっているものの事情を優しく尋ねる。
- ある作家は印刷や製本をプロの印刷屋に7段階目で任せる。なぜなら、彼は作家として枯れた木の薄い細片に言葉を貼りつける術をまったく持っていないからだ。

権限委譲の最適な段階はバランスを取る必要がある。チームの成熟度や決定する内容のインパクトによる。組織におけるコントロールの分散は、権限委譲を可能な限りシステムのなかに押し込めたときに実現する。しかし、状況次第では、指示や説得から始めて、チームメンバーの権限委譲の段階を徐々に上げ、彼らが決定できる領域を拡大することが必要になる場合もある。

## デリゲーションボード

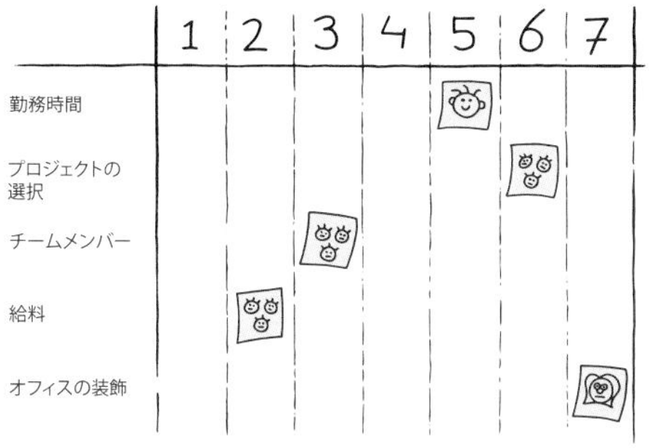


マネージャーとチーム、あるいはあらゆるグループ間において、どの段階の権限委譲かを伝えるために使える簡単なツールがある。これは、両者がお互いに持っている期待を明らかにし、透明性を高め、オープンにしていくことにも役立つ。このツールを私はデリゲーションボードと呼んでいる。

これは物理的なボード（あるいはスプレッドシート、またはお隣のキッチンが見える窓に付箋を貼ったもの）で、権限委譲する対象の意思決定領域の数だけ縦に並べたものだ。横には権限委譲の7段階を書く。意思決定領域の各行に対して7段階のどれかに印をつけ、各領域でどのくらい権限委譲されているかを皆に明確に伝える。その意思決定プロセスは何らかの形で皆は関与しているか（3段階目：相談する）？　ある特定のテーマについて皆が合意しているか（4段階目：合意する）？　彼らは自分たちの結論をマネージャーに共有するのが期待されているか（6段階目：尋ねる）？　デリゲーションボードは皆に伝えることができる。

### エンパワーメント**ボード**

当初、このボードのことをオーソリティボードと呼んでいたが、デリゲーションボードと呼んだほうがしっくりくるように思えてきた。今では、エンパワーメントボードと呼んだほうがいいという意見もある。私たちが目指しているのはエンパワーメントであるし、それがこのツールの実現する結果でもあるからだ！　私自身はデリゲーションボードという言葉に慣れてしまったが、好みに応じて、遠慮なくエンパワーメントボードと呼んでもらっていい。

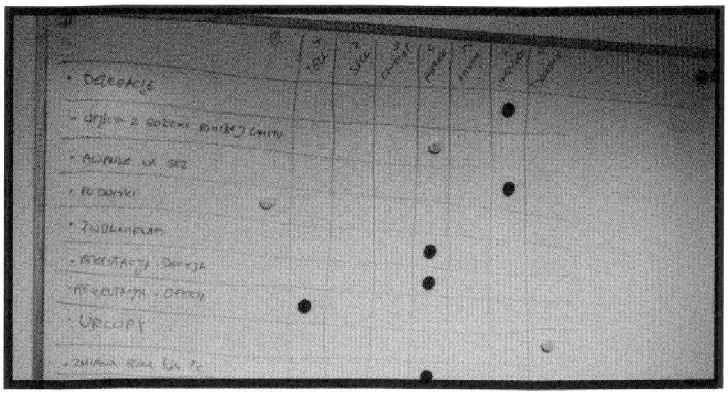

© 2015 Mateusz Gajdzik

スタンドアップミーティング、ふりかえり、1on1の場で権限の認識の相違（誰が何を決められるか）が明るみに出た場合、デリゲーションボード（かエンパワーメントボード）を使うと解決できるだろう。例えば、ボードを使って権限が不明確な新しい意思決定領域をリストアップしたり、メンバー/チームの名前（か彼らの大まかな外見）を識別できるようにしたりできる。一般的なタスクボードと同様に、段階を左から右に移すことで、あるグループから他のグループに多く権限委譲されていることが表現できる。むしろ、こういった形で見える化することで、段階を左から右に移して権限委譲を着実に進めたくなるかもしれない！

チームはマネージャーがデリゲーションボードを用意するまで待つ必要はない。ある領域の裁量をはっきりさせたい場合、チームメンバーは単に自分が想定する段階をボードに表し、マネージャーに見てもらうだけでいい。もちろん、どこに付箋を貼るかを決めるのはコントロールを委譲する側だが、委譲された側もそのアカウンタビリティを負うのに合意しなければならない！そして、チームが自分たちの仕事を権限委譲するのも覚えておいてほしい。別の意思決定領域を表したボードを他に用意することを妨げるものは何もない。

**チームはマネージャーがデリゲーションボードを**

**用意するまで待つ必要はない。**

デリゲーションボードはさまざまな場面で役に立つ。このボードは、自己組織化を最大限に活用するために必要な、境界の定義と権限のバランス調整の行為をモデル化している。次に、意思決定領域と権限委譲の段階が見える化されたボードは、情報ラジエーターとして働き、権限委譲を詳しく知りたかった人に影響を与えるようになる。最後に大事なことだが、デリゲーションボードには、マネージャーがコントロールするための仕掛けも含まれている。マネージャーがコントロールを失ったと感じる状況があったとしよう。その場合、すぐに組織の人々を動かすのではなく、ボード上の段階を左右に動かす姿のほうを私は見たい。マネージャーがはっきりとした境界を定義し、領域を広げる機会を与えることができるのであれば、彼らに「デリゲーションボードを使って自己組織化をコントロールできる」と伝えることには何の問題もない。

行き過ぎた
**自己組織化**

私は自分のワークショップでさえも、権限委譲にはいつも苦労している。最近、Twitterでイベントがドイツで開催予定とのアナウンスがあり、私は驚いた。それを知らなかったのだ。どうやら、現地の主催者は権限委譲の7段階目を適用し、決定に私を含めるのを忘れてしまっていたらしい。失敗したのは誰だろうか？　もちろん私だ！　私は意思決定領域とワークショップの権限委譲の段階について、ちゃんと伝えられていなかったのだ。私はその後、数日で自分のWebサイトにデリゲーションボードを追加した。自分の仕事にこのエクササイズを組み込む大事さを知った一件だった！

## デリゲーションポーカー

デリゲーションポーカーを披露したのは、2010年にアムステルダムで開催されたスクラムギャザリングのイベントが初だった。私はそれから世界中の100ものイベントでこのゲームをプレイしており、毎回素晴らしい結果を収めている。

「権限委譲の選択肢はたったふたつだけではない」ということを皆に伝えるのがこのゲームの目的だ。独裁者からアナーキストに至るまでには多くのグレーの（または色のついた）グラデーションがある。権限委譲は段階的なプロセスだ。あなたはコントロールされた段階的な方法で他者に責任を委ねていく。また、権限委譲は状況によって変わる。できる限り多くのことを権限委譲したいとしても、やり過ぎは混乱を引き起こすかもしれない。

このゲームは少人数のグループ（通常は3人から7人だ）でプレイする。各プレイヤーには権限委譲の7段階に対応した7枚のカードが配られる。Management 3.0「公式」のカード（m30.me/delegation-pokerを参照）も使えるが、皆の自己組織化を促して、付箋、レーザープリンター、あるいはCEOの名刺でカードを作ってもらうこともできる。

ゲームの最初でグループに議論したい意思決定領域を聞く。私は休暇の取得を簡単な例として使うことが多い。マネージャーから皆に休暇を取得すべき日を指示するだろうか（権限委譲の1段階目）？　おそらくそうではないはずだ。マネージャーは職場に誰がいて誰がいないのかを事前に知ることなく、毎日サプライズが起こるのを許容しているだろうか（権限委譲の7段階目）？　繰り返すが、これもそうではないはずだ。「休暇の取得」の意思決定領域の段階は、2から6のどこかで権限委譲される可能性が高い。こんなふうにグループが議論したい他の領域を決めていこう。ツールの選択は？　オフィスのレイアウトは？　プロジェクトの納期は？　リモートワークは？　金銭的な補償は？　議論が活発になるように事前にケーススタディを準備しておくと便利だ。私のワークショップでは、マネジメントに関する10個の例題を参加者に提供することが多い。例えば、次のようなものだ。

あなたは新しい従業員の採用に既存のチームメンバーを関わらせたい。さまざまな候補者に対する意思決定をするにあたって、どの段階で権限委譲するか？

最後に、ゲームをプレイしている間、プレイヤーが権限委譲の7段階をいつでも参照できるようにしておくことが重要だ。私はいつも7段階を壁に投影したり貼りつけたりしている。配布資料として渡しておくのも非常に有効だ。

## ゲームのルール

プレイヤーは以下の手順に従って進める（そして繰り返す）。

1. グループは対象とする意思決定領域を示す。それが指していることについて皆で理解を揃える。

2. 各プレイヤーは、手持ちの7枚のカードから、「もし自分がマネージャーだったら、どこまで意思決定を権限委譲するか」を示すカードを他のプレイヤーに見えないように1枚選ぶ。

3. すべてのプレイヤーが選び終わったら、3つ数えて、選んだカードを一斉に出し合う。

4. 各プレイヤーが出したカードはおそらく違うものになるだろう。最も高いカードと最も低いカードを出したプレイヤーに選んだ理由を説明してもらう。

5. ひとつ（か狭い範囲）の段階に収まるようにグループで意見をすり合わせ、合意を得る。

最高値のカードと最低値のカードの差が大きい場合、もう一度同じ領域でプレイするのもいいだろう。デリゲーションボードを準備し、どの意思決定が合意に基づいて行われたかを見える化してもらう手もある。

当たり前だが、それでも注意が必要なことがある。自己組織化チームは、権限委譲された意思決定領域の「正しい」段階を自分たちで決めるわけではないということだ。結局、馬は自分自身の柵を設けるわけではない。しかし、このゲームは誤認識や隠れた前提のあぶり出しに非常に有効だ。ゲームの目的は新たに線を引くことではない。既に引かれている線がどこにあるかを共通認識にしていくことだ。

権限委譲はよく「私がやる」か「あなたがやって」のどちらかになるが、これは単純すぎる。デリゲーションポーカーを使って、誰が何に対してどこまでの責任を持つのかをはっきりとさせよう。このゲームは、コントロールされた自己組織化と明確な意思決定を通じて従業員のエンゲージメントを高める。

## 自己組織化の学び

“私は自己組織化するようにと「指示」されたチームにコーチとして参画したことがある。チームにとって自己組織化は初めての経験で、コマンド&コントロールのマインドセットしか持ち合わせていなかった。どうやって「自己組織化」していくかのアドバイスもなく、自分たち自身の力だけで進めるしかなかった。結果として、チームは衝突し、効果も見えず、意思決定は麻痺し、マネージャーはいつも助けを求められてばかりで、苛立ちは増す一方だった。そのため、従来型のマイクロマネジメントは必然的な結果だった。
私はチームが意思決定領域を一覧化できるようにした。また、デリゲーションポーカーを使って議論を促進させ、段階に合意してもらった。結果、それはそのまま彼らにとって初めてのデリゲーションボードとなった。これによって、チームはボードを使ってプロセスをうまく進められるようになり、マネージャーも満足するようになった。なぜなら、彼はついに少しばかり身を引くことができたからだ。”

インガ・リル・ホルムクヴィスト スウェーデン

## コンピテンシーの段階の組み合わせ

“VI Companyでは、権限委譲をコンピテンシー開発と組み合わせている。私たちはさまざまな役割とコンピテンシーの段階を定義している。誰が何の権限を持っており、職位に応じてどの権限が与えられているかについて、はっきりと皆に伝えている。
例えば、初級開発者は技術的な文書作成の領域では3段階目だ。これは、マネージャーが彼に意見を求める必要性があることを表している。中級開発者は4段階目だ。これは、彼とマネージャーが文書作成の責任を共同で負っていることを表している。上級開発者ともなると7段階目になる。これは、彼が完全に信頼されていることを表しており、彼はこの意思決定領域で必要と思われることは何でも実施できる。”

イヴォ・ファン・ヘイレン　オランダ

## 始め方

さあ、馬のテリトリーをはっきりとさせ、信頼と配慮をもって手綱を取るときが来た。

1. 組織のなかで権限委譲に起因していると思われる課題を見つけよう。

2. 彼らの意思決定領域を一緒に決めよう。具体的過ぎたり（「電話を取る」）、抽象的過ぎたり（「仕事をする」）するのは避けよう。

3. 意思決定領域ごとに想定される権限委譲の段階を決めよう。デリゲーションポーカーで見つけられるかもしれない。[14]

4. デリゲーションボード（かエンパワーメントボード）をつくり、権限委譲の状態を関係者全員に見える化しよう。

5. すべての意思決定領域と権限委譲の段階について、想定が合っているかどうかをマネージャーに確認しよう。マネージャーを含めた皆の意見を踏まえてはっきりと定義するため、もう1、2回ほど議論が必要になるはずだ。

## Tipsとバリエーション

デリゲーションボードでどの境界をはっきりとさせるかを明らかにしよう。マネージャーとチーム全体？ チームリーダーと特定のチームメンバー？

私たちは、チームに2つの段階（0－話さないと8－関与しない）を追加した。自分たちに適応させるために気軽に実験してみよう。

私は、職務記述書をはっきりとさせるために権限委譲の段階を使った。

デリゲーションボードやデリゲーションポーカーを使って、プロダクトオーナーやプロジェクトマネージャーのような他のステークホルダーとも議論できる。

初級と上級の職位でそれぞれができることを決めるため、権限委譲の段階を使う。

私のチームメンバーはデリゲーションボードを使って議論するなかで、どれだけ自分たちが信頼されているかについて驚いていたようだった。彼らはそれを認識していなかったのだ。

壁にデリゲーションボードを吊すと、必要なときにいつでも見られるので良い。

意思決定領域や権限委譲の段階を定期的に見直し、意思決定の際に成長や成熟が見受けられたときはさらに段階を上げていく。

私たちはデリゲーションマトリクスと呼ぶのが好きだ。どういうわけか、私の周りの皆はそのほうが理解しやすいようだ。

見える化する場合、縦方向に権限委譲の段階を書いて（そして意思決定領域は横方向だ）、チェックマークや付箋を上げたり下げたりするほうが面白くなるかもしれない。

私たちは2つのセッションを行った。ひとつはマネジメント層によるデリゲーションボードで、もうひとつはチームによるものだ。終わった後に皆で結果を比較し、素晴らしい議論と良い進展が得られた。

ワークショップの最初にデリゲーションポーカーを実施する。決めるのは、ランチの時間、議論するテーマ、携帯電話やPCの使用などその他諸々についてだ。

さらなるアイデアをm30.me/delegation-boardsやm30.me/delegation-pokerで見つけよう。

Key Mart
Master
Mach 1
BCN
RADEK
CELA
PIPPA
MITCH
2012
Orlando
Elliot

第4章

# バリューストーリーズとカルチャーブック

ストーリーを共有して文化を定義する

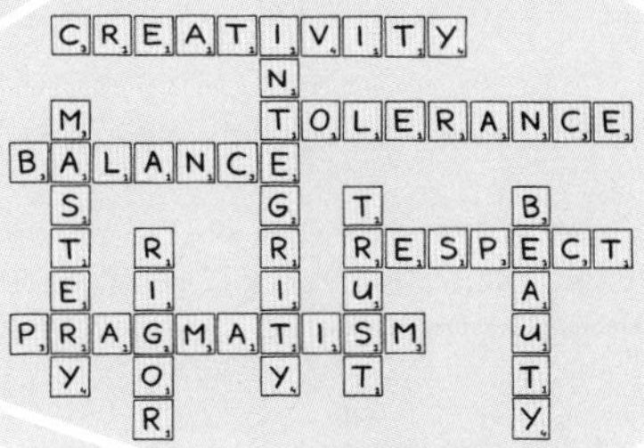

持続する変化は一連の妥協によるものだ。あなたの価値観が変わらない限り、妥協してもいい。

ジェーン・グドール
イギリスの霊長類学者
(1934-)

グループでも個人でも価値観は多様だ。そのなかには、あなたにとって自然な価値観もあるだろう。それがなければ、自分が自分でなくなるようなものだ。他の価値観は、あなたが強く求めるようなものであり、受け入れるには努力が必要になる。この場合、あなたの価値観を個人的なストーリーにするのが有効だ。

**自己利益もまた、格納容器があって初めて機能するのだ。ここでの格納容器とはつまり、見識にもとづく自己利益が見境のない身勝手へと溶融（メルトダウン）するのを防ぐ倫理原則である。**

ゲイリー・ハメル『経営は何をすべきか』（原題：*What Matters Now*）

最初の著書の***Management 3.0***の出版契約の際、出版社との間で、完成版の原稿の納期を2010年の8月1日と決めていた。編集者はいささか形式的にこの納期を設定した。彼は「作家という人種を知っていて」と言い、「納期を守ることはほとんど無いが、それでもいい。完成したらいつでもいいので送ってほしい」と続けた。しかし、私は「いや、私はそういうタイプの作家ではない。スケジュール通り、原稿を提出するつもりでいる」と答えた。そして、私は実際にそうした。2010年の8月1日を迎えようとする深夜0時の4分前、完成した原稿を編集者にメールで提出したのだ。飲み物を注ぐ余裕さえあった。

どうやら、私にとっては納期を守ることが重要だったようだ。それは**規律**の問題であり、**名誉**の問題でもある。私は自分自身で証明したかったのだ。駆け出しの作家として、約束を守れることが自分の健全な利己心を満たすことになると思っていたのだ。

**名誉**や**規律**は人の価値観や美徳に関するふたつの価値の例であり、これらは非常に重要だ。既存の価値を尊重せずに新しい価値を創る場合、歯止めの効かない利己心に簡単に飲み込まれてしまう。

似たような話をいくつかあげよう。サプライヤーへの支払いを請求書が届いてから2週間以内にすませること（**公正**）、講演の依頼で契約不要とすること（**誠実**）、誰かに「ありがとう」の言葉を伝えるために自分で設定したリマインダーを毎日使うこと（**感謝**）、チャリティに寄付するかを何週間も悩んだこと（**寛大**）などがある。なぜこういった行動をとっているかというと、それが重要だと私自身が思っているからだ。そう、私にとって重要なのだ。人を奮い立たせるような目的やはっきりとした価値観を持つと、自分自身を幸せにするだけでなく、仕事に対する集中と判断がしやすくなる。目的や価値観があれば、何かしらの要求や判断を迫られる場面に遭遇したときにも、私たちは強い確信を持って「はい」か「いいえ」と言えるようになる。価値観や方向性の明確さは、仕事における振る舞いに大きな違いをもたらし、それがモチベーション、コミットメント、生産性を支える原動力になることが研究で明らかにされている。[2]世界中にいる多くの従業員は、はっきりとした基準を必要としている。なぜなら、多すぎる選択肢やはっきりとしない方向性に起因する認知負荷に苦しんでいるからだ。[3]

（私のように）組織を「価値を創造する人のネットワーク」と捉える場合、すべてのクライアントやステークホルダーは、「ネットワークから価値を得るために参加している」という結論になる。顧客、ステークホルダー、従業員、サプライヤー、銀行、コミュニティ、ビジネスパートナー、政府など、端的に言えば「組織と経済的に関わるすべての人」は、組織から生まれる何らかの価値を得ようとしている。そうでなければ、彼らは私たちがビジネスと呼んでいる協働的なプロジェクトに貢献することはないだろう。

既存の価値を守る場合のみ、新しい価値を創造できる。サプライヤーを騙しながら顧客を喜ばせているとしたら、それは価値を創造していない。ステークホルダー間で価値を移動させているだけだ。品質を削ぎ落として目先の生産性を求めているとしたら、それは価値を創造していない。未来から価値を盗んでいるだけだ。自然資源を枯渇させて株主に価値を提供しているとしたら、それは価値を創造していない。生態系の一部を経済に変形させているだけだ。

本当の意味での価値創造は、そのクライアントにとっての既存の価値を尊重した場合に起こる。これは、「組織のあらゆる階層、ネットワークの隅々に存在する人の価値を考慮すること」を意味する。

既存の価値を守る場合のみ、

新しい価値を創造できる。

> **優れた企業は、組織のプロセスを「たくさんの経済的価値を引き出す方法」として考えるのではなく、社会的価値や人間的価値を判断基準とするフレームワークを構築している。**

モス・カンター "How Great Companies Think Differently"[1]

「しかし、クライアントとステークホルダーにとっての価値は何か？　どちらの価値を尊重すべきか、あるいは支持すべきか？　本当の意味の価値創造をしたいが、どうすればいいか？」という声が聞こえてきたようだ。きっとあなたには好奇心、熱意、決断力が備わっているのではないかと思う。素晴らしい！　それは、あなたが答えを知るための道を既に歩んでいることを意味している。

## バリューリスト

上海からドバイへのフライト中のちょっとした空き時間を利用して検索し、複数の情報源から250個もの価値観を表す言葉を拾って以下のようにリストにした。その際、宗教的な言葉や性的な言葉、ビジネスに相応しくない言葉は無視した（あなたのビジネスが**教会**か**風俗業**でなければ）。このリストを参考に、好きな価値観を見つけて選んでみてほしい（この一覧の縮小版は私の1冊目の著書にも記載されている[5]）。これらの言葉をランダムに並べて好きなものを選ぶこともできるし、複数人と一緒にドット投票〔訳註：投票候補を付箋紙に書き出し、丸シールを貼ったり印をつけたりして投票すること〕で好きな価値観を3～5個程度に絞ることもできる。どんなアプローチにしろ、中核となる価値観や求める価値観を議論するのは素晴らしいマネジメントのエクササイズだ。

- 受容（Acceptance）
- アクセシビリティ（Accessibility）
- 完遂（Accomplishment）
- アカウンタビリティ（Accountability）
- 正確さ（Accuracy）
- 達成（Achievement）
- 活動的（Activeness）
- 適応性（Adaptability）
- 冒険（Adventure）
- 美学（Aesthetics）
- アジリティ（Agility）
- 用心深さ（Alertness）
- 野心（Ambition）
- 謝意（Appreciation）
- 親しみやすさ（Approachability）
- アサーティブ（Assertiveness）
- 気遣い（Attentiveness）
- 可用性（Availability）
- 気づき（Awareness）
- バランス（Balance）
- 美しさ（Beauty）
- 慈悲（Benevolence）
- 大胆さ（Boldness）
- 勇敢さ（Bravery）
- 輝き（Brilliance）
- 冷静さ（Calmness）
- 友愛（Camaraderie）
- 率直さ（Candor）
- 能力（Capability）
- 慎重さ（Carefulness）
- 警戒（Caution）
- 変化（Change）
- 慈善（Charity）
- 陽気さ（Cheerfulness）
- 明快さ（Clarity）
- 清潔さ（Cleanliness）
- 賢さ（Cleverness）
- コラボレーション（Collaboration）
- コミットメント（Commitment）
- 哀れみ（Compassion）
- 実践力（Competence）
- 集中（Concentration）
- 自信（Confidence）
- 適切さ（Conformity）
- 一貫性（Consistency）
- 満足（Contentment）
- 協力（Cooperation）
- 勇気（Courage）
- 礼儀（Courtesy）
- 職人気質（Craftiness）
- 創造性（Creativity）
- 信用性（Credibility）
- 巧み（Cunning）
- 好奇心（Curiosity）
- 思い切り（Daring）
- 決断力（Decisiveness）
- 献身（Dedication）
- 頼れる（Dependability）
- 覚悟（Determination）
- 没頭（Devotion）
- 尊厳（Dignity）
- 勤勉さ（Diligence）
- 直球（Directness）
- 規律（Discipline）
- 発見（Discovery）
- 分別（Discretion）

多様性（Diversity）
精力的（Drive）
義務（Duty）
ダイナミズム（Dynamism）
意気込み（Eagerness）
教育（Education）
効果（Effectiveness）
効率（Efficiency）
優雅（Elegance）
共感（Empathy）
奨励（Encouragement）
我慢（Endurance）
エネルギー（Energy）
楽しみ（Enjoyment）
エンターテインメント（Entertainment）
熱意（Enthusiasm）
平等性（Equality）
優秀さ（Excellence）
興奮（Excitement）
経験（Experience）
専門性（Expertise）
探査（Exploration）
表現力（Expressiveness）
外向性（Extroversion）
生き生きとした（Exuberance）
公平性（Fairness）
信仰（Faith）
忠実さ（Faithfulness）
家族（Family）
恐れを知らない（Fearlessness）
獰猛さ（Ferocity）
貞節さ（Fidelity）
激しさ（Fierceness）
適確さ（Fitness）
柔軟性（Flexibility）
流暢さ（Fluency）
フォーカス（Focus）
単刀直入（Frankness）
自由（Freedom）
友好的（Friendliness）
友情（Friendship）
楽しさ（Fun）
寛大さ（Generosity）
感謝（Gratitude）
成長（Growth）
幸せ（Happiness）
調和（Harmony）
健康（Health）
人の力になる（Helpfulness）
英雄的行為（Heroism）
正直さ（Honesty）
名誉（Honor）
希望（Hopefulness）
ホスピタリティ（Hospitality）
謙虚さ（Humility）
ユーモア（Humor）
創造力（Imagination）
公正さ（Impartiality）
独立（Independence）
創意工夫（Ingenuity）
イニシアチブ（Initiative）
革新（Innovation）
探求心（Inquisitiveness）
洞察力（Insightfulness）
インスピレーション（Inspiration）
誠実さ（Integrity）
知性（Intelligence）
内向性（Introversion）
直感（Intuitiveness）
発明（Inventiveness）
喜び（Joy）
正義（Justice）
親切（Kindness）
知識（Knowledge）
リーダーシップ（Leadership）
学び（Learning）
解放（Liberty）
論理（Logic）
愛（Love）
忠誠（Loyalty）
熟達（Mastery）
成熟（Maturity）
几帳面（Meticulousness）
思いやり（Mindfulness）
控えめ（Modesty）
モチベーション（Motivation）
きちんとした（Neatness）
オープンマインド（Open-mindedness）
開放性（Openness）
楽観的（Optimism）
秩序（Order）
整理整頓（Orderliness）
組織（Organization）
独創性（Originality）
風変わり（Outlandishness）
過激（Outrageousness）
情熱（Passion）
忍耐（Patience）
平和（Peace）
知覚（Perceptiveness）
完璧さ（Perfection）
粘り強さ（Perseverance）
不屈（Persistence）
説得力（Persuasiveness）
博愛（Philanthropy）
遊び心（Playfulness）
歓喜（Pleasure）
力（Power）
実用主義（Pragmatism）
精度（Precision）
備え（Preparedness）
プライバシー（Privacy）
積極性（Proactivity）
プロ意識（Professionalism）

人の価値観や美徳は興味深いテーマであり、それは文化の影響を大きく受けている。社会心理学者のヘールト・ホフステッドは、その文化的な背景を6次元モデルで見事に表している。[6]例えば、**権力格差の指標**はラテン系、アジア系、アフリカ系の諸国で見られ、権威者に従う傾向がある。アングロ系とゲルマン系の諸国では非常に小さい。**個人主義の指標**は自分自身を高めようとする姿勢を持つ西洋諸国と、集団に寄り添おうとする姿勢を持つ東洋諸国とで明確な違いが見られる。同じく興味深いのは**不確実性の回避傾向の指標**であり、高いのはヨーロッパの東南部で、低いのは大陸の北西部だ。

同じ地域でも世代によって大きな文化の違いが現れることも報告されている。例えば、東ヨーロッパ諸国において社会主義や共産主義を経験した高齢層は、州や政府に支援を求める傾向があり、若年層は、自分の将来は基本的に自分が責任を持つと考える傾向がある。文化的な背景は、明らかに人の価値判断に影響を及ぼしているのだ。

思慮深さ（Prudence）
時間厳守（Punctuality）
目的志向（Purposefulness）
合理性（Rationality）
現実主義（Realism）
理由（Reason）
内省（Reflection）
規則性（Regularity）
頼りになる（Reliability）
レジリエンス（Resilience）
決意（Resolution）
解決（Resolve）
智略（Resourcefulness）
尊敬（Respect）
責任（Responsibility）
反応（Responsiveness）
抑制（Restraint）
厳しさ（Rigor）
犠牲（Sacrifice）
セキュリティ（Security）
自制心（Self-control）
自己鍛錬（Self-discipline）
自立（Self-reliance）

感受性（Sensitivity）
落ち着き（Serenity）
奉仕（Service）
共有（Sharing）
茶目っ気（Silliness）
シンプル（Simplicity）
真摯さ（Sincerity）
スキル（Skill）
結束（Solidarity）
スピード（Speed）
精神性（Spirituality）
自発性（Spontaneity）
安定性（Stability）
地位（Status）
秘密裏（Stealth）
スチュワードシップ（Stewardship）
強さ（Strength）
成功（Success）
サポート（Support）
同感（Sympathy）
シナジー（Synergy）
チームワーク（Teamwork）
恩義（Thankfulness）

徹底（Thoroughness）
心遣い（Thoughtfulness）
倹約（Thrift）
タイムリー（Timeliness）
寛容（Tolerance）
平静さ（Tranquility）
超越（Transcendence）
信頼する（Trust）
信頼性（Trustworthiness）
真実（Truth）
理解（Understanding）
ユニーク（Uniqueness）
統一（Unity）
武勇（Valor）
変化に富む（Variety）
活発（Vigor）
ビジョン（Vision）
活力（Vitality）
温もり（Warmth）
思いのまま（Willfulness）
英知（Wisdom）
機知（Wittiness）
驚嘆（Wonder）
熱狂（Zeal）

文化の背景は
人の価値判断に
影響を及ぼす。

## チームの価値観

これまで、価値観を個人と組織の両方の観点で議論してきた。しかし、アイデンティティや目的の形成と同様に、価値観の選択もまた、あらゆる組織の階層で検討され、実施される可能性がある。チームの価値観は何だろうか？　部門やビジネスユニットの価値観は何だろうか？　自分の価値観をはっきりと持つことは重要だが、他者の価値観を理解するのも同じく重要だ。[7]

チームの行動は、チームメンバーの個性、関係性、環境に依存する。関係性や環境が大きく変われば、チームにとっての望ましい行動もこれまでと違ったものになる可能性がある。そのため、チームの価値観を見直すきっかけになるだろう。

バリューリストを使うことで、チームで最も重要とする価値観について意見を交わすことができる。私は最初の著書にこれに関する便利なエクササイズを書いている。それは、「チームとマネジメント層が同じことをしたうえで、結果を比較して議論すること」だ。[8]同じようなアプローチがツールベンダーのAtlassianで実施されたところ、「オープンな企業文化、デタラメは無し（open company, no bullsh.t)」や「顧客をないがしろにしない（don't f..k the customer.)」といった魅力的な価値観が掲げられた。[9]

価値観を選んだ暁には、壁、タスクボード、Tシャツ、スクリーンセーバー、コーヒーマグなど思いつくものすべてにそれを掲げることができる。

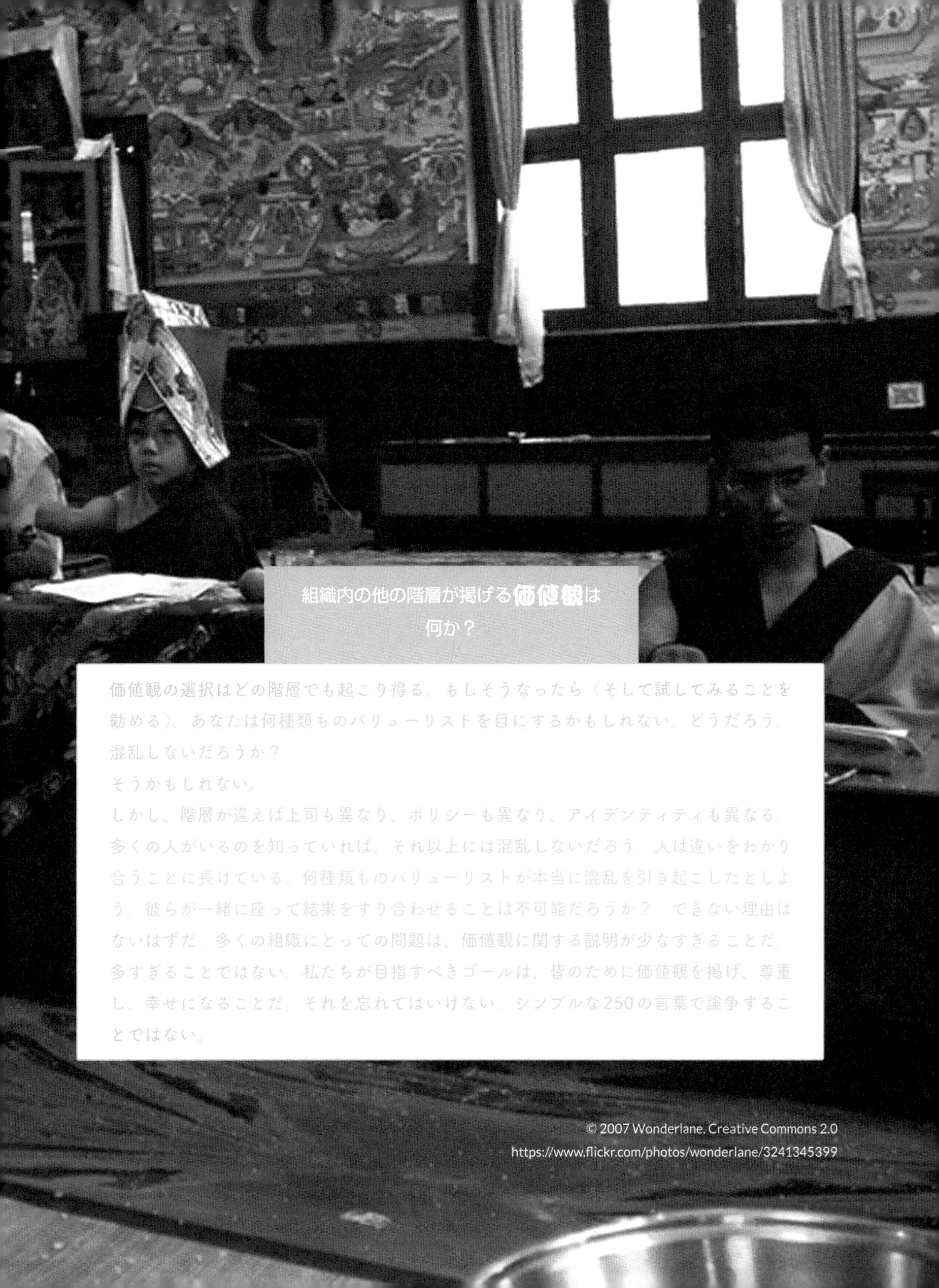

## 組織内の他の階層が掲げる**価値観**は何か？

価値観の選択はどの階層でも起こり得る。もしそうなったら（そして試してみることを勧める）、あなたは何種類ものバリューリストを目にするかもしれない。どうだろう。混乱しないだろうか？

そうかもしれない。

しかし、階層が違えば上司も異なり、ポリシーも異なり、アイデンティティも異なる。多くの人がいるのを知っていれば、それ以上には混乱しないだろう。人は違いをわかり合うことに長けている。何種類ものバリューリストが本当に混乱を引き起こしたとしよう。彼らが一緒に座って結果をすり合わせることは不可能だろうか？　できない理由はないはずだ。多くの組織にとっての問題は、価値観に関する説明が少なすぎることだ。多すぎることではない。私たちが目指すべきゴールは、皆のために価値観を掲げ、尊重し、幸せになることだ。それを忘れてはいけない。シンプルな250の言葉で論争することではない。

はるか昔、私はオランダのデルフト工科大学の上級生で、コンピューターサイエンス学部で学生アシスタントとして雇われていた。私は1年生のプログラム課題の評価のために雇われた1人で、endという言葉がbeginという言葉と1セットで記述する必要性があることや、インデントを入れる目的はコードの可読性を上げるためであって、両端の余白部分のバランスを整えるためではないことを教えていた。

私は、そこで思いやりの心を込めて新入生ガイドを作成した。それはシンプルかつ短いブックレットで、試験や成績の掲示場所、学生支援の場所、講義の質問場所、素敵なパーティーの開催場所について解説していた。学生たちに面白おかしく読んでほしかったので、手書きのイラストとバカげたジョークをふんだんに盛り込んだ。嬉しいことに、そのブックレットは学生会の支援や学部で費用負担されただけでなく、何年か後には世界の有名企業の何社かにも真似された（これは冗談だ！）。

IDEOは間違いなく最も有名なアメリカのデザイン会社であり、そう評価されるだけの十分な理由がある。Little Book of IDEOでは「楽観的であれ」や「曖昧さを受け入れよう」や「失敗から学ぼう」といった組織の大事な価値観が綴られている。私が特に好きな言葉は「他者を成功させよ」だ。この言葉は「従業員は常にお互いに助け合う努力をする」ということを意味する。私の新入生ガイドとは違い、IDEOの小さな本はWebからダウンロードできる。[10, 11]

ゲーム会社として大成功を収めているValveには、開発者やデザイナーから構成される小チームによって書かれた新社員向けのハンドブックがある。そのハンドブックには、見事なイラスト（そう、私よりも上手だ）に加えて素敵なジョークやストーリーが書かれている。初版は紙面だったが、後日ダウンロード可能なPDFとしても出版された。これによって、世界中の会社がフラットな組織構造の輝かしい事例を目にすることで刺激を受けただけでなく、従業員用のハンドブックが退屈である必要のないこと、それを従業員自ら作成できることが証明された。[12]

オンラインリテーラーのZapposの事例もある。Zapposでは、従業員が自ら会社公式のカルチャーブックを作成しており、毎年更新されている。この本には、従業員が会社に感じていることが書かれていて、従業員は会社の文化が常に発展し強化されるよう配慮している。Valveのハンドブックと同様に、Zapposのカルチャーブックも自由にダウンロードできる。[13, 14]

こういったハンドブックやカルチャーブックがうまくいくのは、従業員が実際にそれを使っていて、そこに書かれている内容を理解している場合に限られる。従業員自身ではなく人事部門によってハンドブックが書かれ、感情が込められていない内容になってしまっていることはよくある話だ。箇条書きで価値観が書かれ、ルールやポリシー、それに法的免責条項と一緒に併記される。たいていの場合、こういったハンドブックはファイルサーバーの奥底に埋もれてしまう。そうなると、従業員は会社の中核となる価値観や在りたい価値観との繋がりを感じ取れなくなってしまう。これは当然のことだ。このような場合、「文化はマネージャーによって決定される」や「自分たちが楽しめるように支援されていない」といったメッセージが従業員に伝わり、それが実際の文化となる。

> **ある組織で、3人のマネージャーにミッションと最重要な組織のゴールが何かを聞いた……すると、「従業員用ハンドブック」に価値観が書かれていると言われたが、そこにある価値観は、皆がどう行動するか、どのようにインセンティブを得るかとは無関係だった。**
>
> ロビン、バーチェル *No Excuses*

素晴らしいカルチャーブックが実際にうまく機能している最も有名な例は、おそらくNetflixのカルチャーガイドだろう。この本には、「この会社では**自由**と**責任**からすべてが始まる」と書かれている。Netflixにおいて、従業員はそこに書かれていることを本当に実践している。なぜなら、会社は休暇やフレックスタイムや出張経費に関して完全なる自由を提供しているからだ（6章を参照）。[16, 17]これは会社がどのように価値観を持った文化を創造し、強化するかを示す事例として「シリコンバレーから出てきた最も重要なドキュメント」とも言われている。[18]

### 私たちのバリューウォール

“チームの価値観を定義するのは言うよりも難しい。チームと会社の協力を得るとともに、これが価値あることを示す必要があるからだ（皮肉なものね）。ガンジーの言葉を引用した説得力のある事業計画を作成した後、私たちはチームの価値観を決めることができた。また、その流れでバリューウォールを設置することもできた。それぞれの価値観を表す輝かしい映画の1シーンに簡単な説明を添えたものをA3用紙に印刷し、バリューウォールを飾った。
内発的動機について学んでいた私は、誰もがこれにアクセスできるようにしたいと思っていたが、「公に称賛や謝意を伝える」こと以外には何も意図も持たせなかった。そこで、私たちはシンプルなアプローチをとることにした。価値観の上にストーリーが書かれた付箋紙を貼り、その人の名前と見かけた行動を記載するようにしたのだ。しかし、皆乗り気だったからか、付箋紙が新しく追加されたことを知らせるベルを鳴らす必要はなかった。結局、皆に集まってもらって点呼するようなことも一度もなかったのだ。変化はちょっとしたことから起こり始めた。皆はバリューウォールを通り、純粋な興味を持ってくれたのだ。1ヶ月も経つと、数々の心を打つストーリーが追加され、皆のエンゲージメントや満足度の向上が明らかに確認できた。もしかすると、これはバリューストーリーズのローファイ的なアプローチだったのかもしれない。”

ポール・ホールデン　イギリス

## あなたの価値観とともに生きる

トップの不正行為によって倒産したEnronは、企業ロビーに、誠実、コミュニケーション、敬意、卓越を価値観として掲げていた。どうやら言葉を掲げて皆に周知するだけでは十分ではないようだ。チームや組織で価値観を決めたら、次は言葉だけではなく行動で示すときだ。価値観を行動に変えよう！　あなた自身のストーリーを紡ごう！

あなたは正直、卓越、貢献を目指しているだろうか？　プロダクトで何か問題が起こったとき、チームで車に乗り込み、クライアントに大きな花束を手渡しながら、申し訳なさを歌にして伝えてみよう。あなたの仕事は創造性、規律、整然を重視すべきだろうか？　付箋紙を使って、コンピューターで緻密にモデル化した完璧な作品をチームにつくってもらおう。大事なのは、価値観を心に留めておくことを約束するだけでなく、これらの価値観が重要であり、皆の行動や決定を導くものであることを証明するために、実際の行動に踏み出すことだ。

**一日の終わりに、ただ自分にこう問うのです。「私たちのビジョンや価値観は、今日行った決定にどのような影響を与えただろうか？」もし、何の影響も与えていなかったら、これらのビジョンや価値観は、だいたいがうそっぱちなのです。**

ピーター・M.センゲ『学習する組織』（原題：*The Fifth Discipline*）[19]

組織文化がビジネスを突き動かすべきで、その逆ではない。[20]文化を醸成していくためには、適切な価値観を目に見える化し、ストーリーを伝えることが必要だ。

### ビデオと本

**“私たちがFuture Processingのビジョンを打ち立てた後、3分間のアニメーションビデオにしてチームに提供するのを決めた。ビデオは私たちの目標をストーリー形式で表現したもので、最も有名なポーランドTVのプレゼンターをナレーターとして採用した。その結果、皆は世界最高の企業ドキュメント以上に喜んでビデオを見て共有するようになった。**

**私たちがやったことは他にもある。チームからCEOへのクリスマスプレゼントを用意したことだ。社内の最高のストーリーを集めて本として出版したのだ。私たちの努力の結果、それが素敵な贈り物になっただけでなく、今や、会社の文化やマインドセットを体現した非常に面白くて刺激を受ける素晴らしいストーリーの情報源となっている。その本は新入社員とも共有しており、さらには新しいオフィスビルに展示する計画もある。”**

**アニエスカ・ジモチク ポーランド**

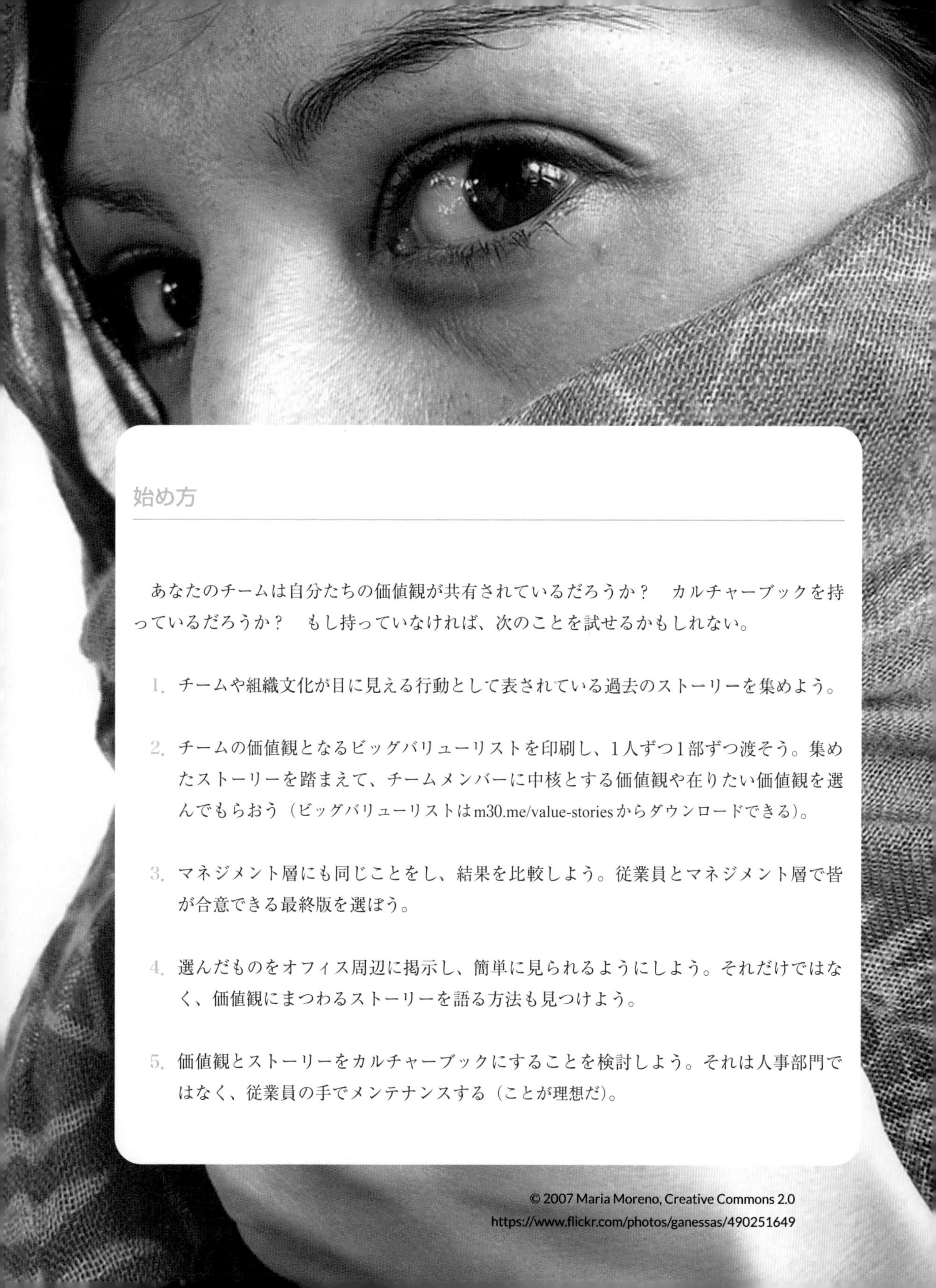

## 始め方

あなたのチームは自分たちの価値観が共有されているだろうか？　カルチャーブックを持っているだろうか？　もし持っていなければ、次のことを試せるかもしれない。

1. チームや組織文化が目に見える行動として表されている過去のストーリーを集めよう。
2. チームの価値観となるビッグバリューリストを印刷し、1人ずつ1部ずつ渡そう。集めたストーリーを踏まえて、チームメンバーに中核とする価値観や在りたい価値観を選んでもらおう（ビッグバリューリストはm30.me/value-storiesからダウンロードできる）。
3. マネジメント層にも同じことをし、結果を比較しよう。従業員とマネジメント層で皆が合意できる最終版を選ぼう。
4. 選んだものをオフィス周辺に掲示し、簡単に見られるようにしよう。それだけではなく、価値観にまつわるストーリーを語る方法も見つけよう。
5. 価値観とストーリーをカルチャーブックにすることを検討しよう。それは人事部門ではなく、従業員の手でメンテナンスする（ことが理想だ）。

## Tipsとバリエーション

あまり多くの価値観を持つのは止めたほうがいい。あなたはどれだけ覚えられるだろうか？　その答えがちょうどいい数だ。

私たちは組織で使っているコミュニケーションツール（slack）のチャンネルでバリューストーリーズを投稿したり議論したりしている。

人の行動がチームの価値観に繋がるように、Kudoカードやメリットマネープラクティス（1章と8章を参照）に価値観を追加しよう。

素晴らしい瞬間を写真やビデオに収め、本か動画にして共有しよう。

もしもあなたが何の価値観も選べないとしたら、人を幸せにするようなストーリーを生み出すことから始めよう。そうすれば、自ずと価値観は見つかるはずだ。

会社全体でバリューデーを開催して皆を招待しよう。組織の価値観とそれに皆がどう応えて行動したかをふりかえる日だ。[21]

カラフルで楽しく刺激を受けるような方法で価値観を伝えよう。

ときどき、皆が価値観を認識しているかを試そう。彼らに聞こう。もし認識していないとしたら、その価値観は機能していない。

毎週のミーティングでひとつかふたつのバリューストーリーズを共有することを習慣にする。そうすると、皆は一致団結して良いムードになる。

起きてしまった悪いことも話す価値があることを忘れないでほしい。

会社の運営方法、皆のために何の価値を生み出すか、それを守るために何をするのかを定めた規則をつくろう。

どんなときであっても皆を称賛し、システムを非難するのであって、その逆ではない。

さらなるアイデアを m30.me/value-stories や m30.me/culture-books で見つけよう。

第5章

# エクスプロレーションデーと社内クラウドファンディング

## 探求と自己学習の時間を作る

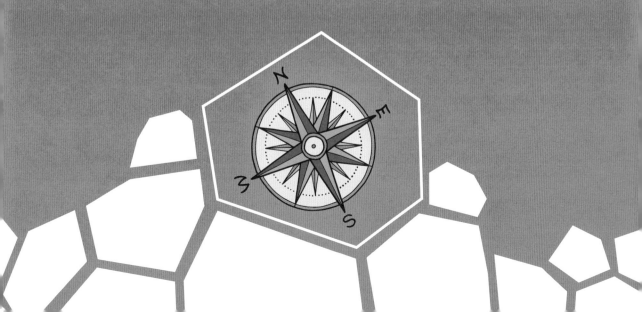

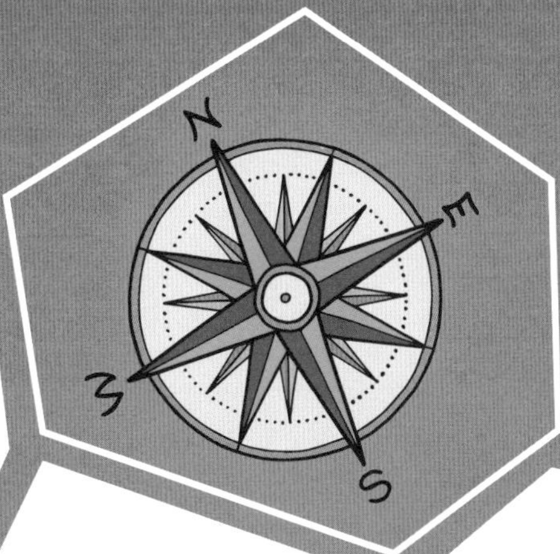

> 私はいつも自分にできないことをしている。そうすれば、そのやり方を学べるからだ。
>
> パブロ・ピカソ
> スペインの画家
> (1881-1973)

多くの組織は従業員の自己学習に苦労している。楽しく学ぶための最も効果的な方法は、エクスプロレーションデーの開催だ。これはハッカソンあるいはシップイットデーとも呼ばれることもある。これらのイベントは、従業員が実験や新しいアイデアを探求することで、自ら学び、成長していくことを目的としている。

人はリーダーや周りに従うだけでは
探求しない。

私のお気に入りの休暇の過ごし方は、飛行機でどこか遠くの国に行き、車を借り、地図を買い、冒険を始めるというものだ。何世紀前の人々もおそらくそうしていたかと思う。大海原を航海しながら、新しい大陸、新しい文化、新しい病気を発見する。

学習は多くの組織で課題となるテーマであり、探求は最も効果的なアプローチだ。どれだけ成功していたとしても、すべての企業にとって学習が極めて重要になるのは変わりがない。結局のところ、ファストラーナー（素早く学習する人）としての優位性を持たれたら、ファーストムーバー（最初に行動した人）としての優位性は長続きしない。

ファストラーナーとしての優位性を持たれたら、
ファーストムーバーとしての優位性は
長続きしない。

現代の組織では、ますます自己組織化が求められている。しかし、悲しいことに、自己組織化チームが必ずしも自己成長チームや自己学習チームであるわけではない。私があるソフトウェアチームと一緒に働いていたとき、開発者はHaloやQuakeなどのゲームをプレイする能力に長けていた。しかし、彼らは、テスト駆動開発や継続的インテグレーションのようなソフトウェア開発における重要なプラクティスを身につけてはいないようだった。

チームメンバーの教育に関する問題は大きな課題になるだろう。なぜなら、SF作家であるアイザック・アシモフの言葉を借りれば、自己学習こそ教育の唯一の形だからだ。多くのマネジメントの専門家も同様の意見を述べている。私たちは従業員を教育することはできない。彼らは自分自身で教育するしかないのだ。

**成長は、常に自己啓発によって行われる。企業が人の成長を請け負うなどということは法螺（ほら）にすぎない。成長は一人ひとりの人間のものであり、その能力と努力に関わるものである。**

ピーター・F・ドラッカー『マネジメント』（原題：*Management*）[1]

私は「従業員の教育は組織が第一に負う責任ではない」という専門家の意見に賛成する。一方で、彼らの成長意思をひたすら待ち続けることが成功のアプローチというわけでもない。人はリーダーや周りに従うだけでは探求心を持たない。では、私たちにできることは何だろうか？従業員の学習意欲を高め、自分自身で探求を始めるような環境にしていくにはどうすればいいだろうか？

## エデュケーションデー

私は自分が働いていた会社で、**エデュケーションデー**（**education days**）という取組みを導入したことがある。全従業員に対して1年のうち何日か（このときは12日とした）を自己学習に使うよう推奨した。読書したり、カンファレンスに参加したり、新しい技術を試したり、いくつかの尖ったアイデアのプロトタイプを構築したり、彼らが何かを**学習**する限り、使い道は何でもよかった。休暇と同じようなものだが、数日間をバーやビーチの探索ではなく、何かしらの技術やテクノロジーの探求で過ごすことを期待していた。これは**熟達**や**好奇心**、**自由**のような内発的動機を刺激するはずで、良い考えだと思っていた。

そんな感じではあったが、まあ、うまくはいかなかった。

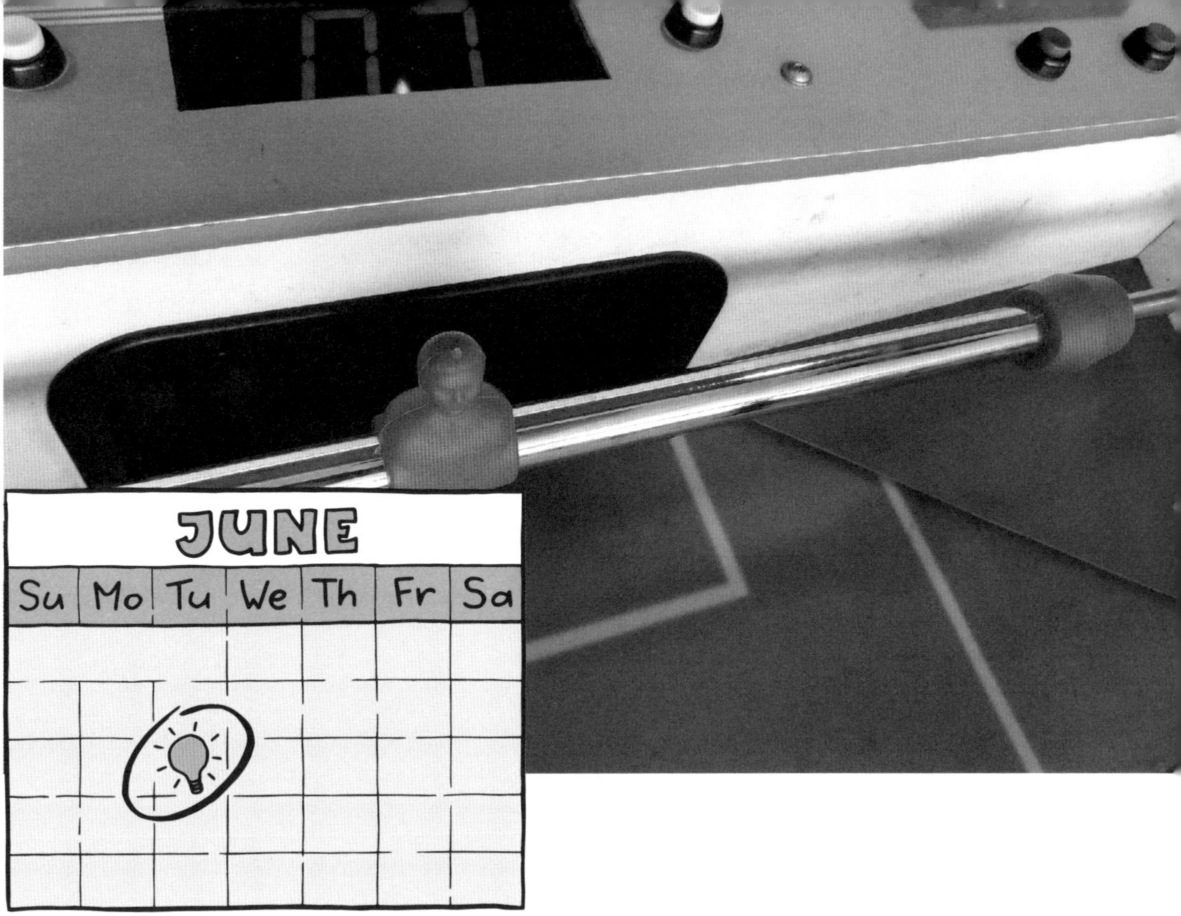


どうやらうまくいっている組織もあるようなので、これをやってみる価値はあった。Googleには有名な20%時間がある。従業員が自分の興味あるアイデアに勤務時間の20%を費やすことができるというルールだ。[2] このルールはモチベーションを高めるだけでなく、会社にとって多くの素晴らしいアイデアが生まれることにも繋がった。GmailやAdSenseは20%時間で考え出されたプロダクトだ。興味深いことに、最近ではGoogleは20%時間ルールの重要性を見直し[3]、トップダウンによるイノベーションのアプローチを強め、従業員の自己成長を彼らの自由時間に頼る形にシフトしていることが報告されている。[4] どうやら、探求や学習のための時間が固定されていることは、従業員が自己成長を促進させるための最良の方法でもないし、革新的なプロダクトを開発するための最良の方法でもないことにGoogleは気づいたようだ。

ノルウェーのCisco Labsでは、皆の自己成長のための時間を設けてはいない。従業員は、自分が注力したいプロジェクトに望むだけの時間を費やすことができる。それには、ランチエリアにあるテーブル・サッカーの改造も含まれている。Cisco Systemsを訪れたとき、私はセキュリティバッジを使ったプレイヤーのサインイン機能が搭載されたカードリーダー付きのテーブル・サッカーを見せてもらった。ゴールはレーザーが内蔵されており、テーブル上のLEDディスプレイで表示されるようになっていた。さらには、球速さえ測ることができるようになっていた。[5]Ciscoの従業員は、自分たちでこういった改造を施した。なぜなら、彼らにとって、テーブル・サッカーは技術研究のラボだからだ。会社を案内してくれたオルヴェ・モーダルは、他の組織のことも教えてくれた。彼らはラウンジエリアにふわふわしたクッションや彩り豊かな壁紙を準備し、創造的なアイデアを生み出すことをよくやっているそうだ。しかし、オルヴェは皆の遊びや実験を許容するほうが効果的だと断言した。私も同意だ。今や、ノルウェーのテーブル・サッカーがGoogleグラスに対応したり、その上空を飛んでいるドローンが撮影した動画をYouTubeでストリーミングしたりしていたとしても、私は少しも驚かない。

残念なことに、数年前に私がいた組織は、これまでに紹介したGoogleやCiscoよりも少し堅苦しく、遊び心を持っていなかった。従業員はいつも学習する時間がなく、仕事が忙しいと声をあげていた。彼らは「プロジェクトの納期を考慮しなければいけないし、顧客に対するデモも準備しなければいけないし、ミーティングに同席もしなくてはならないため、エデュケーションデーを使う機会がない」と言っていた。しかし、そう言っている人たちが**休暇**であれば問題なく取得できている様子を見て、私はおかしいと思っていた。もっと論理的な説明をしよう。彼らは**休暇**を望むのと同じくらい**教育**を望んではいなかったようだ。彼らの目には、教育がマネジメントが優先すべき仕事のひとつと映っていたようだ。重要であるが、おそらく緊急ではなかった。

経験豊かなクリエイティブワーカーは「重要」と「緊急」がほとんど重ならないことを知っている。自分にとって良いことをして、役に立つ習慣を身につける。歯をフロスで掃除したり、野菜を食べたり、ジムに行ったりするような良い習慣の実践には、モチベーションや規律が必要だ。そのためには、人の成長が必要になる（私はひとつめは意識しているが、他のふたつはまだできてない）。組織が本当の意味で人を変えたり、教育したりすることはできないため、代替策を考える必要がある。それは、「自分を変えたり、自分を教育したり、望ましい良い習慣を始めたりできる環境を整える」ということだ。[6]

## シップイットデー

このことをオーストラリアのソフトウェア企業のAtlassianはよく理解している。[7] 3ヶ月に1度、社員全員が自分たちの選んだアイデアを形にするイベントを終日開催する日があるのだ。24時間以内に結果を出すことが求められるため、**シップイットデー**と呼ばれている（元々の名前は実はFedEx dayだったが、***FedEx Corp.***がこれについて懸念を表し始めた）。他にも、Facebookや

Spotifyなどが**ハッカソン**[8]や**ハックデー**と呼ばれる同様の社内イベントを開催している。これらはほぼ同じものだ。こういったイベントでは、皆が終日学習に費やす。夜通しオフィスに残る人もいるくらいだ。

シップイットデーやハックデーでは、それが普段の仕事の一部でない限り、自分がやりたいことに専念できる。[9]ひとりでやることもできるが、同僚何人かとチームを組むほうがもっと楽しくなるだろう。力強く思いのままに進めることもできるが、事前に計画したほうがより良い結果に繋がる。[10]Atlassianでは、通常「シップイット主催者」と呼ばれる人が存在し、プロジェクト化の候補となるアイデアを考え出すためのミーティングを開催する役割を持っている。[11]Facebookでは、ハッカソン開催前の1週間のアイデア投稿用に「ハッカソンアイデア」と呼ばれるグループが用意される。そこで各々関心があるアイデアを軸にチームが有機的にできていく。

### どのくらいの頻度で実施すべきか？

Atlassianでは3ヶ月ごとにシップイットデーを開催する。Facebookのハッカソンはおよそ6週間ごとだ。頻繁に開催する場合は本業のプロジェクトや日々の仕事に大きなインパクトを与えるし、少ない場合は次回の開催を待ち焦がれてしまう。たいていの組織では、1ヶ月から3ヶ月くらいが最適な頻度だと思う。

Atlassianによると、シップイットデーは、皆の創造性を刺激し、実際の問題解決にも役立ち、知識や体験が増え、たくさんの楽しさが得られるのでうまくいくとのことだ。[12]FacebookやSpotifyでは、ハックデーに集中できるオープンな環境づくりに一役買っていることを認めている。ハックデーには、開発者だけでなく、デザイナー、マーケッター、他の専門家も同様に参加する。最後に大事なことだが、これらの「(時と場所を同じくするような) 同期的なエデュケーションデー」は、人同士の繋がりを強め、自己組織化を促し、コミットメントを醸成するのに役立っているようだ。

シップイットデーやハッカソンの取組みがエデュケーションデーに加える仕掛けは次の4点だ。1点目は、ピアプレッシャー〔訳注：集団が同一目的を目指すときに生じる同調圧力。良い面も悪い面もある〕が、Googleの従業員からもよく聞かれる「今忙しいから」といった発言を抑えることだ。[13]2点目は、24時間内に結果を出すというコミットメントが、エデュケーションデーの持つ枠組みの自由さに制約を加えることだ。3点目は、最も優れたアイデアを表彰するのは同僚から認められた証となり、彼らに**名誉**と**熟達**を感じさせることだ。最後に4点目は、アイデアが実際に新しいプロダクトになった暁には、彼らの**地位**に対する欲求が確実に満たされることだ（そして、そんな期間をQuakeやHaloに費やす従業員はまずいないと思う）。

### 重視するのは実験か？<br>それともアウトプットの**提供**か？

誰もが研究の成果を事前に計画できないことは知っている（さもなければ、マラリアやHIVのワクチンを開発する方法も簡単に計画できるだろう）。そのため、ハックデーの結果で成功するアイデアは求めない。ハックデーのゴールは学習であり、アウトプットの提供ではないのだ。もしかすると、世に出せそうなプロダクトをチームが提供できることもある。それは素晴らしいことだが、冒険者が計画外の間違った大陸を発見して壮大に失敗するのもまた素晴らしいことだ。

私がCIOだった頃、マネジメントチームは従業員から革新的なアイデアを集めることに責任を感じていた。私たちは部署の代表者たちを集めたイノベーション委員会を設置し、会社が投資するアイデアを選ぶ役割を持たせた。

これもうまくいかなかった。

私たちが対応できないほど、多くのアイデアが出された。そして、イノベーション委員会で採用されなかったアイデアの発案者の多くは、個人的に拒否されたと感じているようだった。そのため、元々想定していた方向性からすると逆効果を生むことになった。つまり、良いアイデアが得られないまま、新しいアイデアの源泉が枯れてしまったということだ！

従業員自身に革新的なアイデアの選択を任せたほうがうまくいくことを発見した会社もある。彼らはハッカソンをさらに一歩進め、全従業員に（仮想的な）予算を与え、アイデアに投資できるようにするという**イノベーション株式市場**を始めた。どんな従業員でも株式市場へのアイデア登録は認められているが、アイデアに投資してもらうには同僚を説得しないといけない。このアプローチにイノベーション委員会は必要ない。なぜなら、どのアイデアが成功して投資に見合うリターンを得る可能性が高いかについて、従業員が一丸となって決定するためだ。これは**クラウドファンディング**の社内版と言ってもいいだろう。[14]こうすると、マネジメントの仕事は、「ベストアイデアを選ぶこと」から「ベストアイデアが生まれやすくなるような素晴らしいシステムを生み出すこと」に変わるため、見事なほどにうまくいく。

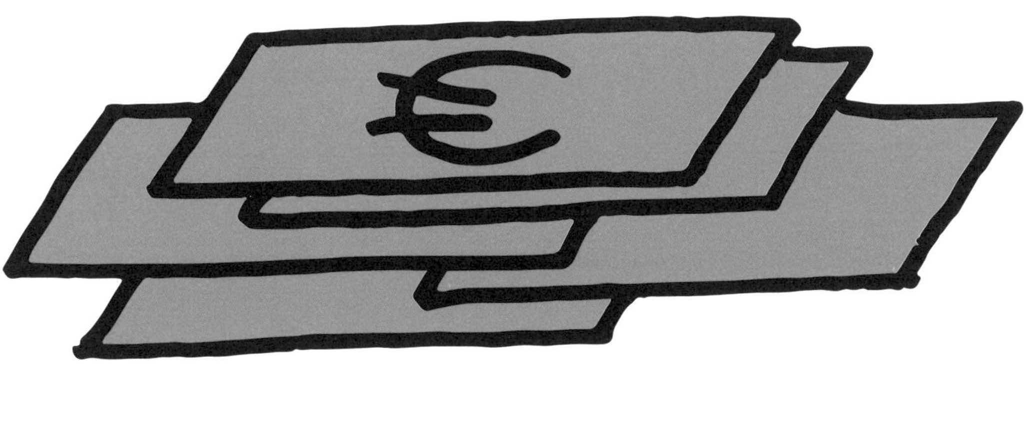

しかし、ボトムアップ駆動のアイデア株式市場も、常に変化し続けるグローバル市場で生き残るにはまだ十分ではないだろう。戦略的なプロダクト開発を純粋な機会と従業員の自己組織化だけに任せることはできない。これは、Googleが自由な形式のGoogle Labs実験を、さらに集中的かつ破壊的なGoogle Xプログラムに置き換えた理由のひとつだ。[15]しかし、「トップダウンによる長期的かつ戦略的な機会の追求」と「ボトムアップによる短期的な改善アイデアの開発」は必ずしも相反するものではない。むしろ両方が必要なのだ。従業員が考えた遊び心のある実験なら何でも会社の未来を懸けていいわけではない。[16]しかし、従業員自身の成長を促すため、あるいは革新的なアイデアを生み出すための動機付けがない場合、その会社の未来はまったく無い。[17]

**マネジメントの仕事は**
**「ベストアイデアを選ぶこと」ではなく**
**「ベストアイデアが生まれやすくなるような**
**素晴らしいシステムを生み出すこと」だ。**

どんな冒険でもそうだが、同じゴールに対してはさまざまな道がある。通常のエデュケーションデーや20%時間がうまくいかない場合、シップイットデー、ハックデー、あるいはもっと排他的で秘密主義のGoogle Xのようなプログラムを導入してみてはどうだろうか。トップマネジメントが取り組む破壊的なイノベーションを補完するアプローチとして、社内クラウドファンディングのようなアイデア市場を導入するのも面白いかもしれない。それらすべてが皆の自己教育に大いに貢献する。自律性や熟達、目的のような内発的動機だけではなく、社会的ネットワークや地位にも影響を与える。皆は自分たちが重要だと思うことのためにやりたいことをやる。しかし、彼らはまた、同僚たちがこれまで何に取り組んできたのか、なぜこれが彼らにとって重要なのかを知ることもできる。「24時間以内に何か面白いものを創り出す」ことほど、彼らのモチベーションを刺激するものはない。社内クラウドファンディングで実際にプロダクト化されるその場に立ち会えることを除けば。

「従業員が最大限の成果を出すのは、彼らを起業家として扱う場合のみ」と主張する専門家もいる。[18]彼らが自分の夢のプロジェクトに取り組めるように少しでも時間を確保し、そのプロジェクトへの投資という形で同僚からのサポートが受けられるようにする。そうすると、従業員はお互いの繋がりをより強く感じられるようになり、組織はもっと革新的になっていく。世界中探したとしても、これを実現できる委員会はない。

従業員が最大限の成果を出すのは、
彼らを起業家として
扱う場合のみだ。

学習と研修は違う。研修は組織が従業員に特定のタスクの扱い方を教えることで、学習は環境の不確実性に対応するために**従業員自身**がやるべきことだ。学習は、実験したり、未開の地を冒険したりするときに最適化される。[19]そのため、私は**エクスプロレーションデー**（***exploration days***）という言葉を使いたい。🔦そのゴールは、新しいアイデアの創出と探求であり、従業員の学習効果の最大化だ。ハッカソンを含むさまざまな形式のエクスプロレーションデーの目的は「アイデアの実験」であって「アウトプットの提供」ではない。この点は専門家の意見も一致している。[20]そして、組織は定期的な実験の開催方法を学ぶ必要がある。なぜなら、速く学習することは、生き残るために最も優れた手段だからだ。

**研修の目的は「多様性を抑え、皆が同じようにタスクに取り組むこと」だ。そう、研修は多様性を抑制する。学習の目的は「さまざまな状況に対応するための個人の能力を高めること」であり、真逆となる。つまり、学習は多様性を高める。**

パトリック・ホーバースタット *The Fractal Organication*[21]

## これは**ソフトウェア開発者**だけのものか？

そんなことはない。誰もがアイデアを探求して、面白い成果を手に入れることができる。[22]ハックデーやシップイットデーよりもエクスプロレーションデーと呼びたいもうひとつの理由がそれだ。非開発部門の人にとって、仕事で「ハック」や「シップ」の方法を見つけるのは難しい場合がある。しかし、イノベーションはプロダクトの改善だけでなく、マーケティングや人事、法務、運用、マネジメントなど、すべての分野における新しい方法の発明も指している。[23]その人が何の仕事をしているかは関係ない。自分の仕事のやり方を見直して探求者になることは誰であっても可能なのだ！

探求とは、自分の仕事と違う領域で新たな未開の地やアイデアを発見することでもある。有名なアニメーション企業であるPixarでは、会計士も含む全員に絵の描き方を教えている。なぜなら、絵の描き方から得られる学びは、どんな人であっても役立つ観察眼を養うことになるからだ。[24]ブラジルのSemcoでは、全員に会計の基礎を教える。なぜなら、経済の理解も皆にとって役立つものだからだ。[25]注意してほしいが、必ずしも絵の描き方や会計の方法を学ばなければいけないわけではない（偶然にも、私は両方とも独学で学んだ）。しかし、どんな会社にいたとしても、自分たちにとっての新しい地平を開くためには学んだほうがいいと思う。

## 初めてのシップイットデー

“私たちの会社では、8人の同僚と一緒にシップイットデーを実験した。1日でやり遂げなければならないというルールがモチベーションを強く刺激するのを体験した。初めての経験ということもあって、皆は熱心に参加してくれた。グループには凄まじいエネルギーが巻き起こっていた。終日ひとつのテーマに集中するのには特別な意味があり、たった1日で何かを成し遂げたという満足感もあった。

24時間の形式が少し難しく感じる人もいるだろう（当然だが、子どもをお迎えに行かなければいけない人もいる）。うまく事を進めるためには、ファシリテーターによる数々のお膳立て（資料やアイデアを含む）が必要だと感じた。それでも、1日だけの試みとしても楽しめたし、今後も定期的に開催していきたいと思っている！”

アンソニー・クラベリー　フランス

## ローテーションデー

“エクスプロレーションデーから派生した「ローテーションデー」と呼ばれるものを紹介しよう。派手さはないが、効果は絶大だ。これは、欧州委員会の「方法論／相互運用能力／アーキテクチャ」という部門で最近導入されたものだ。その部門には5チームが所属し、それぞれ3人から5人で構成されている。すべてのチームが異なる分野を担当している。

月に1度、あるチームのメンバーは他のチームでゲストとして終日作業する。ホストチームはゲストに課題を準備しなければいけないことにしており、その日の終わりには、ホストチームのメンバーとゲストの両者が起きたことや学んだことについて簡単なレポートを書く。”

イヴォ・ベリッチコフ ベルギー

さあ、これからは実践して学ぶときだ。

1. エクスプロレーションデー（シップイットデー、ハッカソン、20%時間）について、参考文献をさらに読み込む。

2. 平日か週末を使って、あなたのチームでエクスプロレーションデーを開催する。

3. この実験の結果を使って、今度は他のチームと合同開催するよう説得する。

4. お互いの実験に投資し、また、成功した革新的なプロジェクトを支援したというリターンを得られるようなアイデアの株式市場の設立を検討しよう。

## Tipsとバリエーション

エクスプロレーションデーを義務的にしてはいけない！ これは楽しくあるべきだ。そこにいたくない人たちと何かをやっても楽しくはならない。

大きなアイデアに夢中になるのは簡単だ。でも24時間しかない。皆の期待を現実的にしたほうがいいだろう。

多くのハッカソンは本当に24時間でやっている。アイデアをなんとか形にするために夜通しでやることもあるだろう！ 必要に応じて、先に適切な手配をしておこう。

イベント前にプロジェクトボードにアイデアや実験を出してもらい、協力してくれるパートナーを見つけられるようにした。

エクスプロレーションデーの1週間前に、アイデアを実際に提案してもらった。

イベントの数週間前、組織の皆に24時間動けない人がいることを明確に伝える。

ハッカソンはプロダクト開発だけではないことを伝えよう！ オフィスをハックしないか？ 文化をハックしないか？ あなたのプロセスや手順をハックしないか？

エクスプロレーションデーで生産的な仕事を少しもしないことに罪悪感を感じる人もいるだろう。マネージャーから参加者にきちんと趣旨を伝え、罪悪感を消し去ろう。

イベントの前に、参加者のレベル、アイデアの数、平均的な幸福度など、具体的な成功基準をいくつか定義しておいた。

エクスプロレーションデーで燃え尽きないようにしよう！ 休憩、十分な水分補給、健康的な軽食を意識し、ストレッチをしてもらうよう説得しよう。

イベントの数週間前から特別につくったポスターを掲示して、エクスプロレーションデーを宣伝した。

イベントで最も良かった瞬間は、皆がプロジェクターを使って学んだことを共有したときだった。自分の実験を披露した人は拍手喝采を得た。

さらなるアイデアを m30.me/exploration-days や m30.me/internal-crowdfunding で見つけよう。

第6章

# ビジネスギルドとコーポレートハドル

## 知識、ツール、プラクティスを共有する

アイデアは関連が生み出す功績だ。

ロバート・フロスト
アメリカの詩人
(1874-1963)

多くの組織では、チームや部門間を横断して、プラクティス、手順、ツールを調和させることが必要だ。また、従来の組織の境界を越えて知識やスキルを共有する人々も求められている。これがギルドとハドルの目的であり、役割だ。

ベルギーのブリュッセルにあるグラン・プラスの正面は見事だ。かつて、そこは文字通りブリュッセルの**ギルド**のイメージ通りで、国内最高級の工芸品の数々を提供していた。今や、元ギルドホールは、世間知らずの旅行者に対して高価なベルギーチョコレートを提供している。彼らは、本当に良いチョコレート職人が市内の別の場所にあるグラン・サブロンのほうにいるという事実を知らない。

中世では、専門技術を持つ労働者は職人と呼ばれ、自分たちでギルドを組織することが多かった。数世紀前から、絨毯、彫刻、石工などの分野ごとにギルドが形成されていた。その職人の組合は非常に厳格な面もあり、国全体の職人のビジネスルールを取り決めていた。また、もっと緩やかな組合では、都市の境界までしか指導の手が届かないこともあった。どんな形で運営されていたにしろ、ギルドは徒弟制度によって物づくりを学ぶことを可能にし、それを実践するすべての人にとっての適切な手順や行動基準を規定していた。

**ギルドは、共有された規範を維持すること、規範を外れた者に罰を与えること、効果的に情報を伝達すること、集団行動を成功させることによって、有益な社会的資本を生み出すネットワークだった。**

ギルド "Guilds, Efficiency, and Social Capital"[1]

残念ながら、常識が政治に委ねられると、情報共有や弟子の育成よりも、権力の維持や金儲けのほうが重要になってしまった。政府の支援によって、ギルドはイノベーションの面では逆効果にさえなってしまったのだ。これは、「マネジメントが本質的には価値がありつつも悪用されやすいアイデアを腐敗させてしまう」ということの古典的な例と言える。

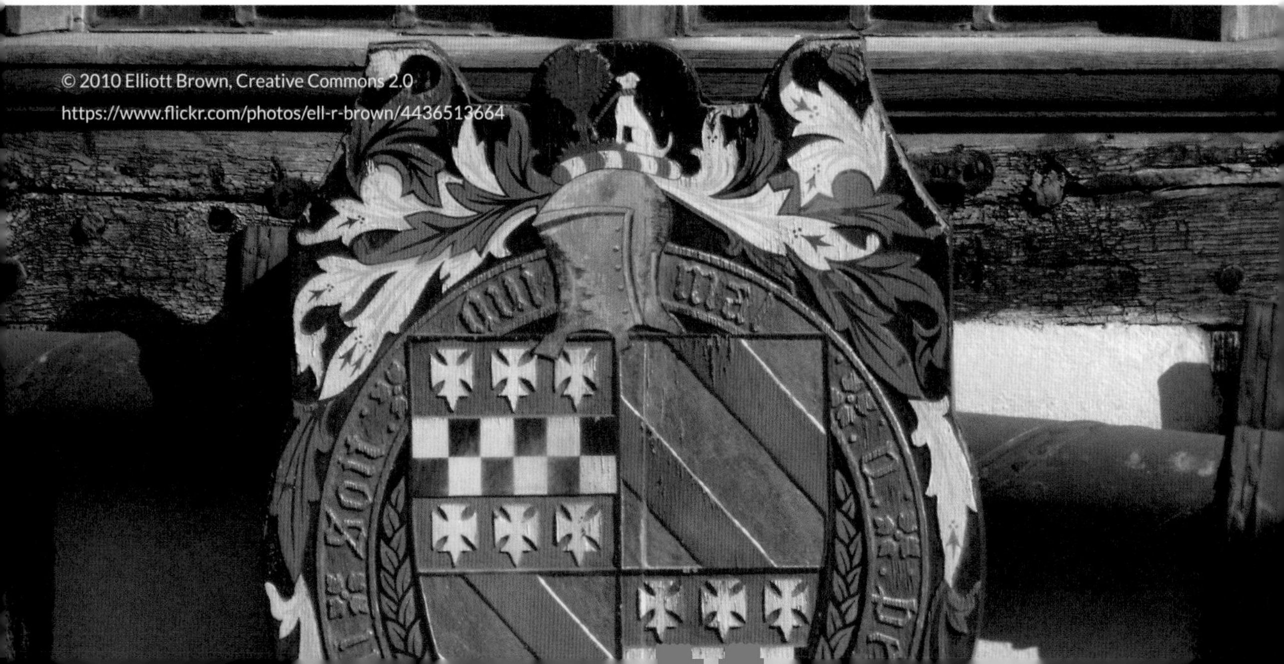

## コミュニティ・オブ・プラクティス

幸運にも、良いアイデアがなくなってしまうことはめったにない。ときどき、現代の会社に存在する職人たちは、コミュニティ・オブ・プラクティス（COP）と呼ばれる現代版ギルドを形成している。[2]COPは、共通の関心事や仕事の領域、共通の懸念、特定のテーマに熱心に取り組む専門家たちのグループだ。役割、技術、関心事など、さまざまな要素を中心に形成される。[3]通常、COPは非公式で自己組織化しており、メンバーは任意参加なので、自分の仕事に情熱を持つ人が多い。[4]この解釈は、ゲイリー・ハメルが提唱するビジネスの「ムーンショット」と密接に関連しており、そこでは、会社は自身を「情熱を持ったコミュニティ」として捉えるべきだと言われている。[5]

> **コミュニティ・オブ・プラクティスとは、「相互依存したプラクティスが軸となり、集約された知識やアイデンティティの下で集団を形成するような人々のグループ」のことである……皆がこのような活動をする場合、各自の努力が集団的な努力となって求心力が形作られるため、人と人との間に生じる障壁や境界はなくなるか、そもそも、そういった類のことには無関係になることが多い。**

シーリー・ブラウン“Complexity and Innovation”[6]

COPの目的は、参加者が学び、アイデアを共有し、結果をドキュメント化し、活動方法を標準化し、新規メンバーを受け入れ、アドバイスを提供し、新しい技術を探求し、さらにはおそらく何らかの形によってガバナンスを適用することにある。COPは、チーム、プロダクト、ビジネスユニット、あるいは組織の境界に依存しない。 そのため、参加者同士の繋がりは強化される。COPは、ひとつの（大規模な）プロジェクト期間中だけ設置されることもある。また、その領域に対するメンバーの情熱が冷めない限り、継続されることもある。

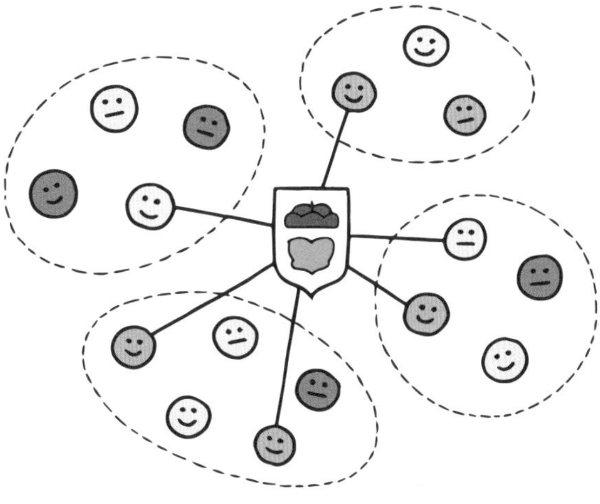

**実践コミュニティ(コミュニティ・オブ・プラクティス)は、次の3つの基本要素のユニークに組み合わせである。一連の問題を定義する知識の領域(ドメイン)、この領域に関心を持つ人々のコミュニティ、そして彼らがこの領域内で効果的に仕事をするために生み出す共通の実践(プラクティス)である。**

エティエンヌ・ウェンガー『コミュニティ・オブ・プラクティス――ナレッジ社会の新たな知識形態の実践』(原題：*Communities of Practice*)

状況によって、COPと(おおよそ)同じアイデアを別の名前で呼ぶことがある。例えば、ラーニングコミュニティ、テッククラブ、センターオブエクセレンス、改善コミュニティ、専門団体といったものだ。簡単にユーザーグループと言ったりする場合もある。スウェーデンにある人気のオンライン音楽配信サービスのSpotifyのCOPは、実際にギルドと呼ばれている。[8]何百年もの歴史で受け継がれてきた職人気質との親和性があるので、私はこの呼び方が一番気に入っている。もっと正確に言えば、組織ではなく地理的な範囲を対象とする大きな専門団体やユーザーグループと区別するために、**ビジネスギルド(business guilds)**と呼ぶこともできる。呼び方にかかわらず、ビジネスギルドは3つの共有点がある。知識の領域、情熱を持った人のコミュニティ、ツールやプラクティス群をカバーしていることだ。

**ビジネスギルドが共有するものは、**
**知識の領域、情熱を持った人のコミュニティ、**
**ツールやプラクティス群だ。**

ギルドの仕事は、主にコラボレーションを通して学ぶことを目的としているが、その有用性は他の領域に及ぶ可能性もある。例えば、職人たちのギルドが市議会の政策や法律に影響を与えたのと同じように、ビジネスギルドもプロダクトやサービス、あるいは組織のビジネス戦略に大きなインパクトを与える可能性がある。これは、ビジネスギルドの興味深い側面だ。

**ギルドを通して、従業員は、会社での仕事の進め方や、顧客に対する会社のサービス提供の仕方に影響を与える。**

ピョートル・アニオサ“Guilds@BLStream”[9]

ギルドが制度化された（マネジメント層に正式に認められた）場合、個人、ギルド、マネジメント層の利害の不一致をどう解決するかを理解するのは重要だ。例えば、オランダの体操選手のジェフリー・ヴァメス（職人）は、2012年のロンドンオリンピックで、最初はオランダ代表としてオランダ体操連盟（ギルド）に選ばれなかった。ヴァメスはこの決定に納得せず、裁判（マネジメント層）に持ち込んだ。そこで、裁判官はヴァメスの言い分を認め、連盟は選考プロセスを見直すべきだと判断した。

組織においても同様な衝突が起こり得る。プロダクトを決められた納期でリリースするよう指示する人がいたとしても、プロダクトが十分な品質に達していない場合、ギルドはリリースを止めることがある。その際、マネジメント層は、その場にいる全員に対して誰が決定権を持っているかを明らかにし、双方のルール解釈が異なる場合は判断しなければならない。

ギルドが自分たちでルールを決められる境界を定義するのは常に政府（かマネジメント層）次第だが、その境界を尊重するのも必要だ。興味深いことに、裁判官はオランダ体操連盟の決定を覆しはしたが、他方でジェフリー・ヴァメスの望みを完全に叶えたわけでもなかった。裁判官は不当な決定だったとして、双方の当事者に最初からやり直すことを命じたのだ。組織においても同じことが言える。マネジメント層は、個人とギルドのどちらか一方の肩を持つのではなく、お互いがコラボレーションしていくように導く力となり得る。

ビジネスギルドを設立するのは、手間が掛かる割に効果が少ないと思われるかもしれない。グループとして迅速な意思決定が必要になることもあるし、クリエイティブワーカーのコミュニティで最新ニュースやちょっとしたゴシップを簡単に報告したい場合もある。ここで出てくるのが**コーポレートハドル**だ。

かつて私が働いていた会社で開催されていたランチミーティングは、経営者が従業員に課した最も嫌気のさす慣習のひとつだった。3ヶ月に1度、1時間のランチタイムに皆が集まり、ピザやフレンチフライの代金を支払い、コンピューターやプロジェクターの隣に各部署のマネージャーを配置し、さらには、箇条書きで装飾されたPowerPointスライドに200もの虚ろな目を向けるといったものだった。終わった後、「よかった！　毎週やったらいいのに」と言う人がいた**覚えがない**。

コーポレートハドルとは、同僚たちと迅速かつ水平的に意思決定するための全員参加型のミーティングだ。同僚たちがお互いに情報を持ち寄りながら意思決定し、マネージャーが決めたことを一方的にメンバーに伝えるようなことをしないため、従来の全員参加型のミーティングとは異なる。[10]基本的には、ほとんどのグループのメンバーを同じ部屋に集め、中心となる議論に全員参加してもらうのがハドルだ。ここまでは難しくない。難しいのは、そのハドルをうまく機能させて「いいね！　もっと頻繁にやっていこうよ」と言われることだ。

ハドルのファシリテーターやリーダーの役割をローテーションしたり、定期的に開催したり、驚きやお楽しみの要素を取り入れたり（例えばオランダから外部講師を招くのもいいし、ちょっとしたお祝いをするのもいいだろう）、参加できなかった人にも十分な情報を提供したりすることで、成功の可能性を高めることができる。PowerPointを投影するプロジェクターをしまっておいて、退屈なランチルームやカンファレンスルームで開催**しない**ようにするのもそのひとつだ。

コーポレートハドルをうまく開催できたとしたら、従来の全員参加型のランチミーティングはもう開催しなくてもいいかもしれない。なぜなら、コミュニティで一緒に決めたことについて皆が知っていることになるからだ。定期的にハドルを開催する主な利点は、機能横断的なコミュニケーションの改善、マイクロマネジメントの軽減、チームと部署の間に存在する壁の解消であると報告されている。[11]プロダクトのデザイン、ユーザー要求の収集、技術ドキュメントの作成、プレゼンテーションの実施のような特定のテーマや分野に集中させると、それらはやがて本格的なビジネスギルドになるかもしれない。いつの間にか、洞察やアドバイスを共有し、問題解決のためにお互い助け合い、在りたい姿やニーズについて議論し、共有できるツール、標準、ドキュメントを準備していることだろう。[12]

**コーポレートハドルは、**
**同僚たちと迅速かつ水平的に意思決定するための**
**全員参加型のミーティングだ。**

## トライブ

ハドルやギルドは誰でも始められる。今の仕事で最も興味があることは何だろうか？　あなたが情熱を持てるテーマ、プラクティス、技術はあるだろうか？　組織内の仲間のグループはもう少し協調したほうがいいだろうか？　一歩を踏み出し、情熱を共有できる同じ想いを持つ仲間を集めて団結させよう。

コーポレートハドルやビジネスギルドは、特定のテーマに集まった少数の情熱的なメンバーから始まるが、すぐにオンラインディスカッションボード、wiki、ブラウンバッグランチミーティング、オフサイトミーティングなど、複数のチームや部署を横断したコラボレーションを可能にするあらゆるものに発展する。[13]

同僚たちとのコラボレーションによって、**トライブ**（tribe）が形成されることになるだろう。[14]これは良いことだ。あなたのトライブは、専門家として適したプラクティスや行動規範を定義する。これによって、マネジメント層が事細かに介入することなく、チームやプロジェクトを横断した人々自身で自治できるようになる。しかし、マネジメント層が不要というわけではない。彼らはこのプラクティスを実現可能にする役割を担っている。多くのクリエイティブワーカーは、大量のタスクや予定がぎっしり詰まったカレンダーや厳しい納期に苦しんでいる。彼らにとって、短期的な成果よりも長期的な学習に重きをおいたコミュニティへの参加は難しいだろう。マネジメント層は彼らがハドルやギルドに参加するために必要な時間や他のリソースを確保し、彼らの参加のハードルを下げるべきだ。

最後に、ハドルやギルドを始めようとしている人へのアドバイスだが、本当の目的が政治や腐敗に邪魔されないように守り抜いていこう。ネガティブな振る舞いでメンバーがギルドを壊してしまうことは、行動規範や規約といったもので防ぐことができる。ビジネスギルドがかつての栄光の面影を残すだけの存在になってしまう道を辿るのは望まないはずだ。

マネジメント層は従業員が
ハドルやギルドに参加するために必要な時間や
他のリソースを確保し、
彼らの参加のハードルを下げるべきだ。

## SIG

"私はR&D組織のマネジメントチームのメンバーとして働いており、組織の境界を横断してうまくコラボレーションする方法についてよく議論していた。また、そこにはアジャイルマインドセットを持つシニアプロジェクトマネージャーもいた。彼女は他のプロジェクトマネージャーと共通の検討課題やグッドプラクティスやコミュニケーションについて議論するために、自発的にミーティングを開催していた。マネジメントチームは、このアイデアを彼女と議論し、彼女の非公式なハドルが私たちの問題の打開策となる素晴らしい方法であることに気がついた。

このアイデアは、当時はSIG（special interest group）と呼ばれていた。SIGへの参加により、分散している組織が負担する交通費の増加はもちろんのこと、通常業務の生産性や稼働率に対する影響についても議論が起こった。しかし、許容範囲とする境界についての合意形成ができたため、SIGにゴーサインを出した。時が経つにつれ、SIGはその強みを発揮していった。私たちが組織の人々から受けたフィードバックによると、SIGが評価されていること、純粋な関心を生み出していることがはっきりと示されていた。"

ジュハニ・リンド フィンランド

## ギルドのキックオフデー

"ComSysto はミュンヘンを中心にチームを展開する急成長中のコンサルタント会社だ。コラボレーションを増やすため、知識を共有するため、繋がりを感じられるようにするために、私たちは自分たちのやり方でビジネスギルドを導入するのを決めた。

まず、ギルドのキックオフデーから始めた。この日には、テーマ、ゴール、メンバーを決められなかったが、皆はギルドの形成に関係する権限を与えられた。ただし、いくつかの制約を設けた。例えば、キックオフデーの終わりには、ギルドの中心的なメンバーの人数を最低何人とするか、四半期に1回はギルドデーを必ず開催するといった規則を設けた。キックオフデーでは、ひとつ以上のテーマを提案する機会がつくられ、皆は関心のある提案の周りに自主的に集まり、さまざまな枠で議論された。結果として、ギルドは形成され、共通のゴールが決まり、ギルドメンバーの間で契約が取り交わされ、コミットメントが確立した。

今や私たちは、定例のギルドミーティングだけでなく、Google+ を始めとするコミュニケーションプラットフォームでギルドを運営している。さらには、ギルド形成から数ヶ月で、コラボレーションの増加、知識の共有、チームの成長、イノベーション、そして幸せを実感している！"

フロリアン・ホフマン ドイツ

https://www.flickr.com/photos/34380191@N08/4727639216

## 始め方

さあ、ビジネスギルドやコーポレートハドルがどんなものかわかったところで、次は提案するときだ。

1. あなたが最も情熱を持てるテーマ（技術、分野、役割）は何か？　あるいは、組織横断的な動きが必要だと考えるのはどんな仕事だろうか？

2. あなたの組織において、そのテーマに興味を持ち、活動に参加してくれる人はいるだろうか？

3. そういった人にこの章を読んでもらおう。最初にハドルを開催し、ツール、プロセス、手順、人、制度について議論しよう。おそらく、最初はビジネスギルドという言葉を使わず、価値ある何かについて皆で議論することに集中したほうがいいだろう。「このミーティングは素晴らしかった！　またすぐに開催できるかな？」と彼らが言い始めたなら、しめたものだ。ビジネスギルドを形成するための良い理由になる。

4. 形成したばかりのコミュニティの繋がりを強め、勢いを持続させることに便利な内部向けの情報共有やSNSツールの使い方を調べよう。wikiやコラボレーションプラットフォームといったものだ。

5. マネジメント層がハドルを認識していることを確認し、ギルドが皆に有益である限り、事細かに介入しないほうがいいことも理解してもらおう（通常、マネジメント層が音頭をとって開催する会社や部署全体に跨るコーポレートハドルには明らかに適用されないが）。

6. ギルドが自治できる明確な境界線をマネジメント層に定義してもらおう。そうすれば、新しいギルドが他の仕事やプロジェクトを食い荒らすことなく、自分たちのメリットを証明できるようになる。

## Tipsとバリエーション

いくつかのチームの人たちと、週次でランチミーティングをしている。食事に組み合わせれば、とても簡単に始められる。

Googleは、TGIF（Thank God It's Friday）と呼ばれる週次ミーティングを全員が（オンラインで）招待される形で開催している。会社の規模に関係なく、ハドルを開催する余地は常に存在する。

ハドルや全員参加のミーティングはたくさんの呼び方がある。覚えておいてほしいのは、決してマネージャーからメンバーたちに対して一方通行で発信する形にすべきではないということだ。

私たちは小さな会社を横断したギルドを形成している。そこは会社の境界を超えたアイデアや経験が交換される素晴らしい場所だ。

ギルドは、地方のスポーツ協会が自己組織化して国や国際連盟になっていくのと同じように、自分たちで独自の階層を形成できる。

あなたがギルドやハドルに週に何時間費やすかをマネジメント層と合意しよう。

Management 3.0についての定期的なミートアップを開催している人もいる（management30.comのサイトをチェックしよう）。それらもギルドだ！

ギルドという言葉を好まない場合、好きな言葉を使おう。ただし、センターオブエクセレンスという言葉に感銘を受けた人はおそらくいないことに注意しよう。

私たちはいつも、「他社の人でも、私たちのミーティングに参加して関心を持ってもらうべきだ」と言っている。これにより、ギルドでは特定のプロジェクトではなく、自分たちの専門性について議論できる。

クリエイティブワーカーが忠誠を誓うのは、大体において組織ではなく彼らの専門性だ。したがって、彼らのギルドを支援するのは会社の利益になる。

それぞれのギルドメンバーに、少なくともひとつのセッションを自分で開催してもらおう。これはギルドリーダーがすべての仕事を受け持つという期待をさせないようにするためだ。

優れたコラボレーションツールでギルド内の会話ができるように支援しよう。彼らにとって、1ヶ月に1回だけ対面で話すだけでは不足していることが多い。

さらなるアイデアを m30.me/business-guilds や m30.me/corporate-huddles で見つけよう。

Stop
elvis presley
only
£6.99

第7章

# フィードバックラップと無制限の休暇

建設的なフィードバックの伝え方を学ぶ

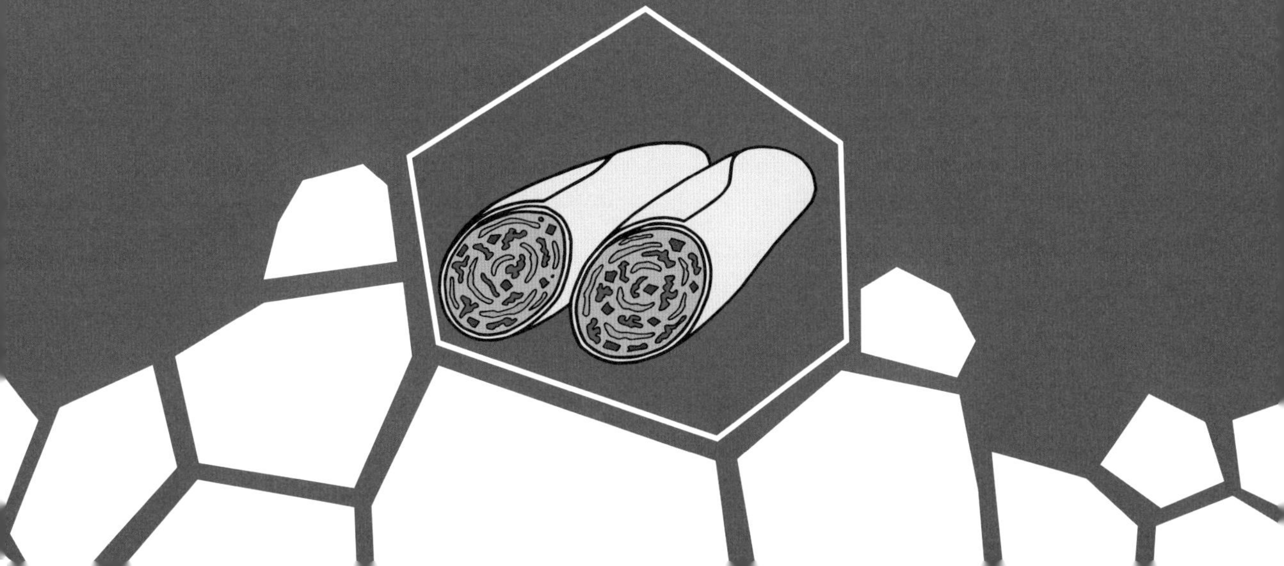

理想主義は、問題からの距離に比例して増加する。

ジョン・ガルスワージー
イギリスの小説家
(1867-1933)

働く時間や場所、休暇などを自由に選択できる従業員は増えており、なかには、信頼された環境で完全な自由を手に入れる人もいる。そういった環境では、従業員同士が対面で顔を合わせる機会は少ない。私たちは、建設的フィードバックの素早く簡単なテキストでの伝え方を学ばなければいけない。

私が初めて小さな会社でマネージャーになったとき、毎月の給料の他にも、年末のボーナスの金額、自席の広さ、ビジネスオーナーと交渉する休暇日数など、さまざまなことを考えた。ある経営者からは、「あなたがオフィスにいようが離れていようが、私の気にすることではない。私はただ年末に利益を出したいだけなんだ」と言われたこともあり、自由、信頼、責任を与えられたことに感動したのを覚えている。それは、授業に出ようが出まいが良い結果が出るような勉強をしてきた私にとって、初めての**信頼志向**の職場環境だった。

数年後、時間管理に厳しい別の会社での経験は対照的だった。全従業員は出勤と退勤を毎日記録することになっていた。ある日、前日の「勤務時間」が7時間25分しかなかったために財務管理者から叱られてしまい、この記録が本当に監視されていることが証明された。どうやら、他の日に少なくとも9時間以上働いていたことは問題ではないらしい。これは明らかに、**時間志向**あるいは在社志向の職場環境だ。

私は後者よりも前者を好むが、それを聞いてもあなたはさほど驚かないだろう。

142

## フレックスタイム

私はその日、歯医者を予約していたので、7時間25分しかオフィスにいなかった。その歯医者の診療時間の幅が財務管理者の頭のなかと同じくらい狭かったからだ。しかし、それでも他の人に比べたら、私はちょっとした不便さに悩まされた程度だろう。

多くの従業員は、子どもの学校や保育園の送迎、老人ホームの親の世話、愛する人との病院での面会、ヨガのレッスン、外国語の学習、交通渋滞の回避と遭遇、ジムでのトレーニング、犬の散歩、献血、ボランティア活動などとの両立を迫られている。[1]世界中の半分が9時から5時まで働きたいのであれば、もう残りの半分は午後5時から朝9時まで働くべきではないか？　と考えてしまう。

世界をふたつのグループ（日勤とそれ以外）に分けることは明らかに非現実的だ。そのため、多くの組織は**フレックスタイム制度**を導入している。この制度は、誰もが会社に出社しないといけないコアタイムを定義しつつ、それ以外の時間帯ではフレックスタイムを認めるというものだ。この制度に従うと、従業員はある日の7時間25分の勤務時間を、別の日の8時間35分**勤務オフィス出勤**で補うことができる（**勤務時間を相殺できる**というわけだ）。

これは信頼志向の職場環境になるための最初のステップで、時間ではなく、努力や成果を基にした業績評価の最初のステップでもある。

## リモートワーク

幸運にも、職場環境の「柔軟化」はそれだけにとどまらなかった。多くの組織では、従業員が自宅や遠隔地のコワーキングオフィス、海外旅行中、保育園、近所のスターバックスから仕事の一部を行うことが認められている。**リモートワーク制度**によって、個人の状況と仕事の内容を考慮したうえで、最も相応しい場所で仕事ができるようになったのだ。複数のレポートによると、勤務地に柔軟性を持たせた環境では、士気や集中力、生産性の向上、離職率の低下、経費の削減などの効果があるとされている。[2,3]そういった組織には、自分の好きな場所で働くことを望む経験豊富で高い成果を出す人を引き寄せる傾向もある。

しかし、予想に反して、好きな場所で働けるようになると新しい課題が山積みになる。プライバシー、セキュリティ、機密性はどうなるのか？　彼らに必要な設備、保険、交通費はどうなるのか？[4]多くの組織では、オフィス外から働く際に生じる権利と責任を明確に定義するようなリモートワーク制度を策定する必要性を感じている。

さらには、他の課題もある。リモートで働く場合、信頼関係やコラボレーションなど、人と人との繋がりが失われるリスクが増加する。[5,6]言い換えれば、組織から健康な文化が失われる恐れがあるとも言えるだろう。[7]時代の先端にいるシリコンバレーの企業でさえも、皆ができるだけ同じオフィスにいるようにするため、無料の食事、ゲーム、マッサージ、フィットネスなどの設備に多額の費用を掛けている。これは偶然ではない。

それでも、オフィスから離れて有益な仕事をするという選択肢は、信頼志向の職場環境にしていくための2番目のステップだと考えられる。それは同時に、**どこで働くかではなく、どう働くか**を重視したフィードバックシステムに対する2番目のステップでもある。

## 無制限の休暇

もう一歩踏み出して、職場環境をもっと柔軟にすることもできる。オフィスから離れて仕事をするようになって以来、仕事の時間とプライベートな時間との境界は曖昧になり始めている。従業員がオフィスから休暇中に過ごすリゾート地の予約を入れた場合、休暇の最初の1時間を使ったと考えるべきだろうか？　同じ人物が休暇中にリゾート地から大事なミーティングに参加した場合、休暇のうち2時間を取り損ねたことになるだろうか？[8]近所の子どもの相手をしながらレポートを書いた場合はどうだろう？　ランチ後、チームメンバーとプロジェクトについて議論しながら犬の散歩をした場合はどうだろう？

従業員が日々の仕事を十分にこなしていて、**そうするのに**十分な休暇をとっているという前提があれば、賢明な組織は、ある日のある時間帯に何を許可して何を許可しないかを事細かに規定しない。数多くの研究では、「定期的な休暇をとって仕事から離れられるようにすることが、従業員のパフォーマンスの改善やストレスの低下に繋がり、結果的に仕事の質が向上する」ということが示されている。[9]

**定期的な休暇を提供して**

**従業員が仕事から離れられるようにすると、**

**パフォーマンスは改善する。**

このため、The Motley Fool、Netflix、HubSpot、Evernote、Zyngaのような企業は、1日あたりの勤務時間、1年あたり休暇日数を規定するのを止めた。[10]このような**無制限休暇制度**のメリットは、冒頭に私が書いたとおりだ。つまり、士気、生産性、定着率、エンゲージメントの向上である。[11]通常休暇、半休、特別休暇、他のナンセンスな休暇の運用に関する、うんざりするような議論はもう不要なのだ。

驚くことに、休暇日数の無制限化によって年間**何日程度**が妥当なのかについて何の指針もないのにもかかわらず、実際には、必要以上に休暇を取得しない人もいる。理由としては、「怠け者」と見られたくなかったり、余計な仕事に「No」と言える勇気や経験がなかったり、選べなかったりすること（「選択肢過多」と呼ばれる）がよくあげられる。[12, 13]無制限休暇制度の望ましくない副作用を鑑みて、会社によっては、従業員1人あたりの休暇日数を**最小日数**で規定するのを強く推奨している（これもまた、多くの国が法律で定めている）。[14]この場合、最大日数は設けていない。

この副作用に適切な対処ができれば、個人の自由な時間に伴う責任は、信頼志向の職場環境に向かうための3番目のステップのように思える。それは同時に、**在社**ではなく実際の**成果**に基づいたフィードバックに向かうための3番目のステップだ。

## 信頼を築く

「皆を信頼して仕事する」

本当にそうか？　あなたは結果志向の職場環境を信じているのだろうか？

信頼ほど広く誤解される言葉はないだろう。皆がそれについて話すが、私が説明を求めると、誰もそれを適切に定義できない。従業員は信頼される権利を持っていると言うが、開胸手術を成功させるため、ロケットを開発するため、オリンピックに勝つために同僚を信頼しようと思う人はほとんどいない。

信頼はかなり複雑なテーマでもある。私が最も信頼している信頼モデルでは、信頼の有無に関係する10個の要素がリストアップされている。[15]

信頼を育むには、「単に誰かに仕事を任せる」だけでは不十分だ。確実な仕事のやり方（能力）を誰も知らない。これでは、自分自身にも他者にも無制限の自由が与えられることに違和感を覚える（リスク許容）。結果志向の職場環境に不信感を持ち、彼らのコラボレーション（コミュニケーション）はより悪くなる。すると、信頼は崩れ、権威あるマネージャーが「行動に出る」ことを決意し、皆をオフィスに呼び戻そうとする（権力）。さらに信頼は崩れ、皆はコミットメントを果たすようなアウトプットを出さなくなる（誠実）。そして、かろうじて残っていた最後の信頼のひとかけらも消し飛んでしまうわけだ。これは、結果志向の職場環境における放任主義なアプローチが出した結果の一例だ。

- **リスク許容**：リスクを取る人もいれば、用心深い人もいる。
- **調節**〔訳注:周りの環境と自分の在りたい姿との間にどれだけ乖離があるかの観点で調節できているかどうか〕：楽観的な人もいれば、悲観的な人もいる。
- **権力**：権力を持っている人もいれば、それに苦しむ人もいる。
- **安全性**：リスクが高いこともあれば、低いこともある。
- **類似性**：似ている人もいれば、似ていない人もいる。
- **関心**：関心が一致することもあれば、そうでないこともある。
- **気遣い**：優しくしてくれる人もいれば……そうではない人もいる。
- **能力**：自分がやっていることをわかっている人もいれば……そうではない人もいる。
- **誠実**：コミットメントを果たす人もいれば……忘れる人もいる。
- **コミュニケーション**：コミュニケーションが上手な人もいれば……そうではない人もいる。うーむ。

**グループを越えた信頼を築き、初期にある猜疑心を打ち消すためには、コミットメントを果たしてきた十分な実績を指し示す以上に勝る方法はない。**

ロバート・ハーリー *The Decision to Trust*[16]

他の方法として、信頼のスパイラルを巻き起こすこともできるだろう。これまでにコミットメントを果たしてきた実績のある人の在宅ワークを認めることで（誠実）、リモートワークに対する信頼を育める。これはマネージャーが「行動に出る」決意を遠のかせる（権力）。皆に本当に自己組織化できるという信頼感が生まれ、お互いに助け合うようなコラボレーションが活性化する（コミュニケーション）。それがさらなる信頼を築き上げ、最もリスクを嫌う人（リスク許容）でさえも、結果志向の職場環境のメリットを実感できるようになる。このスパイラルは、従業員がこれまでになかった自由を獲得し、思いもよらない働き方ができるようになるまで続く（能力）。

人が織りなす組織は複雑系だ。信頼の10要素をどう組み合わせても、悪循環や好循環は他にもたくさん考えることができる。しかし、多くの著者は、まずコミットメント（誠実）を重視して信頼を築くのが良い打ち手だと考えているようだ。

コミットメントと信頼の実績を重ねるのには多くの時間や労力を要するだろう。信頼はお金にも似ている。手に入れるには何年も掛かるが、失うのは一瞬だ。自分のスケジュールを決め、自分の仕事場を選び、自分が休む日を決めるのに、（意図的であろうとなかろうと）社内の誰も信用できないと公言する権威的なマネージャーとは、信頼を築くことはできないだろう。彼らは組織文化に既に存在している不信感を**助長する**だけだ。[17]このようなメッセージが成果や定着率に及ぼす長期的な影響について疑問を持つかもしれないが、多くの専門家はそれを理解している。

一方で、何の疑問も条件もなしに誰でも信頼するだけでは、たいてい同じ結果に行き着くだろう。何をやるにしても、まずは**その前に**信頼（関心・類似性・気遣いではなく、能力・誠実・コミュニケーションになるだろう）を築いてからでないと、やりたいことはできないという前提で始めるべきだ。結果を重視するのは、無制限の自由に続くだけではなく、先行するものでもある。[18]どうやら、結果志向の職場環境は**獲得**しなくてはならない権利のようだ。[19]

クリエイティブワーカーは結果を重視するのではなく、まず信頼を重視すべきだと考えている。コミットメントを果たし、頻繁にコミュニケーションをとり、関心を揃え、気遣いを示すことで信頼が構築されることを学ぶべきだ。**事前に**信頼が構築されたとしたら、**後の**結果の議論や評価はとても簡単になる。結果を評価するだけで信頼が自動的に築かれるというのは、いささか単純かつ近視眼的だ。だからこそ、**信頼志向の職場環境**について言及したい。信頼が先にあれば、結果は後からついてくる。結果志向の職場環境の**前に**、まず信頼志向の職場環境をつくろう。私を信頼してほしい。

信頼して仕事を任せられるような職場環境にしていくことは、その仕事に対するフィードバックができる職場環境にしていくことも含んでいる。どこで働くかを制限しないことで人が自由になる一方、**どう**働くかを評価する必要性は高まる。「仕事」が場所ではなく、その**対象**を指しているのであれば、フィードバックも場所ではなく、その対象にすべきだ。

信頼が先にあれば、
結果は後からついてくる。

マネージャーが時間や在社志向の職場環境から結果や信頼志向の職場環境に変えようと考えた場合、たいてい最初に出てくるのは「結果をどう評価すればいいのか？」という疑問だ。結局、「**インプット**（オフィスにいた時間の量）を計測しないのであれば、**アウトプット**（実際の成果）を計測する。さもなければ、その人に給与を支払っている根拠がわからなくなってしまう」と考えるのではないだろうか。そう言って、また別の規則をつくってしまう。

**規則には、随意契約**〔訳注：いつでもいかなる理由でも解約できる契約〕**や、緻密に定められた行動規則（しくじったら簡単にクビにする）、緻密に定められた規則（あなたは責任ある大人ではないので、私たちが管理する）、タイムカードや休暇申請書（私たちはあなたを信用していない）、皆勤賞と報奨金（あなたは本当に仕事が好きではない）、提案制度（「アイデアがあるなら箱に入れておいて」）、そしてもちろん……聖牛**〔訳注：インドでは牛は神聖な存在として扱われている。非常に重要であり、無条件に受け入れる必要があり、批判が許されないものの例え〕**であり、ゴジラのような存在である、そう、業績評価がある。**

トム・コーンス、メアリー・ジェンキンス *Abolishing Performance Appraisals*[20]

従来、ほとんどの会社では、従業員の成果を「評価する」主な方法（それしかない場合もある）として、**業績評価**を含む形式的なプロセスを使っている。業績評価は義務的なプロセスであり、一定期間ごと（多くの場合は年ごと）に従業員の仕事の成果、行動、特性が段階として評価される。評価は対象の従業員以外の者が実施し、文書化された記録は組織によって保管される。[21]マネージャーや人事の専門家がこのプロセスを必要とする理由は次のとおりだ。

1. 従業員がより良い成果を出すことを支援するため
2. コーチングやカウンセリングで従業員のモチベーションを高めるため
3. 価値あるフィードバックでコミュニケーションを強化させるため
4. 報酬を公平に分配する方法を見つけるため
5. 昇進や人材配置を決定するための有用なデータを得るため
6. そして、解雇に備えて証跡を残しておくため

## マネージャーが
## 従業員の解雇の次に嫌っているものは
## 業績評価だ。

悲しくも、このやり方はうまくいかない。業績評価の業績は酷いものだ。[22]ほとんどの会社が使っているにもかかわらず、そこにいる大多数の人はまったくの無意味さを感じたり、たびたび逆効果となる場面に遭遇したりしている。[23]多くの研究により、「業績評価は、たいていの場合で内発的動機とチームのコラボレーションを破壊してしまう」ことが確認されている。[24]ほとんどの場合、この形式的でストレスフルな年次の評価儀式は、次の理由で失敗する。まず、従業員とマネージャーは逆のマインドセットを持っている。次に、給与は成果と無関係であることが多い。さらには、客観的になれるマネージャーなど存在しない。また、パフォーマンスに関するチェックリストはあまりにも一般的すぎる。そして、評価は不信感を生む。最後に、個人の評価はチームワークを破壊してしまう。[25, 26, 27]少なくとも、多くのマネージャーは何かが間違っていることに気づいているように見える。なぜなら、彼らが従業員の解雇の次に嫌っているものは業績評価だからだ。[28]

長期的な視野で、業績評価が組織のパフォーマンス向上に役立つと証明できた人はいない。ほとんどのマネージャーや人事の専門家は、そこに多く存在する隠された前提について真摯に向き合うことなく、ただ当然のこととして受け止めている。[29]業績評価自体が業績評価の対象になったとしたら、具体的な成果が何も出ていないため、その場で解雇されることだろう。そして最悪なことに、これは現代の組織がなんとかして取り除こうとしている階層構造をより強めてしまう。

**業績評価は単なるマネジメントツールではなくなった。家父長的組織の特徴である親子や上司部下といった従属関係の、文化的な、ほとんど人類学的な象徴に成長したのだ。**

トム・コーンス、メアリー・ジェンキンス *Abolishing Performance Appraisals*[30]

幸運なことに、世界はゆっくりと目を覚ましている。組織の大小にかかわらず、次々とパフォーマンス評価を取り除いている。[31]グローバル化したクリエイティブエコノミーの動きのなかで、このやり方を維持できなくなっていることが主たる理由だ。リモートワーク、契約社員、アジャイルやリーンの手法、そして他の多くのトレンドは、「上司」と「部下」の間で型通りの業績評価を実施するのをより難しくしている（事例として、最近、私の配偶者は何の業績評価も受けていない。彼はいつも本社にいないからだ！）。この無用な儀式については、完全になくして、21世紀の時代にもっと適した別の何かに置き換えるほうがいい。

さあ、私たちは何をすべきだろうか？

私はまず、同僚に対して気軽に、正直に、親しみを込めてテキストで伝えるフィードバックのやり方を学ぶべきだと思っている。特に強調したいのは、親しみを込めることだ。なぜなら、"treat 'em mean, keep 'em keen"〔訳注：主に男女の恋愛関係において、ときには冷たくあしらって相手の興味を引くことを表すことわざ〕のアプローチは、組織の士気やモチベーションを損なわせてしまうという研究結果がある。従業員同士のコラボレーションを破壊してしまうだけでなく、彼ら自身のパフォーマンスにも影響を与えてしまうのだ。[32] これは明らかなはずだが、悲しいことに、マネージャーにはこの事実を知ってもらう必要があるらしい。一方で、フィードバックが誠実なものであれば、エンゲージメントは向上するという研究結果もある。[33]

これから多くの従業員がオフィス勤務からリモートワークになっていくと、対面で直接会話するのではなく、メールなどのオンラインツールを使い、頻繁に、誠実で、親しみを込めたフィードバックをお互いに交わすことが必要になる。

誰かのデザイン、レポート、ソフトウェアアプリ、プロセスの品質の評価を、次に皆がオフィスで偶然会ったときまで待つわけにはいかない（その日までしばらく掛かるかもしれないのだ！）。クリエイティブワーカーが労働時間、職場環境、休暇日数の監視を望んでいないことを考えると、彼らは自分の成果について有益なフィードバックを受ける権利を有しており、さらには迅速に伝えてもらうことを必要としている。フィードバックは日々の仕事の一部になる必要がある。そこにフィードバックがあることが普通になるべきだ。[34]

> クリエイティブワーカーは自分の成果について
> 役立つフィードバックを受ける権利を有しており、
> さらに迅速に受け取れることが求められているのだ。

## Step 1：状況を説明しよう

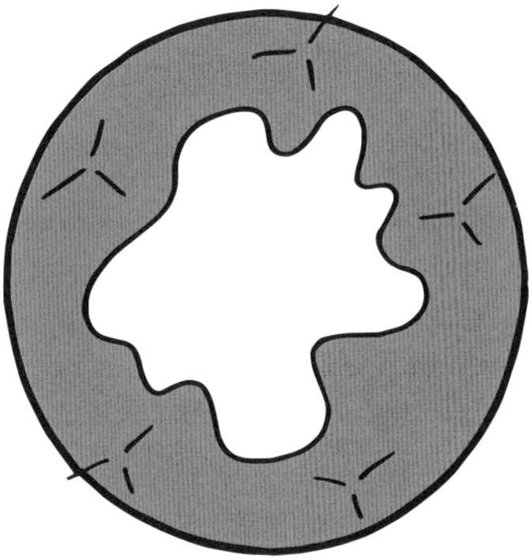

フィードバックの目的は仕事の改善を助けることだ。[35]相手自身を喜ばせることではないと認識しておくのがとても重要であり、あなたのフィードバックに対して相手が好感を持つようにすべきだ。人は建設的なフィードバックを受け入れると、行動に移す可能性が高まる。[36]

最初のステップとしては、自分が置かれている状況を説明することからフィードバックを始めるのが有効だ。心の状態、期待や想定といった「自分の評価に何らかの影響を与えそうなこと」を端的に伝えよう。[37]例えば、「今、上海のホテルの一室から新しいウェブサイトのレビューをしているよ。終日長いカンファレンスに出席していたので少し疲れているけど、君を待たせっぱなしにしたくないと思って。ウェブサイトは前回のスプリントで議論した機能がすべて実装されたベータ版だということを前提に見ようと思っている」といったものだ。他には、「早朝に紅茶を一杯、ビタミン剤のボトルを半分飲んだ後にこのフィードバックをしているよ。どうもインフルエンザに罹ったようなんだ！:-(今、私の目の前にはAndroidタブレットがあって、PDFには4章の3回目のドラフト版の原稿が入っているけれど、まだ細かい推敲が必要そうだ」といった例もある。

自分の状況から話し始めることで、受け手は自分との類似点に気づくことができ、それが信頼に繋がる（「インフルエンザ？　お気の毒に。私の夫もちょうど今罹ってるんです！」「上海にいる？すごい、私も去年行ったよ！」）。また、相手からすると、あなたがうまくコミュニケーションを取ろうとしている姿勢を汲み取りやすくなり、あなたの評価の背景にあることを理解しやすくなるだろう。「あなたがホームページに設置したTwitterフィードがうまく動かない！」をそのまま受け取ることなく、「あなたがホームページに設置したTwitterフィードが上海のホテルの一室からはうまく動かないようだ！」と察するはずだ。おそらく、相手はグレートファイアウォールが問題の原因にあることを認識できるようになる（そう、これは本当にあったことで、個人的な事例だ）。そして、あなたが誰かの仕事の酷さにひとこと言いたくなった場合でも、安定しないWi-Fi接続、古いスマートフォン、まずいコーヒー、泣き叫ぶ3人の赤ちゃん、重い二日酔いに苦しんでいるという状況を知れば、その評価を受け入れやすくなるかもしれない。こういった形で、クリエイティブワーカーは「安全な仕事環境においては、いい仕事をしてくれる」と信じられるようになる。しかし、あまり好ましくない状況にいる相手のために、その仕事をブラッシュアップしなければならないという別の課題は生まれる。

## Step 2：観察した結果をリストアップする

2番目のステップの目的は、あたかも研究者のように鋭い目を持って観察した事実と体験を表現することだ。◉相手の特徴、知識、プロ意識について、正しいだとか間違っているだとか自分の意見を**言ってはいけない**。あなたが実際に見た仕事や振る舞いだけに目を向けて伝える。[38, 39]あなたが伝える内容が明白な事実であることを確認してほしい。まるで科学者の頭のなかから出てきたように、否定も無視もできないフィードバックをする。感情を爆発させることなく、ただありのままに観察した結果をリストアップしていくことで、相手にはあなたの有能さが伝わり、信頼を築くようなコミュニケーションができる。

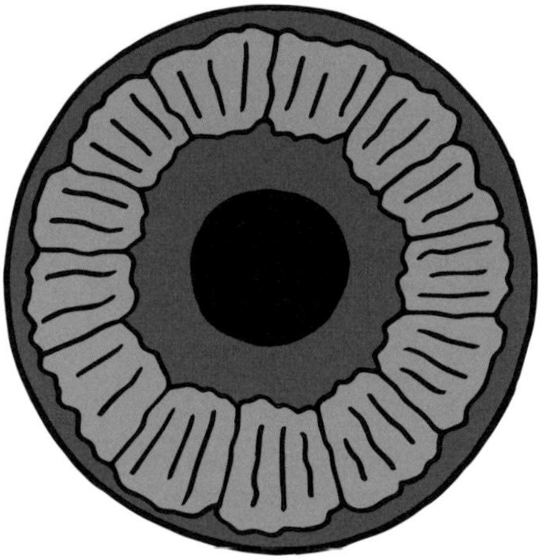

例えば、「ホームページ上のTwitterストリームが動かない」といったフィードバックは「**私の**コンピューターではちゃんと動く」でたやすく否定される。そうではなく、「ホームページのTwitterヘッダーの下に空のグレーボックスがあるね。そこに企業アカウントの最近のツイートが3、4件表示されると思っていたけど」と伝える。「動く」かどうかは、ホテルのバーで哲学的なディベートをする際に相応しいテーマだ。そこにある**事実**は、あなたが空のグレーボックスを見ていることだ。これは目が悪くない限り、否定されることはない。

観察を続け、評価や判断と事実を区別することで、過度な一般化を回避できる。あなたにとって、「その相手が上げてきたものは決めたとおりに動いたためしがない」というコメントは、おそらく真実と**思える**だろう。しかし、相手が改善の行動をとってくれるかという観点から考えると、「暗号化エラーのメッセージ（添付参照）でアプリケーションにアクセスできなかったよ。これは私が前回と前々回に言ったエラーメッセージと同じ挙動じゃないかな」とコメントしたほうがいい。評価と観察を区別して伝えると、相手は厳しく一方的な批判を聞かされる機会が減り、改善に向かう可能性が高まる。

期待を下回ることばかり指摘してはいけない。期待以上のことにも気づき、それを**伝えなければいけない**。例えば、「メールアドレスがリアルタイムで入力チェックされていることには驚いたなあ」や「最初の段落に出てきたジョークはとてもツボに入って、思わずカプチーノをノートに吹き出しちゃったよ」といった類のことだ。相手の強みを伸ばすようなメッセージを伝えることが有効なのは、何も初学者だけではない。専門家や熟練者だとしても、たまには自分の能力を認めてほしいものだ。[40,41]うまくいったことについて相応の評価があれば、受ける側も問題や課題を解決しやすくなる。

2番目のステップの結果は、待ちに待ったスポーツ中継の解説をしているかのように、レビューの際に気づいたことを、期待以下のものから期待以上のものまで、並べ替えずに単にリストアップしたものになるべきだ。

## Step 3：自分の感情を表現する

さて、事実と観察結果のリストができたら、それがあなたに与えた影響を評価する時間だ。ここでは感情的になっても構わない！

レビューの際、感情を表現することで相手と繋がりやすくなり、衝突を防いだり、解決したりしやすくなる。良い結果を出したいという善意に基づく気遣いを表現する際にもそうすれば、信頼の構築に繋げられる。例えば、ホームページ上のTwitterボックスが動かないときに**ちょっとした苛立ち**を感じたことを伝えたり、最初の段落に出てきたジョークに**大きな楽しさ**を感じたことを伝えたりできる。自動メールアドレスチェックは同僚の実力に**嬉しさ**を感じるだろうし、3度目の暗号化エラーを目にしたときには**怒り**を感じるだろう。

レビューの際、**相手の反応や考えを勝手に決めつけてしまう誘惑に駆られてはいけない**。「このボタンのアイコンの意味を理解するユーザーはいない」は苛立ちを表現しているため、良いフィードバックとは言えないだろう。事実に感情を上乗せすればいいものではない。おそらく、

「壁にあるシャワーアイコンを見たけど、それがバスルームの照明のスイッチであることを理解するのに、ちょっとばかり時間がかかってしまったよ。他のユーザーが私よりももっと簡単に気づけるようにできないかな」というのがより良いコメントになる（そう、敬意を示すには、嫌な人間が返してくるような反応よりも多くの言葉を必要とするのだ）。ここで伝えられているのは、誤解（事実）と苛立ち（感情）の表現だ。相手が理解していること、理解していないことについては何時間でも議論できるが、自分自身の観察結果や感情を否定するのは誰にもできない。[42]

先ほどのステップの観察結果に絵文字を付け加えると、事実と感情の分離を強調できる。

| 観察 | 感情 |
|---|---|
| 「ホームページのTwitterヘッダーの下に空のグレーボックスがあるね。そこに企業アカウントの最近のツイートが3、4件表示されると思っていたけど」 | :-/ |
| 「暗号化エラーのメッセージ（添付参照）でアプリケーションにアクセスできなかったよ。これは私が前回と前々回に言ったエラーメッセージと同じ挙動じゃないかな」 | >:-( |
| 「最初の段落に出てきたジョークはとてもツボに入って、思わずカプチーノをノートに吹き出しちゃったよ」 | :-D |
| 「メールアドレスがリアルタイムで入力チェックされていることには驚いたなあ」 | :-) |
| 「壁にあるシャワーアイコンを見たけど、それがバスルームの照明のスイッチであることを理解するのに、ちょっとばかり時間がかかってしまったよ。他のユーザーが私よりももっと簡単に気づけるようにできないかな」 | ((+_+)) |

苛立っている、怒っている、笑っている、満足している、混乱しているといった言葉を明示的に伝えてあげると、少しは理解しやすくなるかもしれないが、遊び心も大事だ。個人的には、仕事を真面目に捉えすぎないような真面目さは高く評価している。

## Step 4：価値に沿って並び替える

4番目のステップでは、あなたがその仕事で認めた価値に沿って観察結果を並び替えるといいだろう。通常、ポジティブな感情を伴う観察結果はあなたにとってポジティブな価値になるし、ネガティブな感情を伴う観察結果はネガティブな価値になる。しかし、必ずしもそうである必要はない！　例えば、誰かが大笑いするような失敗をしでかしたとしても（ポジティブな感情）、その恥ずかしい過ちは必ず正さなければならない（ネガティブな価値）。別の問題では、あなたは苛立ったかもしれないが（ネガティブな感情）、そのおかげで発見が遅ければ対処できずに炎上していた可能性の高い重大なリスクに気づくことだってある（ポジティブな価値）。

通常、相手がフィードバックを上から下へと読むとすると、最も価値がある観察結果を一番上に書き、そうではないものを一番下に書くのが効果的だ。そうすると、あなたのフィードバックから、相手は自分の仕事にあるべき価値を学ぶことができる。そうして初めて、自分の仕事がその価値をいかに下げたかについて学ぶのだ。批判の前に称賛の言葉から入る方法と同じシステムのようにも見えるが、実際には同じではない。

個人的に「ネガティブフィードバック」（批判）と「ポジティブフィードバック」（称賛）の比較は誤解を招くと思っている。あなたの**感情**はポジティブにもネガティブにも表現されるし、あなたが観察した**価値**もポジティブとネガティブの両方で表現される。しかし、ネガティブな価値を見つけたときの感情がポジティブになることはあるし、その逆もあり得る。つまり、あなたの全体としてのフィードバックは、ポジティブともネガティブとも表現できないのだ。[43]それは、事実に基づく観察結果、ポジティブ/ネガティブな感情、ポジティブ/ネガティブな価値のリストに過ぎない。最終的な結果から、あなたと相手の関心が一致していることが伝わり、それによって信頼感が増す。

## Step 5：最後に提案する

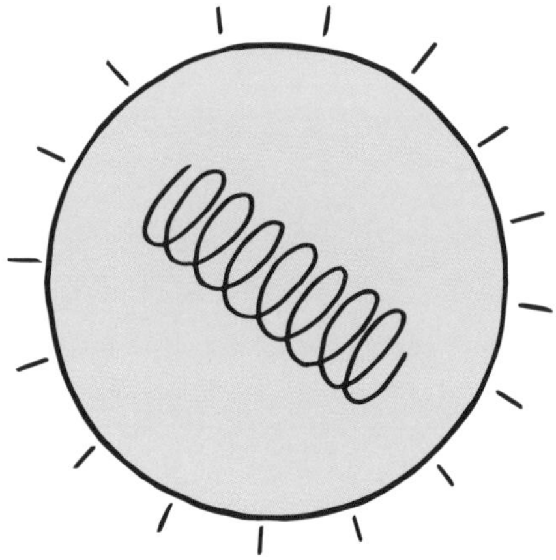

さあ、そろそろ終わりに近づいてきた。あなたは、自分の状況を説明し、観察結果をリストアップし、感情を表現し、価値に沿って並び替えてきた。ついに、フィードバックを盛大に終わらせるときが来た。そのために、いくつかの有益な提案を伝えよう。

誰もが自分の仕事をうまくやりたいと思っているとする。相手がうまく成果を出せない場合、その人の成果を阻害している原因は周りのシステムにあると考えるべきだ。[44] そのため、パフォーマンスを評価する際は、個人の失敗ではなくシステムの問題として炙り出したほうがいい。あなたが伝える改善の提案は、この考え方を反映させなくてはいけない。例えば、「これが役に立つと思ったらで大丈夫だけど、デザインの見直しにぜひとも協力したいんだ。もしかしたら、エラーメッセージが出続けている原因がわかるかもしれないよ」や「別のコンピューターやブラウザでTwitterボックスのテストをしたほうがよかったら私や他の人に言ってね」といったものだ。または、「参考になりそうなアイコンのサンプルをいくつか添付したよ。もちろん、これは単なるスケッチだけど」といった話を持ちかけてもいい。

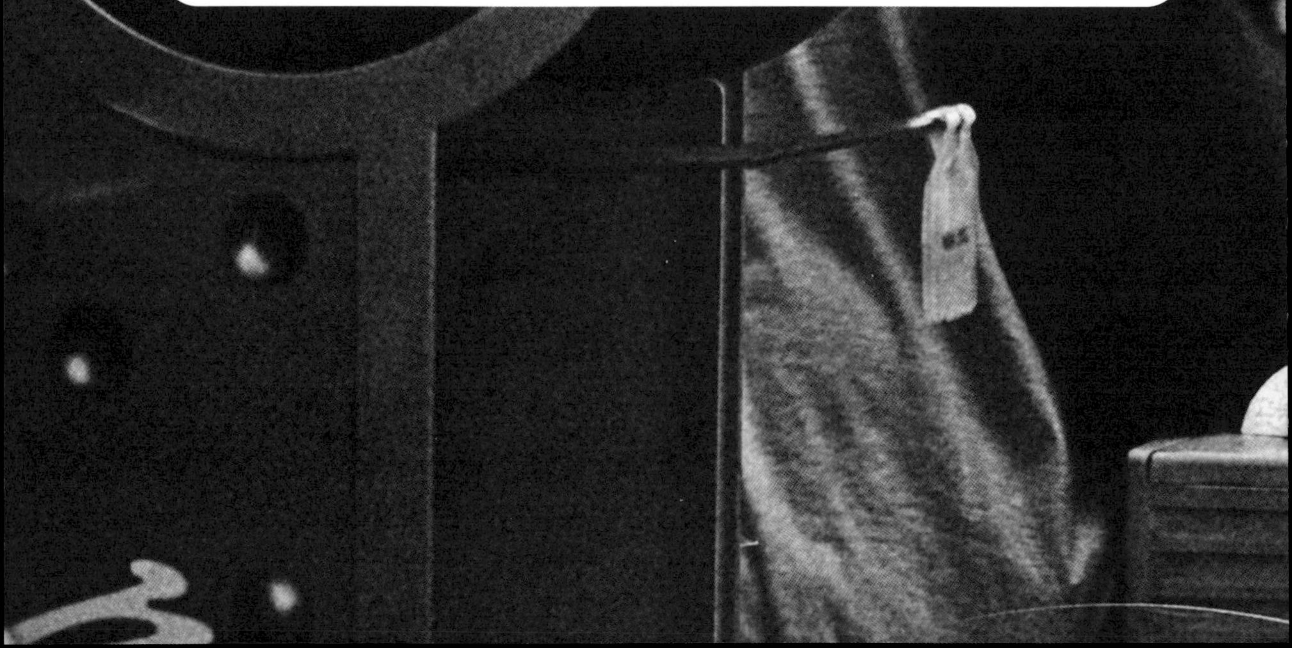

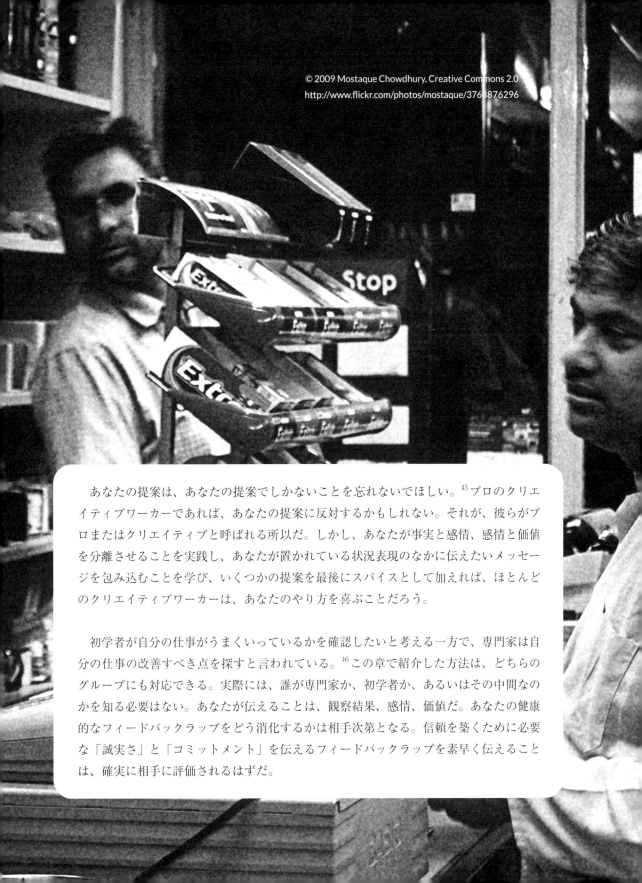

あなたの提案は、あなたの提案でしかないことを忘れないでほしい。[45]プロのクリエイティブワーカーであれば、あなたの提案に反対するかもしれない。それが、彼らがプロまたはクリエイティブと呼ばれる所以だ。しかし、あなたが事実と感情、感情と価値を分離させることを実践し、あなたが置かれている状況表現のなかに伝えたいメッセージを包み込むことを学び、いくつかの提案を最後にスパイスとして加えれば、ほとんどのクリエイティブワーカーは、あなたのやり方を喜ぶことだろう。

初学者が自分の仕事がうまくいっているかを確認したいと考える一方で、専門家は自分の仕事の改善すべき点を探すと言われている。[46]この章で紹介した方法は、どちらのグループにも対応できる。実際には、誰が専門家か、初学者か、あるいはその中間なのかを知る必要はない。あなたが伝えることは、観察結果、感情、価値だ。あなたの健康的なフィードバックラップをどう消化するかは相手次第となる。信頼を築くために必要な「誠実さ」と「コミットメント」を伝えるフィードバックラップを素早く伝えることは、確実に相手に評価されるはずだ。

## 称賛
## サンドイッチ

「称賛サンドイッチ」は建設的なフィードバックのためのよく知られた方法のひとつであり、批判の前後にポジティブなコメントを挟むというものだ。[47]

しかし、多くの著者は称賛サンドイッチの問題点をあげている。相手が称賛サンドイッチのポジティブな部分しか聞かず、その間に挟まれている嫌な内容を無視してしまう傾向があるといったものだ。[48]対して、人間の脳はネガティブな情報に反応するようにできているため、称賛が無視されてしまうと主張する人もいる。[49]

聞く人（または読む人）によっては、どちらも真実だと思う。研究では、初学者は自分を助けてくれる情報や確証のある情報を好むとされており、専門家は率直な情報や価値のある情報を好むことが確認されている。[50]

したがって、自身の能力に不安を感じる初学者は、自分が良い仕事をしている確証を求めるため、称賛だけを受け入れるかもしれない。一方、率直な評価を求める専門家は、批判のみを重視し、称賛サンドイッチの称賛部分をご機嫌とりとみなしてしまうかもしれない。

従業員やクリエイティブワーカーはプロジェクトを絶えず渡り歩き、オフィスの内外で仕事をし、自由な時間や休暇を思いのままに楽しんでいる。そのため、成果に対する率直で建設的なフィードバックをやりとりする能力を身につけることは、雇用側や同僚の立場であっても非常に重要だ。信頼志向の職場環境は常にフィードバックに溢れているべきだし、[51]あなたのプロダクトやプロセスについても、さまざまな立場の人からの頻繁なフィードバックがあるべきだ。[52]

アジャイルソフトウェア開発のコミュニティでは「プロダクトリリースに伴う痛みや時間消費が大きい場合、リリースをもっと頻繁に行うべきだ」とよく言われている。そうすれば、人は痛みをなくして簡単に終わらせる方法を学ばざるを得ない。建設的なフィードバックでも同じことが言える。これまでの業績評価は、年1回の実施で範囲が長かったために、大きな痛みを伴いながら著しく時間を消費してしまっていた。クリエイティブワーカーにとって、その課題は明白だ。どうすれば**毎日**フィードバックができるのか？　フィードバックラップは、まさにそれを実現する方法だ。少しの経験を積めば、15分も掛からない時間でフィードバックラップを伝えられる。そして、フィードバックラップは**お願いする**のも簡単になる。

もちろん、この方法は**テキストによる**フィードバックがすべてとなるため、言葉は慎重に選ばなければいけない。テキストで書く場合、「たぶん」や「少し」や「〜のように見える」など、言葉に柔らかさを加える必要がある。また、ボディランゲージで伝えられないことは、敬意を込めた文章に翻訳する必要があるだろう。決して忘れないでほしいのは、対面の会話とは違い、テキストによる会話には、「それを忘れて長い時間が経った後でも、ふと目にしたときに思い起こさせられる」という性質があるということだ。あなたのすべてのメールがNSAに読まれ、プレスにリークされ、敵に分析され、あなたの義理の母に送られることを想定して書こう。言い換えると、文章はきちんと書かなければいけないということだ。

それでも、他者の解釈はほとんどコントロール**できない**。しかし、人が口頭でフィードバックを伝えたり、受け取ったりするのが得意であるかのように装うのはやめよう。テキストか口頭かはさておき、フィードバックに対する反応は、相手の精神状態や自分自身との葛藤によって決まると考えている。自己批判、後悔、プライドなど、人としてごくありふれた精神状態で考えていると、フィードバックに対する反応は想定外や非論理的なものになる。[53]口頭だろうがテキストだろうが、いくら言葉をこねくりまわしても、人間の暴走を止めることはできない。

それでも私は、あらゆる人間関係において、対面の会話がまず重要であることは認めている。しかし、テキストによるフィードバックは、適切なドキュメントを作成すること、繊細な問題により慎重に対応すること、観察結果や感情や価値をバランスよく伝えることにも役立つ。そして最も大事なのはフィードバックラップの素早さと頻繁さであり、誰もが（もはや実施しないほうがいい）予定された対面での業績評価を待つ必要がないということだ。

あなたのすべてのメールが
NSAに読まれ、
プレスにリークされ、
敵に分析され、
あなたの義理の母に送られることを想定して書こう。

## ラップを終えて

システム思考者の間では、「組織の成果の95%はシステム全体によるものであり、個人によるものではない」ということがよく知られている。大半の成果が、クライアント、ツール、プロセス、他の環境要因など、自分のコントロール範囲外のものとの相互作用の結果だとしたら、個人に対してパフォーマンス評価を実施するのはほとんど意味がない。[54]

組織が必要とするのは、信頼志向の職場環境だ。意図的に信頼を育めば、皆は熱意を持ってパフォーマンスの問題を発見し、解決するようになる。成果の5%にしか責任が及ばないのに、個人の成果を気にするだろうか？　それよりも、お互いにフィードバックを伝え、受け取れるようにし、個人と個人がお互いにどう作用していくかの方を気にすべきだ。なぜなら、組織の成果の残り95%は、個人と個人の相互作用によって生まれるものだからだ！

フィードバックラップは個人とシステムの改善の両方に役立つだろう。同時に、このプラクティスは、良好なコミュニケーション、気遣い、関心の一致、能力開発、コミットメントの表明を通じて、信頼を生み出していく。**信頼**志向の職場環境を構築していくことで、結果志向の職場環境への道が開かれる。そこで皆は、柔軟な労働時間、リモートワーク、無制限の休暇、さらには組織全体で共有できるゴールや目標を手に入れることができるはずだ。

最後に、**間違いなく**言えるのは、「フィードバックラップは、決して対面の会話に代わるものではない」ということだ。コーチングや自己啓発の代わりにもならない。それらは他の方法で対応する必要がある。しかし、このシンプルで小さなプラクティスは、同僚たちとの信頼構築に必ず繋がるはずだ。システムのパフォーマンスを向上させ、良好なコミュニケーションとフィードバックによってモチベーションを高められるようにする。そして、万が一の場合に備えて、その結果を業績評価のように記録に残すこともできる。しかし、私はあなたはそうしないと信頼している。

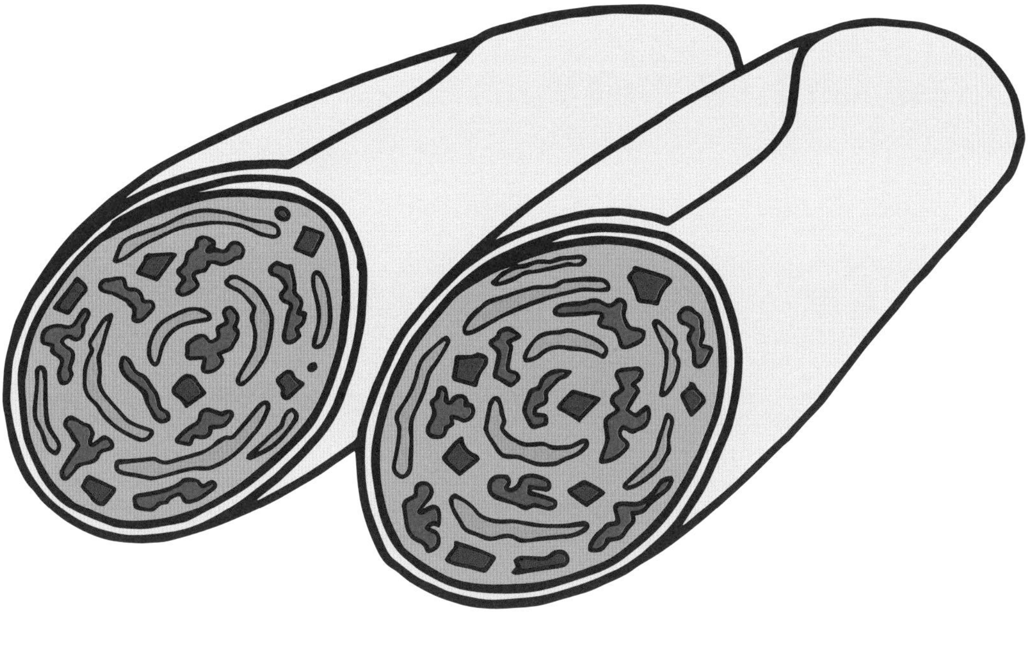

## サンプル

**To:** ジェイソン・リトル
**From:** ヨーガン・アペロ
**件名:** リーンチェンジマネジメントのイントロダクションの章に関するフィードバック

こんにちは、ジェイソン！

家でランチを食べながら、テキストファイルをNotepad++〔訳注：人気の高いテキストエディターの一種〕で確認しているよ。実は今朝、私の音響機器が販売店からまだ届けられていないので、ちょっと苛立ちを感じてるんだ。でも！　君の文章評価に影響がでないようにはしたいと思っている。そんなことを言いながらも、外は天気が良さそうだ。:-)

**フィードバック：**

- 「ロケット手術」のジョークは良かった。意図的に書いたのかなと思ったけど、そう捉えるよ。こういうのが増えるといいね。**（感情：楽しい）**
- ホテルの一節も良かった。目に浮かぶようだった。**（感情：面白い）**
- 「やっかいな人間」の言及や「変化の抵抗」を引用しているのがよかった。君がちゃんと人間を評価しているのがわかる。**（感情：感謝）**
- 「無意味さ」への言及もいいね。これは君の姿勢を表現していると思う。**（感情：感謝）**
- 「よく焼けたクレームブリュレが差し出される」の表現もいい。メタファーが素晴らしい。ぜひ使い続けよう。**（感情：感謝）**
- スタイル〔訳注：文章において、文体、用語、表記などに一貫性を持たせること〕の問題：「リーンスタートアップで不確実性をうまくマネジメントするために」この部分の意図が汲み取れなかった。本のこと？　ムーブメントのこと？　コンセプトのことかな？**（感情：混乱）**
- 私の意見だけど、文章の流暢さが不足しているところがいくつかあるように思う。おそらく、文体を揃えるための見直しがまだなんだと思っているよ。**（感情：特になし）**
- いくつかの誤字もありそうだ。例えば“the my experience,”“as a being a”“none of it stuff.”とか。これに関しては、スペル・文法チェッカーのほうがもっとうまく指摘してくれると思うので、私は指摘しないでおくね。**（感情：ちょっと苛立ち）**

**提案：**

- 毎回レビュアーに文章を送る前に、スペル・文法チェッカーを使おう。
- また、声に出して文章を読んでみるのもよさそうだよ。そうすると、頭ではわかっているけど舌が追いついてこない文章がいくらか出てくると思う。そしたら文体の問題に気づきやすくなるかな。

もうスタイルを揃える作業に入れるところまで来ていると思う。次はそれでどれだけ変わるかを楽しみにしてるね。

それでは。
ヨーガン

## 始め方

フィードバックラップのエクササイズを使えば、リモートコミュニケーションのスキルをすぐに高められる。

1. フィードバックできるものは常に周りに溢れている。自分が使っている新しいソフトウェアアプリでも、自分が読んでいる記事でも、友人のために自分がレビューしている文章でも、自分がテストしているWebサイトでも、自分が滞在しているホテルでも、今ちょうど自分が注文したデリバリーサービスのプロダクトでもいい。今日、自分の周りで起きたことをふりかえってみよう。何かフィードバックできることをひとつかふたつ見つけて、伝えてみよう。

2. フィードバックラップが良かったかどうか、改善点が見つけられたかどうかを相手に聞いてみよう。

3.. フィードバックを受け取った相手を注意深く観察してみよう。相手はあなたが伝えたことを建設的なフィードバックとして捉え、行動を変えようとしているだろうか？

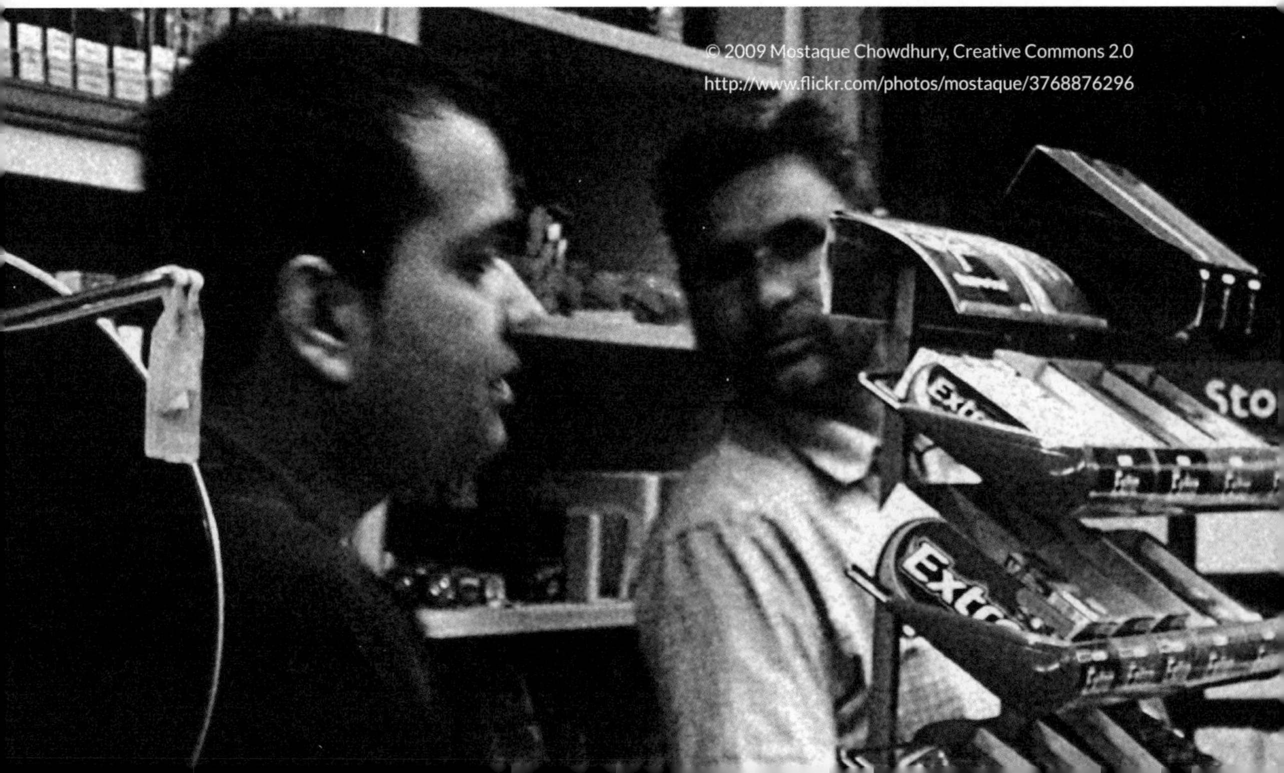


© 2009 Mostaque Chowdhury, Creative Commons 2.0
http://www.flickr.com/photos/mostaque/3768876296

## Tipsとバリエーション



*Nonviolent Communication: A Language of Life*（邦題：NVC 人と人との関係にいのちを吹き込む法）の本を読んでみよう。[55]フィードバックを伝える際のよく似たアプローチが書かれている。

対面で建設的フィードバックを伝えようとするとき、会う前に2、3回ほどフィードバックラップを練習する。

対面で会話する状況であれば、ステップ1（状況を説明しよう）は省略できるだろう。

このフィードバックのテクニックは、相手がやったことの素晴らしさを伝えるときにも使えるということを忘れないでおこう。

建設的フィードバックの前後に建前で称賛をとってつけるのはやめよう。多くの場合、相手を混乱させるだけだ。

私は子どもたちに同じようなフィードバックのテクニックを使っている。今やだいぶ穏やかな親になってきた！ :-)

フィードバックラップをKudoカードやハピネスドアなどの他のプラクティスと組み合わせて使おう。

フィードバックは熱いうちに伝えよう。相手に（直接にしろリモートにしろ）対面で会う機会がつくれない場合、待つよりもテキストで伝えるほうがいいことが多い。

NVCでは提案でなく要求で終わるのが好ましいとされている。「さて、あなたに事実、私の感情、私のニーズをわかってもらえたところで、私から次のことをお願いしてもいいですか？」

私の場合、良いフィードバックをテキストで伝えるのに30分は掛かってしまう。しかし、称賛サンドイッチよりも良い結果を得られるため、有効に時間を使っていると言える。

私は評価用の記入フォーマットでフィードバックラップのテンプレートを使っている。状況、観察、感情、ニーズ、提案の5段階のステップを使うのはとても便利だと思ってもらえたようだ。

対面でフィードバックを伝えたとしても、フィードバックラップで話したことを後のためにメモしておこう。状況が改善しなかった場合、そのメモが役に立つかもしれない。

さらなるアイデアをm30.me/feedback-wrapsで見つけよう。

第8章

# メトリクスエコシステムとスコアボードインデックス

成果を計測するための最善の方法

その日が終わり、労働を終えるまで仕事を計測するな。

エリザベス・バレット・ブラウニング
イギリスの詩人
(1806-1861)

組織で成果を計測する際、やり方を間違っていることが多い。そのため、良いメトリクスのための12のルールを学ぶべきだ。これによって、学びや改善の手段として計測を考える文化が確立され、皆がメトリクスのエコシステムに参加する組織になる。

私はこの文章を書く直前、お気に入りのカフェでSサイズのラテと一緒にバナナケーキを食べた。フィットネストラッカーには300キロカロリー（アメリカの友人は「カロリー」と呼ぶ）が登録されたことになる。家のフルーツジュースを使い果たしてしまい、朝食とランチに水しか飲んでいなかったため、こんな行動をとってしまった。その日のカロリー摂取の目標値には遠く及んでいなかったのだ。そう、バナナケーキを見るまでは。

毎日のカロリー摂取量の他にも、自分自身や自分の仕事に対して計測できることはたくさんあった。ブログ投稿のページビュー、月間のユニークビジター、Googleランキング、ワークショップのネットプロモータースコア〔訳注：ユーザーがそのプロダクトやサービスを他のユーザーにどれだけ推奨したいかの観点で計測した指標〕、カンファレンスセッションの評価、メーリングリストの購読者、Happy Mellyのステークホルダー、Management 3.0認定ファシリテーター、支出と収入、流動性〔訳注：期日までに決済できる力があるかどうか〕やソルベンシー〔訳注：預金や借金を返せる力があるかどうか〕、月間の本の売上、毎日の歩数など、他にも山ほどある。私はそれらの数値を眺め、もっとうまく計測する方法の調査に多くの時間を費やすことがある。おそらく、私は自分を計測するためのメトリクスの数を考え、それを超えた場合は自分を見直したほうがいいのかもしれない！

私のキャリアで計測に関して学んだことがあるとすれば、「メトリクスの計測方法は常に変化する」ということだ。これは、私が優れた計測方法をひとつに決められないからではなく、「同じことをやり続けなければ、ビジネスはもっと健康で幸せになれる」と考えているためだ。

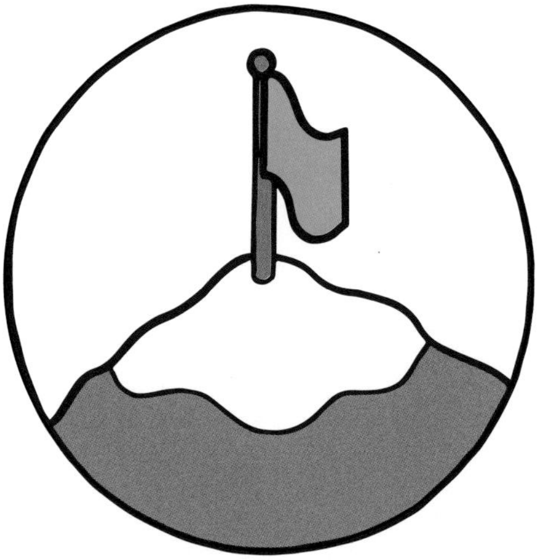

科学者たちは、幸せが人間の人生における大きな目的のひとつであることに賛同を示しているようだ。[1]それは理にかなっている。幸せが精神面の目的だとしたら、健康は身体面の目的だと言えるだろう。幸せや健康の指標は、問題を調べたり、どう改善していくかを決めたりするために必要だ。私たちは精神的にも肉体的にもより良い人生の送り方を理解するために計測する。組織にとっても、それは同じことだ。マネージャーとして知りたいのは、「青いピルと赤いピルのどちらを選択するのか、あるいはMの文字のカラフルなピル〔訳注：M&Msのお菓子のこと。作者は前述のとおり映画を見ながらM&Msを食べるのが好きなようだ〕を選択するのか？」ということだ。このような意思決定には、洞察が欠かせない。そして、洞察を得るには計測が必要だ。

**より良い生き方を理解していくために、**
**心身ともに計測する。**
**組織についても同じだ。**

「でも、計測は大変、数字は退屈、結果は憂鬱、牛は病気になり、馬は死んでしまう……」これらはすべて、良くない言い訳だ！　ほとんどの人は良い計測方法を知らない。自分の組織の後部に温度計をぶら下げながらマラソンを走らせ、走るのが遅いのは（そしてぎこちないのは）なぜかと首を傾げている。願わくば温度計を口に咥えたままでないことを祈るが、ほとんど計測せずに盲目的に走り回っているだけの組織が、木に衝突するまでスピードを上げて走り続けるのも不思議ではないだろう。

計測は簡単で、楽しくモチベーションを高めるものであり、あらゆる組織にとって最も重要な活動のひとつだ。計測されたものはマネジメントできるし、マネジメントされたものは実行できる。これは真実であり、よく使われる決まり文句だ。私の目的は、「フルタイムの作家になること」なので、本の単語数、週間のブログ投稿数、月間で書いた章数を計測している。Happy Mellyの目的は、「人々がより良い仕事をできるようにすること」なので、幸せで健康的な会社の事例を集める。Googleでは、すべての従業員が自分で目標を決めて追跡できるような透明性の高いシステムを持っている。[2]組織が望まない方向に進んでしまうのは、往々にして、正しい計測方法を使ってどこへ向かうかを見極められなかったからだ。[3]

組織と人間の身体を比較するのは、実はそれほど良い考えではない。魅力的な人の周りにいる場合は別として、身体の各部分は、たいてい計画したり決定したりしない。人間の身体は**生気のあるシステム**と呼ばれる一方で、組織は**目的のあるシステム**と呼ばれる。[4]組織にとって、都市は良いメタファーだ。都市は皆のコミュニティであり、そこに存在するたくさんの人は、それぞれ自分の目的を持っている。都市全体については、少数の管理者からマネジメントされており、通常、彼らによって独自の目的が与えられている。基本的には組織も同じことだ。ただし、都市は地理的な境界線によって定義されるが、組織は法的あるいは経済的な境界線で定義される。しかし、人間でも都市でも組織でも、すべてに共通して言えることがひとつある。それは、「目的に対して意思決定するために対象を計測する」ということだ。

- **ルール1：目的のために計測する**

## 代替と未知

健康はひとつの指標だけで計測できない。それは、幸せや他の多くのことについても言えることだ。「大事なことのすべてが数えられるわけではない」〔訳注：アインシュタインが言ったとされる言葉〕とも言われる。たいていの場合、私たちにできる最善の策は、現実に存在する事象の代替に過ぎない数値を使うことだ。そのため、結果は不完全なものとなる。掛かってきた電話の回数を記録することで愛は計測できない。[5]しかし、恋人からの電話が途絶えたことは、少なくとも何かを示している。電話が途絶えたからといって愛まで失われたと結論を飛躍させない限り、それはまだ有益な情報である（冗談抜きで、私はちょうど2分前に電話が掛かってきた！　それでちょっと幸せになった）。

不完全な情報から結論に飛躍するのに加え、**計測可能**な指標と**計測したい**対象とのギャップを認識していないことは、私たち人間が持つ大きな問題のひとつだ。例えば、これまで何十年もの間、政府は経済の健全性を計測するために国民総生産（GNP）を使っている。しかし、このよく知られた指標は、自然資源のコストを無視して経済的利益だけを示す。すなわち、植物や動物、人間の命については何の価値も認めていない！　自然災害によって大部分あるいはすべての生物が死滅した場合、通常、労働力や原材料の売上が上昇して国のGNPは**上昇**する。しかし、「経済の健全性が自然災害によって上昇する」ということに納得できるだろうか？　そんな馬鹿げたことは考えたくもないはずだ。

人の幸せと同じように、本当の意味での経済の健全性は計測できない。しかし、だからといって計測が不可能というわけではない。それどころか、計測できる対象はたくさん存在する！[6]少なくとも、不完全な指標を複数組み合わせることによって、私たちは自分たちの知らないことを減らすことができる。

**人の健康度と成果を測るには、多様な尺度が必要である。同じように、組織の健康度と成果を測るには、多様な尺度が必要である。**

ピーター・F.ドラッカーとジョセフ・A・マチャリエッロ『経営の真髄［上］』（原題：*Management*）[7]

例えば、国を越えて人の幸せを計測する指標は数多く存在し、競合している。[8]これらの指標は、独自の複雑な方法、変数、計算式で算出される。単体では不完全であるが、複数の指標を組み合わせることで、全世界の人の幸せが最も高まりそうな方向性を見出すことができる。組織においても違いはない。Googleが従業員の目標に対する進捗を複数の**成果指標**で計測させているのもそのためだ。[9]

あなたの仕事は、「**本当**に知りたい対象を、できうる限り近似できるような最善の（組み合わせによる）代替指標を見つけ出すこと」だ。未知を無視するような計測をすべきではないし、他者に誤った自信を持たせるべきでもない。不完全な指標を知らずに頼ってしまう場合、知っていながら指標を使わずに物事を進めるよりも危険なことになる！

私たちが必要とする最も重要な情報は、「知らない」か「知ることができない」のどちらかだ。[10]しかし、これはまったく計測しない理由にはならない。[11]私たちは結論に飛躍せず、未知の領域を開拓し続ける責任がある。

- **ルール2：未知を減らす**

## ビッグデータと小さな進捗

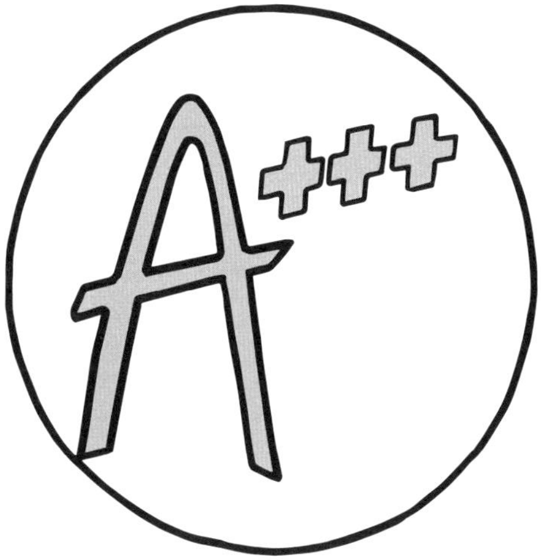

今の時代は、情報が少なすぎることよりも多すぎるほうが問題になりがちだ。多くの会社では、従業員の雇用人数、導入した研修数、ヘルプデスクへのコール数、機械の修理数、点検数、監査数、請求書の処理枚数、営業への電話回数、臨床試験数、特許出願数などのデータを把握している。[12]近年、**ビッグデータ**という言葉が流行っている。[13]これらのデータは多くの事象が起こっていることを明らかにするため、人を喜ばせる。「多忙な私たちを見て！」と言わんばかりに、少なくとも**いくつか**の数字は常に増加傾向にある。

しかし、すべてのメトリクスが同じように定義されているわけではない。フットボール（かサッカー）チームについて、ボール支配率、コーナーキック数、ファウル数、キーパス数、全パス数、最高報酬額などの統計データは非常に素晴らしく興味深いが、本当に重要なことは、チームが勝利するかどうかだけである！[14]明確なゴールを持たない組織は、「私たちは突き進んでいる！」と言い放ち、数字だけを報告したくなるものだ。このような数字はビジネスを見栄え良くするためのもので、**虚栄の指標**（vanity metrics）と呼ばれる。[15]

私自身、それを痛感している！　私も自分のブログ記事のページビュー数が大きな数字を叩き出したことを誇ったことがあるが、「本の執筆」という私のゴールにとって、それはまったく関係ないということがわかった。自分が実施したワークショップの高い評価を自画自賛して満足していたこともあったが、私が本当に目指すゴールは、「**他の**トレーナーがワークショップをうまくファシリテートできるようにすること」だった。組織が幸せで健康になるために必要なのは、忙しく見せたり、見栄えをよくしたりするのではなく、「自分の目的やゴールに対する**進捗**を実感すること」である。そのためには、自分が学び、改善していけるような計測方法が必要だ。

- **ルール3：改善点を見出す**

## すべてがすべてに依存している

作家のパフォーマンス計測は比較的簡単だ。この本のミスの責任はすべて私にある。しかし、あるテレビ番組で貢献している人たちを計測するにはどうすればいいだろうか？　ソフトウェアプロダクトは？　ソーシャルメディアのマーケティングキャンペーンだとしたら？　数十年前から、仕事のプロセスの相互依存性は高くなってきている。多くの人がチームやグループやネットワークで協働作業を行い、その役割も多様化してきているため、結果のどの部分に誰がどれだけ貢献したかを計測するのが非常に難しくなっている。すべてがすべてに依存している場合、ネットワークの部分ごとのパフォーマンス計測は不可能だ。ある病院の評価は、経営者の評価、医者や看護師の評価、患者の評価、それともその地域の平均的な生活水準の評価によるものだろうか？　学校の試験は、生徒、学校、試験委員会、あるいはその3者すべてのパフォーマンスを計測しているのだろうか？[16]

この複雑性に対処する唯一の方法として、「ある部分のパフォーマンスは、その依存関係全体で評価する必要がある」と捉えよう。つまり、「あるひとりの努力や成果は、その人自身の目的だけではなく、すべてのステークホルダーのニーズに照らし合わせて評価されるべき」ということだ。そう、ワークショップトレーナーは、自分の目的に沿って進捗状況を計測しなくてはいけない。しかし、彼らはまた、生徒、同僚、トレーニング組織、コースウェア製作者、会場所有者、政府、トレーナーのギルド、さらには配偶者のニーズも理解しなくてはいけない。それらを考慮すれば、トレーナーは自分の夢を実現させるために歩みを進めることができるはずだ。

全体最適に近道はなく、

複雑系が本当に最適化されることはない。

> **システムのパフォーマンスは、その構成要素の相互作用の結果だ。**
>
> ラッセル・L・アッコフ *Re-Creating the Corporation*[17]

本当に重要な目的は「顧客を喜ばせること」であり、「組織のパフォーマンスをすべてのステークホルダーに渡って最適化するのは数学的に不可能」と主張する人もいる。[18]その主張には同感する。これは複雑系科学が発信するメッセージのひとつだ！　複雑な環境において、システム全体を最適化するのは不可能である。それどころか、最適な状態がどこにあるかもわからないだろう！　すべての複雑適応系は、目に見えない適応度地形〔訳注：遺伝学者であるシューアル・ライトが提唱した生物の進化に関する3次元モデル。高さ方向を生物の適応度で表している。このモデルでは、ある生物の進化の道筋が山を登るような形で表現される〕の上で**適応歩行（adaptive walk）**を繰り返すことによって、最適なパフォーマンスとなり得る地点を探索していく。[19]これは決して直線的な道筋にならない。全体最適に近道はなく、複雑系が本当に最適化されることはない。脳の働きも、自然の働きも、生態系の働きも、インターネットの仕組みもそうだ。

「あるクライアント（顧客、株主、従業員など）にとっての良いことが、そのまま他のすべてのクライアントにとっても良いことになる」と仮定して最適化するのは、いささか単純すぎる。すべてのクライアントのために最適化するのを「非常に難しい」と言い訳にしてはいけない。さあ、システムの一員になろう！

- **ルール4：すべてのステークホルダーを喜ばせる**

## 主観性と再帰性

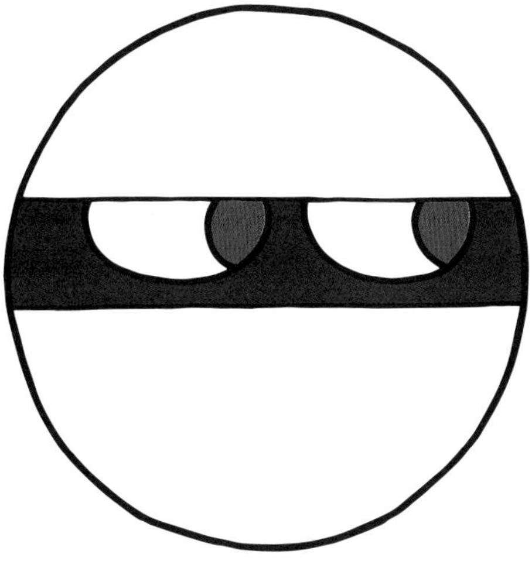

私は以前、ある会社でワークショップを開催し、従業員と一緒に幸せの指標について議論したことがある。そこで彼らは、マネジメント層が3ヶ月ごとに社内の幸福度を計測しており、全員が綿密に作り込まれたオンラインフォームに入力しなければならないことを話してくれた。苦労の末、マネジメント層は、社内の幸福度が3.8から3.5に落ちたということを報告した。私は従業員たちに「この計測結果に

ついてどう思いますか？」と聞いてみた。すると会場後方から「私は嫌いだ！」との声があがり、他の何人かも頷いているようだった。どうやら、この会社では、マネジメント層による幸福度の計測方法が彼らの幸せを**破壊していた**ようだった。このメトリクスが幸せにしていたのは、マネージャーだけだったかもしれない！

計測には、研究や科学を連想させるという魅惑的な側面がある。科学において、観察は非常に重要な部分だ。また、リーンスタートアップ、カンバン、スクラムなどのビジネス改善の方法が仕事の計測に大きく依存しているのは偶然ではない。計測は、分析や客観性とその解釈から成り立つ本質的に中立的な活動であると多くの人は考えている。[20]残念ながら、社会的な文脈では、そういった高い理想はほとんど達成されない。

人々の生産性を計測すると、彼らは自分の仕事にもっと注意を払うようになり、結果として生産性は上がる。この現象は、**ホーソン効果**（Hawthorne Effect）と呼ばれている。冒頭のエピソードのように、幸福度を計測すると、チームはマネジメント層に対する良い（または悪い）印象を持つことになり、それがチームの幸せに影響を与える。プロジェクトの規模を見積ろうとすると、たくさんの要求が追加されることになり、見積額は上がる。生産ラインの最後に品質テストを実施すると、作業者に安心感が生まれる結果、潜在的なリスク増加と品質低下を招くだろう。

> データをとる行為は客観的でも中立的でもない。主観的な行為であって偏りを持たざるをえない。しかも、それは対象を変えるのみならず、データをとる者を変える。注意を向け、データをとるという行為そのものが価値を加える。

ピーター・F・ドラッカー『経営の真髄［下］』（原題：*Management*）[21]

これは**リスク補償**（risk compensation）と呼ばれている。本の売上増加のニュースは、さらに売上を増加させる。**割れ窓理論**（broken window theory）によると、オフィスで事務用品の盗難があった場合、盗んだ人の数を公開しても、残った事務用品を盗難から守ることにはならない。むしろ、盗難が増加する可能性がある。これらの例が示しているのは、「観測者はシステムに影響を与え、システムは観測者に影響を与える」ということだ。これを複雑系科学では**再帰性**（reflexivity）と呼ぶ。**観測者効果**（observer effect）に立ち向かう唯一の武器は、さまざまな社会背景において使用される「科学的な方法」に対する常識と懐疑的な姿勢だ。

- **ルール5：そのまま数字を信用しない**

## 目標による管理（MBO）

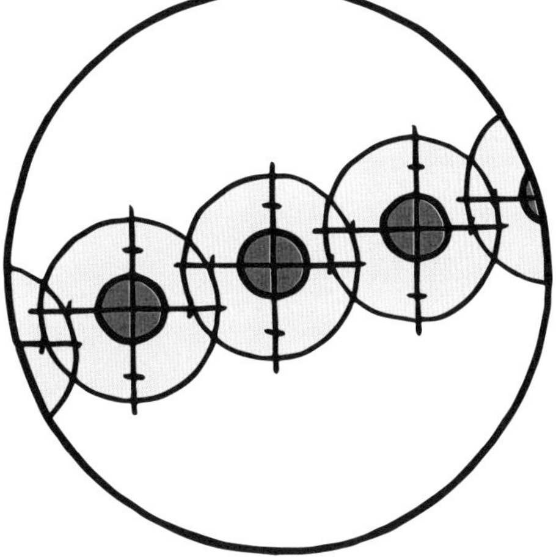

この本を書いている間、私はひと月に2章書くことを目標とした。毎月その目標をクリアできたわけではないが、そういった形で自分に進捗を強制しなければ、目的は達成されないと考えていた。他にも、睡眠時間（7時間以上）、1日のカロリー摂取量（2,500キロカロリー以下）、1週間のブログ投稿数（3回以上）を目標として設定している。自分が設定したゴールに到達するために、自分を計測し、自分の目標を設定する。

まさにこの目的のために、ピーター・ドラッカーは**目標による管理**（Management By Objectives, MBO）を提唱した。この方法は、マネージャーが組織の目的を明確にし、自分の仕事に目標を設定してゴールに向けての進捗を計測するためのものだ。目標は他者に迷惑を掛けない限り、何を設定しても問題はない。特に、ドラッカーは「マネージャーが自分自身のコミットメントを果たせずに目標未達が続くようなら、そのポジションを他の皆のために明け渡すべきだ」[22]とも言っている。私も同意だ。組織の改善に向けて人を鼓舞するのに失敗し続けるのであれば、私もまた別のキャリアを見つける（か少なくとも別の本を書く）べきだ。

悲しくも、MBOは誤解され、誤った形で運用されてしまうことが多い。マネージャーは目も当てられないコミュニケーションによって決めたゴールを達成するため、他の人の目標を設定し、さらには間違って計測された指標に基づいて、他の人をクビにする。[23]例えば、コールセンターの従業員は、顧客の問題を解決するよりも、通話時間を短縮するほうにプレッシャーを受けることがある。[24]マネージャーが誤った指標（通話時間）を使う理由は、最善の指標（顧客の幸福度）を計測するよりも簡単であり、つい最も簡単に定量化できる指標で計測してしまうからだ。こういった目標を加えることで、従業員は、大切なこと（顧客を支援する）ではなく、目に見えること（電話時間を減らす）を行うようになってしまう。このように歪められたMBOの運用は、人のモチベーションを下げ、組織を破壊する方向に進ませる。これはドラッカーが狙った意図とはまったく正反対のものだ。[25]

目標設定は危険だ。完璧な目標を設定する方法はない。他の人に目標を設定した途端、彼らは本来の目的ではない別の目標を推し進めるだろう。**グッドハートの法則（Goodhart's law）**では、「ある計測結果が目標になると、それは適切な計測ではなくなる」と言われている。あなたが取り得る最善の策は、目標を曖昧にし、自分のなかに留めておくことだ。単一の目標を設定するのではなく、曖昧な目標で数値の範囲や方向性を持たせる。[26]Googleはこの問題を解決するため、従業員に**困難な**目標を複数設定させ、すべてを達成**できなくてもいい**というメッセージを強く伝えた。その結果、目標は単一の固定されたものではなく、範囲と方向性を持ったものになる。[27]

**目標は他者に迷惑を掛けない限り**
**問題にはならない。**

私は、この本の目標をきっちり売上部数10万部とするのではなく、6桁の売上部数といった形で曖昧に設定できる。私にとっての良い目標は他にも、良く眠ること、必要以上にカロリーを取らないこと、執筆量を今の水準以下にしないことがあげられるだろう。これらの目標をすべて達成するのは非常に難しいが、間違ってもあなたに押し付けるようなことはしない。

- **ルール6：曖昧な目標を設定しよう**

## 評価とコントロール

アメリカのマネジメント界隈の文献では、マネージャーはスポーツのコーチに例えられ、クリエイティブワーカーはプレイヤーやアスリートに例えられることが多いが、これは残念なことだ。これらの異なる領域の結果の計測方法を見ると、このメタファーは成立していない。プロスポーツの目的は、勝敗を決めるために（コンピュータ、審判、決定者、審査員によって）勝利回数、得点、持ち上げた重量、走行距離や時間などを計測することにある。これらは常に誰かひとりだけ勝つことのできる**ゼロサムゲーム（zero-sum games）**なのだ！ NBA、NFL、FIFAのデータ分析能力に触発されたのかもしれないが、多くの組織で、マネージャーも

またチームのパフォーマンスを数値化するためのより良い方法を模索している。[28]しかし、組織にとって最も必要なのは、プロジェクトを納期内に完了できたか、コードを何行書いたか、テストを正常終了させたか、新規顧客をどれだけ獲得したかなどでクリエイティブワーカーを評価することだ。クリエイティブワーカーは非**ゼロサム**（non-zero-sum）ゲームをしている。これは誰もが勝てるゲームなのだ！

例えば、トヨタのようなプロフェッショナルな組織では、マネージャーがチームのパフォーマンスを評価するための計測はしない。強制やコントロールなど管理上の都合というよりも、従業員が自らを改善していくためにメトリクスが使用可能になっている。[29]Googleも同様であり、すべての従業員は、自分自身のために目標（objective）と成果指標（key results）を設定するだけだ。[30]真に変革を望む組織では、計測は可能な限り評価と別に行われなくてはならない。[31]メトリクスがコントロールの道具として使われている限り、計測方法は、権力の行使、恐怖、政治といった類のものをもたらしてしまう。チームを計測するための「最善の」パフォーマンスメトリクスを見つけ出そうとしているマネージャーに対して、私はこう言いたい。「他の人のパフォーマンスを計測する前に、自分自身をどう計測しているかを説明してほしい」と。

お願いだから
誰か他の人のパフォーマンスを計測する前に、
自分自身をどう計測しているかを
説明してほしい

他者を評価するのは**計測の機能不全**を起こすための完璧なレシピだ。組織の悪い行動は、メトリクスや目標の結果として現れる。こういった行動は、メトリクスの目的を妨げる。[32]この現象は、**キャンベルの法則**と呼ばれている。その内容は、「どんな定量的な社会指標でも、社会的な意思決定として使用された分だけ劣化圧力を受けやすくなり、監視しようとした社会的プロセス自体を歪めたり劣化させたりする傾向が強くなってしまう」[33]といったものだ。

すべてのメトリクスは自分自身を評価するためだけに所有し、使われるべきであることは容易に理解できる。[34]クリエイティブワーカーが計測を肯定的に捉え、自分の仕事や自分の管理下での成果を向上させるための力にするのが極めて重要だ。マネージャーにとっても違いはない。マネージャーの目的は、彼ら自身の目的だ。マネージャーが自分の管理下で計測したパフォーマンスは、マネージャー自身のパフォーマンスだ。アカウンタビリティを負っている人は誰でも、自分の仕事を改善するためにメトリクスが必要になる。おそらくアカウンタビリティの範囲はマネージャーとメンバーでは異なるだろう。しかし、結論は同じだ。私たちは自分自身を計測する。[35]

- **ルール7：自分自身のメトリクスを持とう**

## 報酬と処罰

ロボットとしての私の人生は短く憂鬱だった。私が12歳の頃、家族とフランスのキャンピングサイトで休暇を楽しんでいた。そのとき、キャンプ場の管理人は、子どもたち全員に自作の衣装を着せて中央の建物に招き入れた。私は1～2時間かけて、テントや母の台所用品を襲撃し、頭にグレーのゴミ袋を被り、ワインのコルク（フランスでは常にたくさんある）からボタンを切り出し、プラスチックカップで耳を覆い、頭にテントの切れ端をくっつけた。当時はまだ、ロボコップ、ターミネーター、スマートフォンのOSも発明されていなかった。私は究極のアンドロイドと化していた。私の兄弟と姉妹は喜び勇んでそれぞれ（私よりかっこよくない）衣装を着て合流した。管理人が優勝者を決定するまで、その場はすべてが素晴らしかった。優勝者？　そう、優勝者だ。それは私ではなかった。私はかなり気を落とした。ロボットの衣装は急激に色褪せたように見え始め、私はルービックキューブ遊びに戻っていった。

この問題については、私の本やブログで何回も取り組んできたが、ここで改めて言おう。インセンティブは問題をもたらす。報酬を得た人は一時的にモチベーションを高めるかもしれないが、そうでない人は著しくそれを失ってしまう。結果的には、ポジティブな結果よりもネガティブな結果のほうが大きくなる。皆のために用意した「月間優秀賞」は、何十人、何百人、あるいは何千人もの同僚たちを「月間敗北者」に仕立てあげる。クリエイティブワークの職場は、オリンピックの試合にすべきではない。

報酬の危険性は、それが機能してしまうことだ！　人は勝利を収めて報酬を得ることにモチベーションを感じるようになる。[36]しかし、報酬とされるもの（計測できるもの）は、本当の組織の目的（計測できないもの）とまったく同じではない。Googleでは、人々の目的や目標を昇進の材料として使わない。[37]これは完全に理にかなっている。

**親、教師、マネージャーがあなたの行動を判断し、その判断によってあなたに良いことが起こるか悪いことが起こるかが決まっているとしたら、その人との関係が悪くなるのは仕方がないだろう。あなたは学びや成長のために協調的に動くのではなく、良いことを手に入れるために、その人に自分のやっていることを認めてもらおうとする。**

アルフィー・コーン *Punished by Rewards*[38]

なぜなら、人は短期的な目標や結果が最も重要だと認識すると、もともと設定した長期的な目標を見失い始め、会社にとって本当に必要な方向性から少し逸れるような意思決定をし始めるためだ。[39]これは意図せざる結果の法則あるいはおっとボーナスが会社を傾けちゃったの法則と呼ぶ。

- **ルール8：メトリクスを報酬に結びつけてはいけない**

## システムをゲーム化する

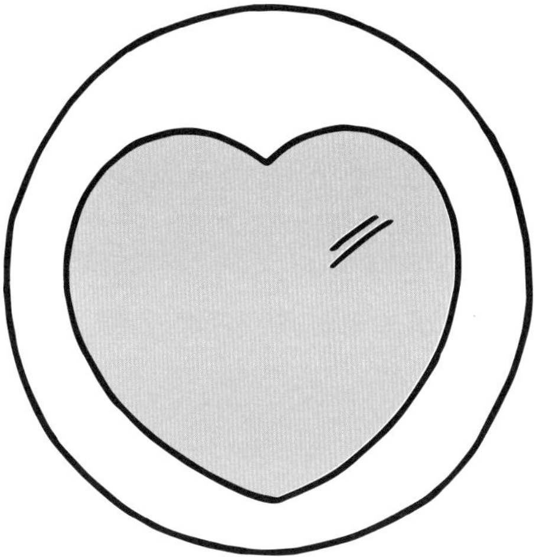

メトリクス、目標、インセンティブを用いた**成果主義**の環境は、ゲーム好きな人にとってはぴったりな場所だ。一定の成果に対して報酬を与えるシステムは、人の行動を露骨に操作しようとするものになる。これをゲーム化と呼ぶ。マネジメント層はルールと数字を使い、そこで働く人と一緒にマネジメントゲームをしている。しかし、実際のゲームはマネージャーが期待したものとは異なる。人の行動を操作するために設計されたシステムの場合、そのなかには、自分の利得のためにシステムを「利用する」ことを企む人もいる。皆が招待されるのはそういった場だ。実際に行われているのは、そこで働く人がルールを利用するのを決めたゲームだ。マネジメント層が成果主義によって皆を操作するのが認められるなら、マネジメント層を操作するために皆が同じシステムを使うことだって認められる。ゲーム理論や複雑系理論は、その

ゲームの勝者を予測するだろう。[40]

私は夜遅くにe-mailを送るようにして「深夜労働」の評価を稼いだ人の話を聞いたことがある。ランチタイムに定期的にスペースキーを何度も押して「キーストローク数」で評価を稼いだ人の話も聞いたことがある。1日に2回会社に出向いて、コンピューターに出勤と退勤を登録し、「8時間勤務」とした人の話も聞いたことがある。しかし、なぜクリエイティブワーカーがこんなことをしなければいけないのだろうか？　朝に出勤する際、毎日の目標やインセンティブを楽しみにしながら、「今日は自分に都合が良くなるようにどれだけシステムを利用できるかな？」と考える人はどれだけ存在するのだろうか？　ゲームをプレイする**機会**を準備するだけでは不十分であり、それに対する**モチベーション**も必要となる。[41]私は、目的、価値、誠実さ、コミュニティへの帰属意識が欠如している場合のみ、人はこういった行動をとってしまうと確信している。

共有された価値観や透明性があると、システムに不正を働きたくなる気持ちを抑えることができる。皆がお互いの誠実さや善意を認識したほうがいい。つまり、皆にすべての数字やルール、メトリクス、目的を知る権利があるということだ。Googleでは、従業員は自分の目的を従業員用ディレクトリに配置しており、皆がトップも含めて互いの成果を見られるようにしている。[42]世界の情報を構成し、皆が参照でき、便利に使えることを大目的として掲げているGoogleだからこそ、これは理にかなっている。

メトリクス、目標、インセンティブを使ってずる賢くゲームに不正を働くのを避け、価値観と計測の透明性を高くし、皆がそこに内発的動機を感じられるようにすべきだ。そうすると、皆はうまくゲームに乗りながら、自分の仕事を改善するための自己評価の情報を問題なく得ることができるだろう。

- **ルール9：価値観を広め、透明性を高めよう**

## 人間性の軽視

私は自分が数字好きであることを自覚しているが、たまに、数字が少し……生気のない気もする。多くのマネージャーは数字から情報を読み取るが、そこでは感情的な重みが伝わらない。数値化されると、誰かが一生懸命働いた結果は単なる統計になり、血と汗や涙はスプレッドシートに変わってしまう。それぞれの情熱や悲劇もありきたりのグラフや表になり、ボタンを押すだけ

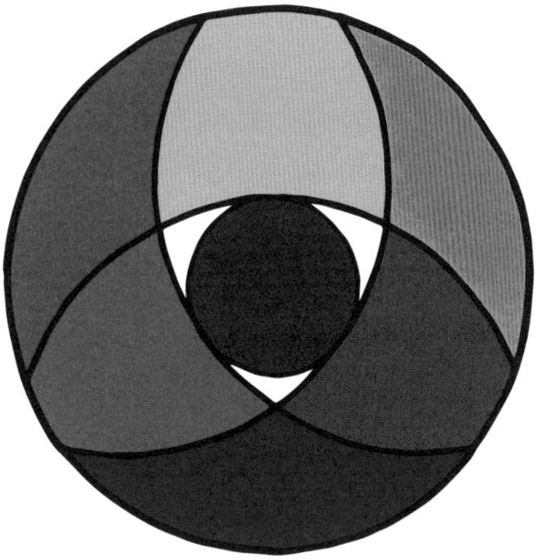

で、ピボットテーブルやチャート作成ウィザードの力を借りて、喜びや痛みが図や数字に形を変えてしまうのだ。計測によって仕事の本質は失われてしまう。マネジメント層は、従業員に何が起こっているかを実際に見るのではなく、数字で見るようになる。

健康的な組織になるためには、「ピープルマネジメント」「フロアマネジメント」「ビジュアル（見える化）マネジメント」などを含めたすべてのマネジメントが不可欠だ。仕事場には、毎日のミーティング、チャート、グラフ、ボード、色分けされた情報を掲示できる。環境が許容できる限り、皆は同じ場所に集まり、情報は彼らに近い場所に配置される。[43] メトリクスによる組織の改善は重要だが、データの背後で起こっていることがわかれば、計測結果はもっと有効に活用できる。

ときには、数字が必要とされないこともある。スケッチ、落書き、色づけなどの情報が数字以上の意味を伝えることもある。名前が書いてあるだけの付箋よりも、マグネットボタンで貼りつけた誰かの顔が写った写真のほうが視覚的なインパクトは大きい。インターネットに存在するきれいに描かれたインフォグラフィックは、退屈な表やグラフよりも人気がある。たくさんのカラフルなイラストがちりばめられたビジネス書が好まれる理由を考えたことはないだろうか？

- **ルール10：ビジュアル化して人間らしく**

データの背後で起こっていることがわかれば、
計測結果はもっと有効に活用できる。

## 少なすぎるし遅すぎる

どのくらいの頻度で心臓の診察を受けるべきか？　飛行機に搭乗する際、どのくらいの頻度で時計をチェックしているか？　どのくらいの頻度で車のタイヤがパンクしていないかをチェックすべきか？　どのくらいの頻度で配偶者がまだ幸せでいてくれるかをチェックしているか？　こういった質問に対する良い答えはひとつしかない。「問題が大きくなってリスクがコントロール不可にならない程度に十分な頻度であり、おそらく今よりも頻繁に行うことになる」だ。問題の症状が出てくるまで計測を遅らせてはいけない。定期的なチェックをしないと、診断や介入が手遅れになるかもしれない。

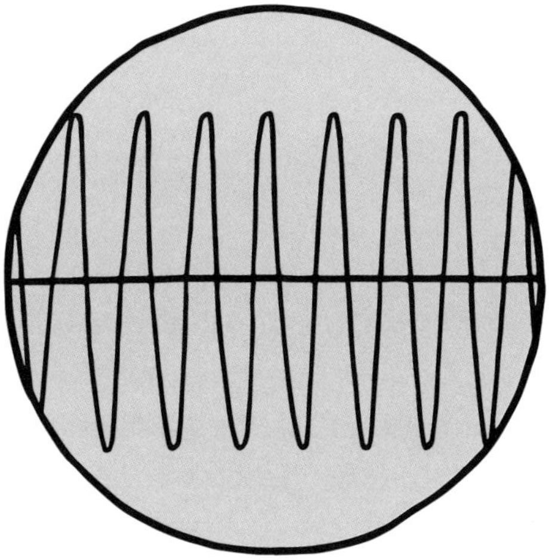

世界中に存在するアジャイルやリーンのコミュニティは、頻度の高い計測が意味を持つことを学んでいる。顧客のニーズはプロジェクトの開始時に限らず、毎週のように議論される。プロジェクトの進捗は月1回ではなく、毎日共有される。プロダクトの品質テストは四半期に一度ではなく、継続的に実施される。そして従業員の幸福度は3ヶ月に1度ではなく、常にモニタリングされるべきだ。

たいていの場合、「うまく計測すること」は、「今よりも頻繁に計測すること」を意味する。また、遅行指標に先立って現れる先行指標を見つけ出すことも重要だ。優れたシェフは都度料理の味見（先行指標）をしないが、ゲストに提供してフィードバック（遅行指標）をもらう前に味見する必要はあるはずだ！　（遅行指標）[44]

私の経験だと、自分自身に対するリマインダーやトリガーの設定がこれに相当する。そうしないと、計測が必要なことを私は忘れてしまう。チェックリスト、アラート、通知が無い場合、重要ではなく、緊急のことだけに手をつけてしまう。そのため、私はリマインド用に繰り返しタスクを設定している。Happy Mellyのタスクボード上の問題解決に要した合計時間と平均時間、Management 3.0のライセンスワークショップの月間開催数、私が読んだノンフィクション本の使えそうな名言のチェックといったものが、私の繰り返しタスクだ。私はキャッシュフロー、利益、債務、債権を毎月チェックし、本の売上やブログの統計についても同じくチェックする。本の執筆の際、章が完成するたび単語数を数え、車で出張するたび走行距離を記録する。そうだ、さらに私は、誰にKudoカードや感謝のひとことを送るべきかをチェックするためのリマインダーも毎日設定している。

- **ルール11：素早く頻繁に計測しよう**

## 停滞とひとりよがり

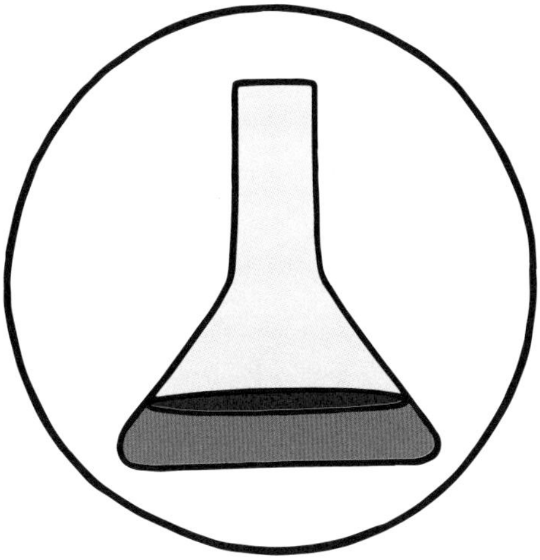

これまで11の課題とメトリクスのルールについて述べてきたが、個人的に11という数字が好きではないので悩ましい。12番目を考えるという目標を課そうと思う。11は駄目だが、12は良い。これは私のなかに残っている宗教的な気質なのかもしれない。幸運にも、計測の調査でまだ触れていない課題がひとつ残っている。停滞という問題に触れていないのだ。

多くのマネージャーは、自分の組織で「メトリクスの唯一解」を見つけ出すという終わりのない旅路にいる。彼らは、計測が私たちの仕事の一部であることに気づいていないようだ。そう、計測自体が仕事なのだ。環境は常に変化し、私たちの仕事もそれに合わせて変わることを考えると、メトリクスにも同じことが言えるのではないのだろうか？　ビジネスの変化に合わせて、メトリクスも変えていく必要がある。メトリクスは診断ツールとして捉えるのがいいだろう。症状の分析や改善のアクション前後の変化を理解するために計測する。そのメトリクスが有効である間は同じやり方で計測し続けられるが、そうではなくなった場合は別のメトリクスにしたほうがいい。計測に聖杯は存在しないのだ。

新しい計測方法や別のメトリクスを試すことを躊躇する必要はない。[45]人、チーム、組織は適応し、それぞれの計測方法に慣れていくだろう。このタイミングは、停滞とひとりよがりが起こる兆しでもある。ある程度時間が経ったら、別のことを試してみるのもいいだろう。別のメトリクスに変えることは、異なる観点やわかっていなかったことに気づけるだけでなく、ひとりよがりを防ぐことにもなる。そして、幸せで健康的な状態を好む複雑適応系にとって、定期的に変化の刺激を与えるのは良いことだ。

- **ルール12：別のことを試してみよう**

やった！　私たちは、より良い計測のための12のルールを見つけ出した。

さあ、学んだことを具体的にマネジメントとして実践していく前に、ルールを見直してみよう。

### ルール１：目的のために計測する

計測する理由を常に理解しておく必要がある。計測自体はゴールではなく、目的を達成するための単なる手段ということを忘れてはいけない。すべては***Why***から始まる。

### ルール２：未知を減らす

ある指標は、あなたが本当に知りたいことを代替しているに過ぎない。結論に飛びついてはいけない。未知の領域を狭めていくことを常に心がけよう。

### ルール３：改善点を見出す

良さそうに見えるものだけを計測してはいけない。周りには大量のデータが溢れているが、より良い仕事のためにやるべきことに集中しなければならない。

### ルール４：すべてのステークホルダーを喜ばせる

あなたの仕事は他の人に依存しており、他の人の仕事もあなたに依存している。ひとりのステークホルダーのためだけに最適化してはいけない。複数の観点から自分の仕事を計測しよう。

### ルール５：そのまま数字を信用しない

観測者は常に自分のメトリクスに影響を及ぼし、さまざまなバイアスに苦しまされている。報告された数字には、健全で懐疑的な態度をとろう。

### ルール６：曖昧な目標を設定しよう

人は目標を設定する際、本来の目的ではなく目の前の目標に集中してしまう傾向がある。これを回避するために、目標を曖昧に設定しよう。

### ルール７：自分自身のメトリクスを持とう

皆は自分の仕事に責任を持っており、メトリクスはその仕事の改善に役立つ。そのため、皆は自分のメトリクスに責任を持つべきだ。





### ルール8：メトリクスを報酬に結びつけてはいけない

報酬は内発的動機を破壊し、組織の機能不全を招く。皆が好きでやっている仕事にインセンティブを与えてはいけない。

### ルール9：価値観を広め、透明性を高めよう

人は賢いため、どんなシステムもゲーム化してしまう。システムの不正行為を防ぐためには、価値観や意図に加え、誰もが使っているメトリクスを透明化しよう。

### ルール10：ビジュアル化して人間らしく

数字は人間性を見失う傾向がある。数字を色や絵に置き換え、実際の仕事が行われてる現場の近くで計測しよう。

### ルール11：素早く頻繁に計測しよう

ほとんどの人は十分な頻度で計測していない。リスクや問題が膨れ上がってコントロール不能にならないように素早く計測しよう。

### ルール12：別のことを試してみよう

同じことをずっと続けるのは良いアイデアではない。環境は常に変化しており、計測方法や対象についても同じことが言える。



## 統合とスケーリング

ビジネスコンサルタントやマネジメントの専門家が、何十年、いや何世紀にもわたって悩まされてきた大問題の門の前に私たちは辿り着いた。どうすればメトリクスを統合していけるのか？　どうすれば**あなたの**メトリクスが**私の**メトリクスと繋がるのか？　どうすれば**チームの**メトリクスを選択できるのか？　どうすれば複数のチームのメトリクスを組織全体のための輝かしい**フレームワーク**に統合していけるのか？

ここで重要なのは、組織は都市やコミュニティと同様に複雑適応系であることだ。システムの各部分は、自分の目的、アイデンティティ、価値観、夢といったものを持ちながら、システム全

体に貢献していく。そのシステムもまた、隣のシステムと同様、自分の目的やアイデンティティを持つ。そして、いくつかのシステムと一緒に一段高いレベルでさらに大きなシステムを形づくる。常にこんな風だ。水平にも垂直にも相互依存しているのだ。

メトリクスの統合が失敗してしまうのは、この複雑性の理解不足によるものだ。組織を機械のように扱うと、その道は途絶えてしまう。個々の部分を交換したり改善したりするだけでは、システム全体は改善されない。一方で、部分ではなく「全体を改善しろ」と全員に指示することもできない。なぜなら、全体にはたくさんの異なるレベルが存在するためだ。結果として、何が「全体」なのか誰も納得しない。これらは異なる2つの問題であり、切り分けながらひとつずつ説明する必要がある。

ひとつめの問題（個別最適）の例は、**バランススコアカード**という有名な手法の一般的な使い方に見られる。[46]バランススコアカードの良い点は、マネージャーが複数のメトリクスを使って異なる観点からパフォーマンスを分析できるところだ。悪い点は、バランススコアカードの説明が飛行機の操縦室でダッシュボードを見ているようなものになるところだ。つまり、マネージャーは機械を操作している。[47]

**全体最適化するために適したメトリクスの組み合わせは**
**存在しないため、**
**それを試すのは**
**やめておいたほうがいい。**

このメタファーが正しいのは、飛行機の各部品にそれぞれ自分自身の意思があり、パイロットにフィードバックすべき情報とそうでない情報をコントロールできる立場にある場合に限ると思われる。飛行機の各部品は、飛行中に仕事を辞めて別の飛行機に収まることができる必要もあるだろう。両翼は「予定通り」と報告し、ジェットエンジンのパフォーマンスを悪く見せようとする。エンジンはホイールと言葉を交わさないし、尾翼は秘密裏に独立してスカイダイビングのビジネスを始めようとする。ダッシュボードには客観的な計測値が表示されていない。その状態で、パイロットは計器に青信号が灯っているのを見ながら、山に向かって一直線の飛行経路を進んでいる。社会的文脈においては、明らかにメトリクスに関する機械のメタファーは合っていない（パイロットのメタファーが従来型マネージャーに対してウケが良いのが悲しいところだ）。

ふたつめの問題（全体最適）の例は、組織を「それぞれが生き残ろうとする個々の生体の集合体」と比較することに見られる。心拍数、血圧、MRIスキャン、便の検査は、症状の調査や問題の発見に役立ち、その人にとっての健康や幸せに繋がるかもしれない。しかし、この組織と生体の比較は、心臓が三本目の足になることを決意し、左肺が脳になる野望を持ち、両眼がお互いに足並みを合わせようとする気持ちを十分に持たず、性器がリモートワークを主張する状況に限って成立する。全体最適は良い考えであるし、医者は明らかにすべての患者の健康や幸せに貢献できる。しかし、曖昧で多数の異なるレベルの全体が存在する組織において、皆に「全体を最適化せよ」と指示するだけではいささか単純すぎる。全体最適化するために適したメトリクスの組み合わせは存在しないため、それを試すのはやめておいたほうがいい。[48]

組織は目的のあるシステムだ。部分はそれぞれの目的を持ち、全体もまた目的を持つ。このパターンはフラクタルとして構成される。つまり、個人はチームやコミュニティ（複数の場合もある）の一部であり、チームやコミュニティは部署（おおよそ複数となる）の一部であり、部署はビジネスユニット（横断の場合もある）の一部であり、ビジネスユニットは企業の一部であり、企業は都市や産業の一部であり、都市や産業は国の一部だ。

目的やメトリクスはどこにでも存在する。また、競争と協調の終わらないゲームのなかでお互いに衝突し、調整している。ときには意見を対立させ、ときには協働する。これは統合が失敗した結果ではなく、すべての複雑適応系が持つ「機能」なのだ。つまり、彼らは相互依存したネットワークとして進化し、変形していく。生態系を考えてみよう。インターネットを考えてみよう。遺伝子のプールを考えてみよう。ビジネスを機械のように捉え、部分最適するのは大きく間違っている。なぜなら、（まだ現時点では）機械は自分自身だけで進化することはないからだ。ビジネスをひとつの生体と捉え、全体最適化を試みるのもまた間違っている。なぜなら、通常、ひとつの生体は自分自身を変形させることはできないからだ。あなたは組織をコミュニティのように捉えなければいけない。コミュニティは目的とメトリクスを持つだろうが、すべてのメンバーも同じように目的とメトリクスを持つ。

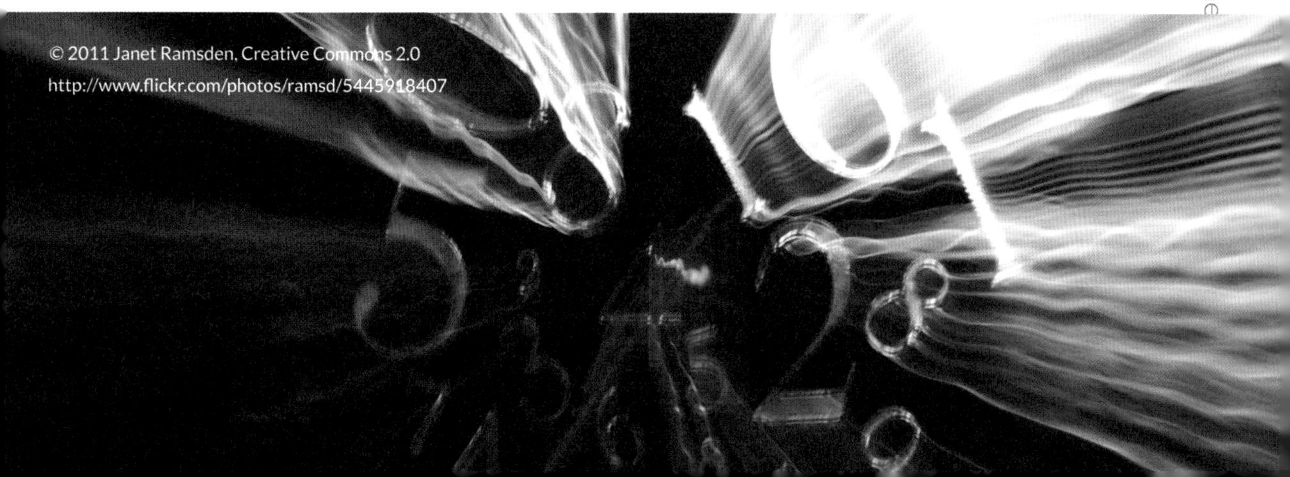

ネットワーク化し、自己組織化している複雑系において最も必要とされないのは「論理構造に従って設計された包括的な計測の階層構造」だ。[49]論理的であることは科学的であり、科学は、物事がボトムアップに成長かつ進化すべきだと示唆している。そのため、トップダウンできれいに設計された計測フレームワークの提案は無視しよう。

私たちに必要なのは、組織の進化と変革に役立つメトリクスの哲学だ。部分間やレベル間の個々のメトリクスは、競争することもあれば、協調することもある。衝突することもあれば、調和することもある。総合的なメトリクスの階層を作る方法は存在しないので、そこまでやるのは止めておこう。

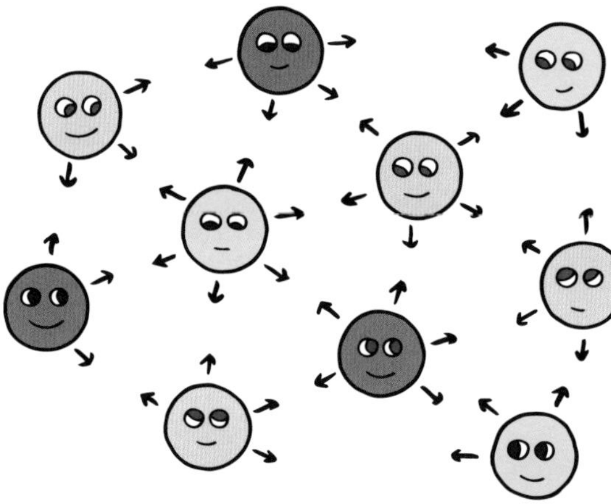

この問題に対する解決策は、組織にいるすべての個人が自分自身のメトリクスを持つことだ。すべての人は、自分にとって重要なことを自分のコントロールできる範囲で計測する責任が与えられており、自分の目的を持つことができる（ルール1）。彼らが自分自身を計測できるようにすれば、自分のメトリクスを改善し（ルール2）、自分の仕事を改善する（ルール3）ためのモチベーションになる。同時に、彼らは直接的な顧客だけでなく、相互依存しているすべての人の観点の範囲で仕事を計測すべきだ（ルール4）。自分のメトリクスに責任を持つということは、自分や自分の顧客が計測にどう影響を与えているかを意識していくことになる（ルール5）。いくつかの目標を設定したい人もいるかもしれないが（ルール6）、メトリクスも目標も自分以外の人のために設定されるものではない（ルール7）。そのため、何のインセンティブもない（ルール8）。すべて

が透明であるからこそ、皆はお互いの意思やメトリクスを観察し、それに対応できる（ルール9）。これは人間性の軽視を防ぐのにも役立つだろう（ルール10）。自分のメトリクスを完全にコントロールできるようになると、必要に応じて頻繁に計測したり（ルール11）、好きなときにメトリクスを変えたりするのは簡単だ（ルール12）。別の言い方をすると、成長に必要なのはメトリクスのエコシステムなのだ。

それぞれのメトリクスは更新頻度や見える化の表現方法などすべてが異なるため、各人がスコアカードやメトリクスのダッシュボードを作成してもあまり意味がない。なぜ**月間利益**と**毎日の摂取カロリー**を同じダッシュボード上に配置しなければならないのか？　「すべての情報が簡単に手に入るのであれば、フレームワークを設計する意味はない」と私は思う。

## スコアボードインデックス

マネージャーにとって最も困難なことのひとつは、ビジネスのパフォーマンス指標となる良いメトリクスを考え出すことだ。結局のところ、それは何がKPI（key performance indicators）になり得るかに行き着く。しかし、完璧な計測方法が存在しないとしたら、何ができるだろうか？

この問題は実際にはそう難しくない。いくつかの他の文脈で十分に解決されている。例えば、どんな市場でも最も一般的に使用されているKPIは何だろうか？　答えは簡単だ！　それは株価指数である。つまり、株価の加重平均や合計で表される値だ。あなたのビジネスの文脈においても同様に考えることができる。

第一に、「顧客のエンゲージメントをもっと高く」や「Webサイト上のアクティビティをもっと多く」のように定性的な目的から始めよう。特定の瞬間における限定された目的だけに集中したくなる人もいるだろうし、誰も置き去りにしないように、すべてのステークホルダーとそのニーズをリストアップしたくなる人もいるだろう。このプラクティスにとって、両者の違いは重要ではない。

第二に、目的（かステークホルダー）ごとに「週ごとのページビュー」あるいは「週ごとのブログコメント数」のようないくつかの定量的なメトリクスを設定する。課題をさまざまな観点から捉えられるようにするため、それぞれの目的やステークホルダーは複数の計測方法で表すべきだ。ひとつの指標だけに頼ってはいけない！

| | | 不満 | 幸せ |
|---|---|---|---|
| 顧客エンゲージメント | 目標 | 下限値 | 上限値 |
| アクティブ顧客率 | 指標 | 0% | 100% |
| プロファイル最新率 | 指標 | 0% | 100% |
| イベント回数 | 指標 | 0.0 | 2.0 |
| ネットワークの成長 | 目標 | | |
| 合計ユーザー数 | 指標 | 75 | 250 |
| 顧客獲得率 | 指標 | 0% | 10% |
| 実践者の成長 | 目標 | | |
| ブログ投稿数 | 指標 | 0 | 100 |
| 認定数 | 指標 | 0 | 10 |

第三に、それぞれの指標について上限値と下限値を設定する。つまり、これは、あなたがとても幸せだと感じる数字とかなり不満に感じる数字というわけだ。例えば、私はこの本の売上部数が1万部を下回ったらかなり不満だろうし、10万部を上回ればとても幸せになるだろう。これらの上限値と下限値は明らかに主観的な判断だが、それでいい。あなたに必要なのは、ひとりのメンバーとして、ひとつのチームとして、ひとつのビジネスとして自分のパフォーマンスを計測するための基準となる範囲だ。そして、自己評価は常に主観的なものになる。

次にやるのは、週1回のペースでの計測値の収集だ。もちろん、毎日モニタリングしたいこともあるだろうし、月間でしか計測できないデータもあるかもしれない。しかし、（私にとって）自分の仕事の（再）優先順位付けを考えると、週1回のペースで観測するのがちょうど良いリズムになる。

| | 11月 9日 | 11月16日 | 11月23日 | 11月30日 | 12月 7日 | 12月14日 |
|---|---|---|---|---|---|---|
| | 11月15日 | 11月22日 | 11月29日 | 12月 6日 | 12月13日 | 12月20日 |
| 顧客エンゲージメント | | | | | | |
| アクティブ顧客率 | 47% | 47% | 48% | 47% | 47% | 48% |
| プロファイル最新率 | 47% | 46% | 46% | 47% | 47% | 49% |
| イベント回数 | 0.84 | 0.81 | 0.82 | 0.73 | 0.75 | 0.82 |
| ネットワークの成長 | | | | | | |
| 合計ユーザー数 | 133 | 135 | 136 | 139 | 144 | 146 |
| 顧客獲得率 | 3.8% | 3.7% | 3.7% | 9.4% | 9.0% | 8.9% |
| 実践者の成長 | | | | | | |
| ブログ投稿数 | 22 | 27 | 28 | 29 | 34 | 35 |
| 認定数 | 0 | 0 | 1 | 1 | 2 | 2 |

| | 11月 9日<br>11月15日 | 11月16日<br>11月22日 | 11月23日<br>11月29日 | 11月30日<br>12月 6日 | 12月 7日<br>12月13日 | 12月14日<br>12月20日 |
|---|---|---|---|---|---|---|
| **指標** | 29.4% | 29.8% | 31.6% | 39.6% | 41.6% | 42.6% |
| 顧客エンゲージメント | | | | | | |
| アクティブ顧客率 | 47.4% | 46.7% | 47.8% | 47.5% | 46.5% | 47.9% |
| プロファイル最新率 | 23.3% | 23.0% | 23.2% | 23.7% | 23.6% | 24.7% |
| イベント回数 | 42.1% | 40.4% | 40.8% | 36.7% | 37.5% | 40.8% |
| ネットワークの成長 | | | | | | |
| 合計ユーザー数 | 33.1% | 34.3% | 34.9% | 36.6% | 39.4% | 40.6% |
| 顧客獲得率 | 37.6% | 37.0% | 36.8% | 93.5% | 90.3% | 89.0% |
| 実践者の成長 | | | | | | |
| ブログ投稿数 | 22.0% | 27.0% | 28.0% | 29.0% | 34.0% | 35.0% |
| 認定数 | 0.0% | 0.0% | 10.0% | 10.0% | 20.0% | 20.0% |

計測してしまえば、先ほど設定した上限値と下限値を使って、0から100の間ですべての計測値を表現できる。例えば、本を2万5千部売り上げた場合、メトリクスのスコアとしては27.8%となる（この数字は1万部と10万部に対する割合となる）。

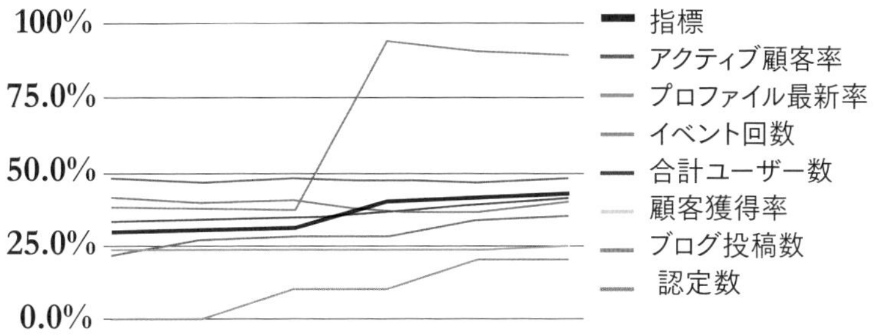


最後に重要なのが、メトリクス全体から週ごとの指標を算出することだ。すべての計測値を0から100に変換すると、あとは簡単に平均値を算出してパフォーマンス指標にできる。それぞれの計測値をカラフルな線でプロットし、パフォーマンス指標を黒の太線でプロットすることもできる。これはほとんど株価指数と同じようなグラフであり、指標はシステム全体を横断した（希望としては）正の傾向を表すことになる。

まとめよう。まず、すべての目的やステークホルダーを横断していて、定期的な取得がそれほど難しくないメトリクスをスコアボードにするところから始める。次に、それらを正規化して重み付けする方法を見つける。そして平均値を算出する。私はこれを**スコアボードインデックス**と呼んでいる。あなたはボードに表されたスコアと算出したひとつの指標から自分のパフォーマンスを評価する。これによって、週ごとの仕事の優先順位付けができるようになる。この方法であれば、特定の計測値に対して中立を保てるし、グラフで見える化されているので状況把握も簡単だ。

この指標のアプローチをパフォーマンス計測に適用する利点は、主要な計測値の連続性を気にしなくてよくなるため、メトリクスが入れ替えやすくなることだ。株式市場では個々の銘柄はかなり頻繁に入れ替わっているが、それを気に留める人は誰もいない。気にしているのは「上昇傾向にあるのか？」「下降傾向にあるのか？」といった全体の指標なのだ。

複数のメトリクスから算出された指標は、全体のパフォーマンス傾向を表すものとして、2つの長所を併せ持つ。つまり、個々のメトリクスが表す事象についての柔軟性を維持しながらも、**ひとつ**の事象を最適化できるようになるのだ（確かに、異なる種類の計測値を同じ尺度に変換するためには数字の扱いに長けた人の助けが必要だ。それはまあ、金曜の午後にでも、その誰かに任せておけばいいだろう）。

完璧なメトリクスは存在しない。個々のKPIだけでは、ひとつかふたつの事象の最適化に執着してしまう危険性がある。特に、金銭的なインセンティブが伴うとその傾向は強まってしまう。そうなると、別の次元でビジネスのパフォーマンスを危険に晒してしまう。しかし、スコアボードインデックスを使ってパフォーマンスを計測し、算出した指標に基づいてコミュニケーションすることで、システムがゲーム化されてしまうリスクはかなり軽減できる。

スコアボードインデックスは、良いメトリクスのための12のルールのうち、少なくとも7つは満たしている（何を満たしているか言えるだろうか？）。完璧なプラクティスは存在しない。このプラクティスについても、さらに改善するか、他のグッドプラクティスで補完する方法があるはずだ。少なくとも、スコアボードインデックスはパフォーマンスを反映した指標であり、あなたのビジネスにとっての重要なプラクティス（key practice for your business）となるだろう。

## 始め方

フィットネスの経験がある人なら、どんなワークアウトプログラムでも自分自身を対象にした計測が重要であることを知っている。組織にとっても同じことだ。最善の方法で計測を始め、自分自身が手本となろう。

1. パフォーマンス計測のためにスコアボードインデックスかGoogleのOKRを学び、あなたのやり方で実験を始めよう。[50]

2. 定期的に計測結果を評価し、目的達成に向けた改善の学びに役立っているかどうかを確認しよう。

3. すべてのステークホルダー（あなたが所属しているチームやグループを含む）をリストアップし、各ステークホルダーの観点でパフォーマンスを計測しているかどうかをチェックしよう。

4. 彼らが興味を持つような形式で見える化し、実際の仕事場の近くに掲示しよう。

5. あなた自身のメトリクスを開示しよう。彼らにメトリクスを見てもらい、同じ形で開示するようお願いしよう。一緒に議論し、メトリクス上で気軽に協調したり競争したりしよう。

6. 組織全体に展開し、皆が自分自身の計測に責任を持つようにしていこう。

## Tipsとバリエーション



スコアボードインデックスはGoogleが広めたOKRに似ている。2つのプラクティスは簡単に組み合わせられる。

個人、チーム、ユニットは自分のスコアボードインデックスかOKRをつくれる。すべての人が自分自身の計測に対して責任を持つ。

目的や計測結果は組織の誰に対しても透明かつ利用可能にしなければならない。

目的と合わせて、常に「外側から内側に向けて」考える。これは、ステークホルダーがあなたがやろうとしていることに価値を見出せるようにするのを意味している。

下限値（不満）と上限値（幸せ）だけでなく、もっと多くの幸せの段階を設けることもできる。

数字の扱いに長けた人は、線形尺度よりも現実的な指数尺度を好むかもしれない。

すべての数字が赤や緑の濃淡で表示されるようスプレッドシードを設定した。この方法は施策がうまくいっているかどうかが簡単にわかる。

スコアボードの目的はワークフローボードのタグとしても使える。そうすると、どのタスクがどの目的に繋がっているかがわかるようになる。

チームの週次ミーティングで指標について（必要であれば個々の計測値についても）短く議論できる。

結果は視覚的に興味を引き、かつ豊富に提供すべきだ。そうしないと、計測は何の変化も生まない。

目的や目標を四半期間隔で選択する（OKR）のを好む人もいる。継続的な変化の流れ（スコアボードインデックス）を好む人もいる。自分に合ったものを選ぼう。

必要に応じて、目的とメトリクスを気軽に変えよう。あなたのゴールは学び、改善していくことであり、計測値の奴隷に成り下がることではない。

さらなるアイデアを m30.me/metrics-ecosystem や m30.me/scoreboard-index で見つけよう。

第9章

# メリットマネー

メリットに基づいて対価を支払う

お金で幸せは買えないが、悲惨な状況に陥っているときは、とても気持ちを楽にしてくれる。

クララ・ブース・ルース
アメリカの作家
（1903-1987）

仕事に対してモチベーションを損なうことなく報酬を与えることは、マネジメントにおける最も難しい課題のひとつだ。残念ながら、ほとんどの給与システムが従業員からは不公平だと思われており、専門家からは非科学的だと思われている。だからこそ、想像上のパフォーマンスではなく、実際のメリット（称賛に値する功績）に基づいた代替策を考えるのが賢明だろう。

ジョジョは会社を経営している。収益は良い状況だが、利益は変化が大きく安定しない。ある月は夏の閑散期を凌げるかどうかを心配し、別の月は次の顧客の殺到に銀行口座がパンクしてしまわないかを心配している。それなのに、ジョジョは毎月同じように、自分にはやや控えめな給料を支払っている。食費、抵当、小説に使うには十分だが、常日頃から欲しがっていたビンテージのイームズラウンジチェアを買うには不十分だ。

しかし、今日は自分の給料にいくらか金額を上乗せしようとしている。先月のノルウェーへの輸出では、ドイツの2倍の金額分を稼いだ。彼の中国の顧客からは、以前に渡していた請求書の支払いがついに来た。そして、ついに！　彼のマーケティングが見向きもされなかった2年間を経て、ようやくアメリカ人も彼のサービスに注目し出したのだ。ジョジョは、自分の業績がお祝いに値すると思っている。結局、すべてが彼の手によるものだろう？　たった一度でいいから、彼は個人口座に少しのボーナスを振り込もうかと考えている。そうすれば、次に読む小説を新しい椅子で楽しむことができるかもしれない。

そうしてはどうだろう？　彼は「稼いだ」のだから。

## お金を稼ぐ

ジョジョが1人の会社ではなく、もっと大きな組織に所属していたとしたらどうだろう？　何か違いはあるのだろうか？　多くの組織では、従業員は毎月安定した給料を得ており、それは組織が存続するために十分に保守的なものであり、従業員は生活費を支払うために十分なものだ。

しかし、ビジネスの景気が良く、**余剰金**がある場合はどうだろうか？　多くの場合、皆を昇給させることは選択肢にならない。なぜなら、それは持続可能であるとわかっている場合にのみ選択されるべきだ。オフィス設備の改善に使うのもいいが、たいていの場合、これは全員ではなく一部の人だけにメリットがもたらされる形になる。また、組織の銀行口座に貯金しておくこともできるが、これはある意味ビジネスオーナーに明け渡すことと一緒だ。

私は、クリエイティブワーカーは自身で**稼いだ**お金が与えられるべきと考えている。「働く人の主なモチベーションはお金ではなく（これは真実だ)、より大きな目的に向かって着実に進んでいきたいと思う意思である（これもまた真実だ)」と言うだけでは不十分であるし、「従業員の仕事に対して公平に給与を支払うにはどうすればいいか？」の質問に対して、「お金は皆のモチベーションにならない」と返すのは有益な答えではない。彼らが追求する目的が何にせよ、物事を実現させるためにはお金が必要なはずだ。お金を稼ぐのは良いことで、変化を持たせるのはさらに良いことだが、変化を持たせながらお金を稼ぐことは、すべてに勝る。

皆の収入は、組織の環境における相互作用の結果だ。組織の収入を完全に予測することはできない。したがって、彼らが得るものは、「(予測できる）定額給与」と「組織が分配可能である（予測できない）臨時給与」の合計となるべきだ。

**収入＝定額給与＋臨時給与**

お金を稼ぐのは良いことで、
変化を持たせるのはさらに良いことだが、
変化を持たせながらお金を稼ぐことは、
すべてに勝る。

## ボーナスシステム

> **新しく人を募集して、自社が面白みややりがいのある仕事で沸き立つ知的組織であると誇らしげに言うことに矛盾を感じることから、私の疑惑は始める。われわれは適正な基本給を提供する。しかし、そのとき、こう付け加える。「実は、最善を尽くしてもらえるとは思っていない。われわれが提供できる仕事および環境は、おそらく十分モチベーションを高めるものではないだろう。したがって、ボーナス・システムを雇用条件としよう。これを付け加えさえすれば、一層努力することが期待できると考えている」。意図したものではないが、この種のメッセージは、企業とわれわれの新しい仲間について、非常に多くのことを語っている。**

ブャーテ・ボグネス『脱予算経営への挑戦』(原題：*Implementing Beyond Budgeting*)[1]

貧しい街に住みついた疫病神かのようにビジネス界に浸透しているプラクティスが、**年次ボーナス**だ（第1章を参照）。このプラクティスは、マネージャーが人々に目標を与え、年次ボーナスを算出するというもので、業績、等級による格付け、役職、給与、残業、年齢、靴のサイズ、その他諸々の変数が使われるのが普通であり、根底にあるのは、「パフォーマンスに対してインセンティブを与える」という考え方だ。しかし、実際のところ、これは胡散臭くもある。

**従来のボーナス制度は、**
**人々のパフォーマンスについて**
**ポジティブな効果をほとんど示さない。**

数十年にもわたる研究により、従来のボーナス制度が、創造的なナレッジワークに取り組む人々のパフォーマンスにほとんど良い効果を示さないことが何度も確認されている。[2,3]むしろ、悪い効果を及ぼす可能性のほうが高い。[4,5]従来のインセンティブの制度については、問題点をあげるとキリがないほど数多く存在するが、ここで最も大切なことを紹介しようと思う。[6,7,8]

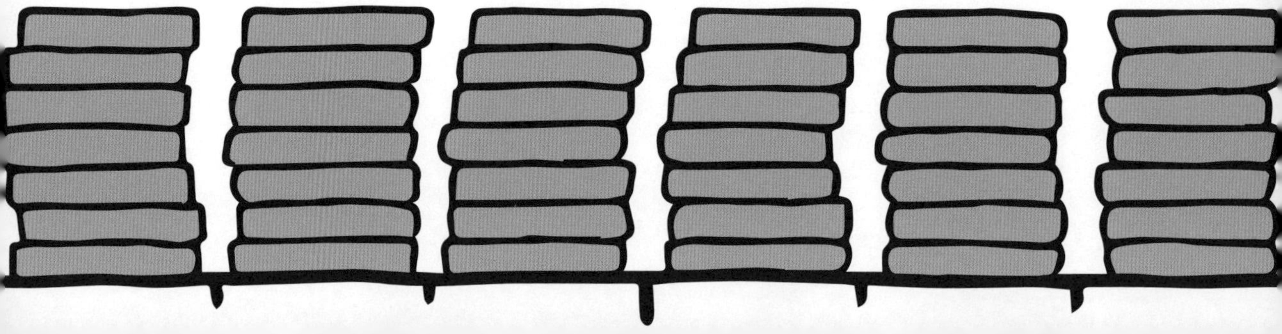

1 人は定期的な報酬に溺れてしまう。自分が予測しているだけの報酬を得られない場合、気を落としたり、罰せられていると感じたりするだろう。最終的には、モチベーションやパフォーマンスが阻害されてしまうことになる（第1章を参照）。

2 個人に対する報酬は、創造的なナレッジワークに不可欠なコラボレーションを破壊する。競争や不正行為を誘発し、メンバー同士、あるいはメンバーとマネージャー同士の関係を破壊してしまう。

3 従来のボーナスは客観的に数値評価される形だったが、現実は数値化するにはとても複雑すぎる。メトリクスでは、より良いパフォーマンスに必要なチームワークやコラボレーションなどのソフト面が無視されがちである（第8章を参照）。

4 報酬は、複雑な仕事に集中できないようにし、創造的な思考を惑わせ、ストレスを上昇させるという研究結果がある。イノベーションを起こすためにはリスクテイクや複雑なタスクが必要であるにもかかわらず、人はそれとは逆のリスク回避や簡単なタスクを好むようになる。

5 ボーナスが内発的動機と利他的な行為を損なわせるという研究結果もある。人は報酬を受け取るとすぐ「この仕事のために会社はボーナスを支払っているのだから、この仕事は楽しめないし、面白くないし、良いとも思えない」と考え出す。

通常、ボーナスは会社の利益に基づくことにも注意すべきだ。しかし、クリエイティブワーカーが自分の仕事を会社の利益に直接結びつけることは不可能である。なぜなら、利益に影響するほとんどのことは、システムの相互作用による結果と環境要因であり、自分ではコントロールできないものがほとんどだからだ。[9]

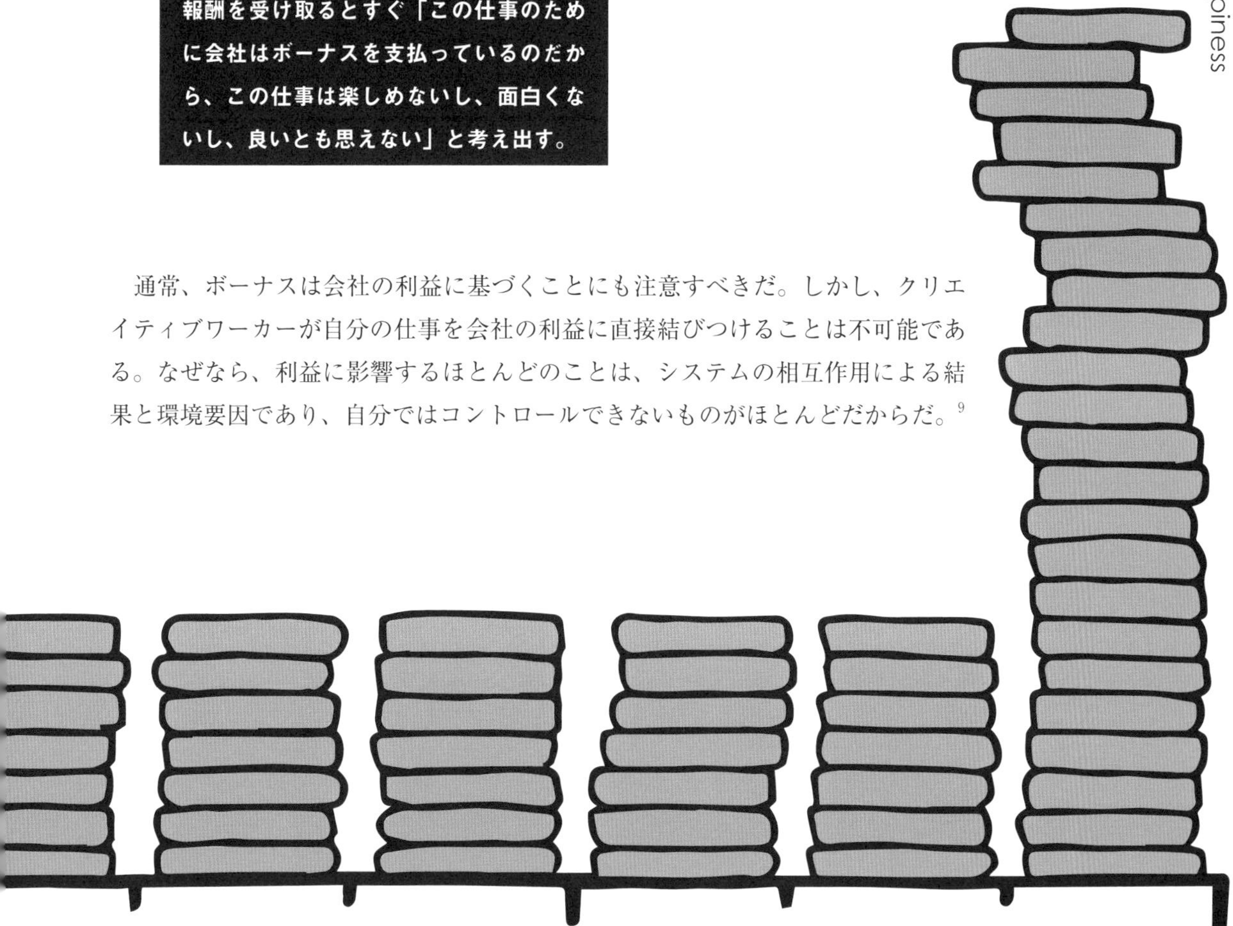

## フラットシステム

組織からボーナスそのものを取り除いたほうがいいと主張する人もいる。彼らの言い分は、組織のパフォーマンスの大半は人ではなくシステムにあるのだから、従業員間で変化を持たせないのが最善の策というわけだ。誰もが安定した給料に加え、(おそらくは) 同額の臨時ボーナスを受け取ったほうがいい。臨時ボーナスは一切ないほうがいいという意見もある。しかし、クリスマスボーナスに限っては喜ばれているようだ。予定された (つまり、約束された) ボーナスであり、組織にとって予定外の臨時収入の分配を目的としたものではないと捉えているからだろう。言うなれば、そういった人は、予定外の臨時ボーナスの無い**フラットシステム (flat system)** に賛同しているといえる。

私は、このフラットな給与制度は「従業員が本当に稼いだ分に対する報酬を支払うという課題に対応できない」と考えている。第一に、全体のおおよそ80%の人は、自分のパフォーマンスが平均以上と考える問題がある。[10]そのため、皆が同額の報酬を得る場合、80%の従業員は過小評価されていると感じるだろう (真実ではないかもしれないが、実際のデータなしで感情について論じることはできない)。第二に、たいていの場合、ビジネス活動における不幸な出来事は、給与額の抑制や突然の解雇によって吸収されるが、逆に幸運な出来事が起こったとしたら、臨時ボーナスと新しい雇用で喜びを分かち合うべきだ。人々に臨時ボーナスを与えない場合、彼らが失敗に伴う苦しみを負担する一方で、ビジネスオーナーは成功による利益を獲得する構図になる。こんな状況でモチベーションが高まる人はいないだろう。少なくとも私はそうならなかった。

フラットな給与の仕組みは、
従業員が本当に稼いだ分に対して報酬を支払う
という課題に対応できていない。

## メリットシステム

不確実な環境で運営している組織では、人々は予測可能で少しだけ保守的な給料を得るべきだと思う。一方で、環境の予測不可能な部分に応じて、臨時ボーナスを得ることも必要だ。給与と臨時ボーナスも平等ではなく、メリットに基づいて残酷なまでに公平でなくてはならない。このことから、前述の5つの問題を踏まえて、より良い給与制度のための現実的な制約を次のように提案する。

1 **給料は期待されるべきだが、ボーナスは期待されるべきではない。**
ボーナスには常に驚きが必要だ。ボーナスの頻度が増えて期待されてしまうようになったら、通常の給料に変更したほうがいい。

2 **収入は競争ではなく、コラボレーションに基づくべきだ。**
どのくらいの収入を得るべきかを決める場合、主な基準は共通のゴールに対する協同作業であるべきだ。

3 **パフォーマンス計測方法は、同僚からのフィードバックだ。**
共有された目的に対する貢献は、マネージャーではなく、同僚が見つけて評価するのがベストだ。すべての詳細はシステム全体しか知り得ない。

4 **給与システムを育てるために創造的な思考を使おう。**
人がどんなシステムもゲーム化できる（してしまう）ことを想定しよう。それを締め出すのではなく、迎え入れてサポートし、創造性を「利用」するのだ。

5 **内発的動機を育むような給与制度を使おう。**
好奇心、名誉、受容、熟達、その他すべての内発的動機を反映した形でお金を稼げるようにしよう。

もちろん、前述の提案を給与制度に簡単に組み入れることはできないが、私はさまざまなクリエイティブな組織でうまくいっていると思われるさまざまなアイデアを発見した。これらのアイデアには、行動経済学とも非常に相性が良いことがわかっている。[11]

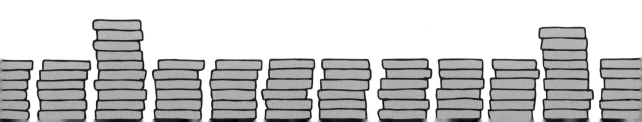

# 架空の通貨

定期的な給料ではなく、臨時ボーナスをメリットで稼ぐシステムは、組織のマネージャーなら誰でも始めることができる。この章の残りの部分は、あなたがマネージャーという前提で進める(個人の従業員でも可能だが、管理範囲が自分のお金だけである場合、自分自身にボーナスを再分配してもあまり意味がない)。お金の分配は繊細な話なので、このプラクティスは慎重に扱わなければならない。

最初にやるのは、**安全に失敗できる環境**をつくりあげることだ。現在の年次ボーナスの10%の金額を新しいシステムのために確保しておくことを検討しよう。あなた自身、あるいは不満を持った従業員の手で会社レベルの変革に火をつける必要はないのだ。肩の力を抜こう。失敗して学ぶことができる方法を始めればいいのだ。

次にやるのは、皆が時間を掛けて貯められる「メリット」を架空の通貨として準備することだ。**クレジット、ポイント、コイン、ハグ、ビーン、キャンディー、バナナ**など、自分たちのネットワークに対する貢献を表すものであれば何でもいい。現実のお金ではないというところが重要だ。マネジメント層が架空の通貨を現金に変換してもいいと判断するまで、架空の通貨の金銭的な価値はゼロである。架空の通貨を考えるにあたって、この章で私は**「ハグ」**という言葉を使う。理由は、ハグは明らかに金銭的な価値を持たないし、自分自身だけではなく、他者が必要になる行為だからだ(ただ、私は働いているときではなく、寝ているときになら自分自身をハグする傾向がある)。1ハグのユーロ、ドル、元などの通貨への交換レートはすべてゼロだ。

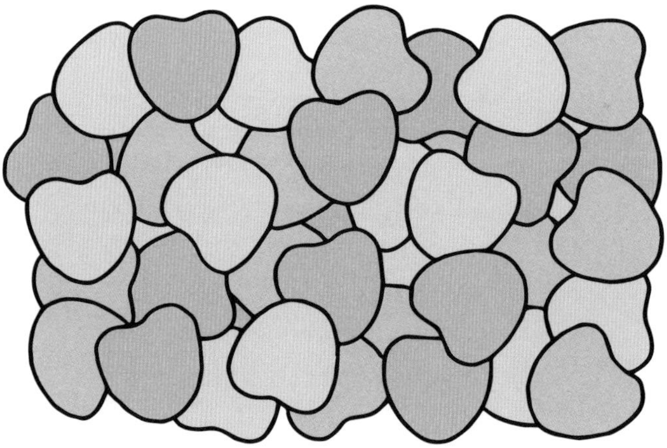

最後にやるのは、個人がハグを受け取る以外にも、組織単位でまとめて受け取れるようにすることだ。自己組織化チームにおいて、メリットを認識するのは比較的簡単だ。チームはお互いの個性をよく理解しているし、チームのコラボレーションに誰が貢献したかもよく知っている。締切前に記事の公開を手伝ってくれたチームメンバーが誰かを私は知っている。前回、コーヒー代を払ってくれたのが誰かも知っている（明らかに私ではなかった）。私の靴下を盗んだのが誰かも知っている（そう、それがどこにあるかも知っている!!）。一方、私は会計士から良いサービスを受けているが、それが彼自身のものなのか、彼の後ろに控えているチームがすべてを担っているのかを知らない。もっと一般化しよう。組織単位で代表者を立てて仕事する場合、通常、外側にいる人は代表者自身の仕事か組織全体の仕事かを見分けられない。したがって、あなたはマネージャーとして、組織全体がハグの恩恵を受けるに値するかどうかを判断する必要がある。

## 同僚からの評価

メリットシステムの核心部に足を踏み入れてみよう。次のステップでは、ハグの総量と分配の頻度を決定する。私のお勧めは月1回だが、他の頻度（週1回や四半期に1回）でも可能だ。

さて、ここからは楽しんでいこう。

メリットシステムの最も重要な側面は、各個人が皆の貢献を評価できるだけでなく、その意見の重みがすべて等しいというところだ。そのため、組織の全員が平等にハグを得ることになるが、**皆は自分のハグを他の人に渡さなければいけない。**[12]

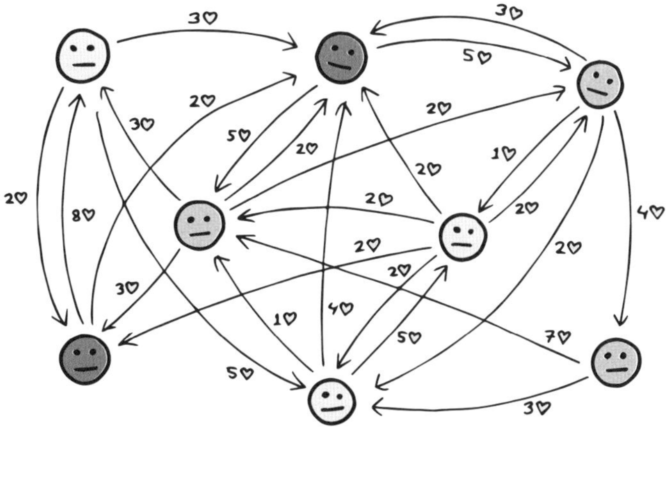

パフォーマンスやコラボレーションを
ひとつの定義に収めることは
誰もできない。
したがって、
私たちは皆の意見を平等に扱うべきだ。

あなたはメリットの市場を開拓したばかりだが、おそらく他の市場と同じように、予測不可能で驚くべき創造性を目の当たりにすることになる。自分のハグを等しくチーム全員に配る人もいるだろうし、称賛を受けたことや生産性を発揮したことを判断基準にする人もいるだろう。同僚が落ち込んで辞めようとしているのを助けてあげたら、ハグの半数をもらうこともあるかもしれない。自分のチーム以外の人や組織にハグを渡すことも可能だ。結局、仕事上の良好な関係性は形式的な組織の境界には収まらない。

メリットシステムの中心にある考え方は、「パフォーマンスやコラボレーションをひとつの定義に収めることはできない」ということだ。したがって、私たちは**皆の**意見を平等に扱うべきである。これは**群衆の叡智**として捉えることができる。[13]よくある給料交渉や年次ボーナス制度のように、報酬を**求める**のではなく、すべてのメリットは稼ぐ必要がある。社会科学的には、人間は他者の行動観察は得意だが、自分自身の行動評価は苦手だと言われている。[14]そのため、（同僚のフィードバックや他の人の評価を通じて）**ハグを稼ぐ**考え方に変えることで、（皆が平等な分け前としての）**ハグを求める**ことが初めて意味を持つことになる。

### 期待通りもらえなかった人はどうなるのか？

全体の80％の人は「自分のパフォーマンスは平均より高い」と考えていると言われている。しかし、ハグの分配で平均を超えるハグを獲得するのはおよそ50％の人だ。つまり、約30％の人は同僚に認められていないことに気を落としたり、自分の期待ほどではなかったと感じたりする可能性がある。こういった人には、次の選択肢がある。もっとうまくやれる方法を学び、誰もがオリンピックで金メダルを取れるわけではないという事実を受け入れるか、自分の貢献がもっと評価されるような別の場所を見つけるかだ。

ハグを配る基準は、共通の目的や、人々を鼓舞する価値観や原則に関連したものでなければならない。例えば、自分たちに問いかけるのはこういった質問だ。

「エンゲージメントを高めたり、仕事を改善したり、クライアントを喜ばせたりするために、誰かが何か助けてくれたことはあっただろうか？」「自分たちの目的達成に一歩近づけてくれたのは誰だろうか？」

健康的な組織では、個人の目標とチームの目標と組織の目標は混在している。そうなると、個人と組織のニーズの健康的なバランスを見つけ出すのは個人次第となるだろう。組織のネットワークにおいて、規則や手続きで内発的な欲求は調整できない。その役割は、「この宇宙でよく知られている最も複雑なシステム」である、人間の脳に任せたほうがいい。もっと詳しく言えば、利用可能なすべての脳だ。

## 実際のお金を稼ぐ

何度かハグの分配を繰り返して稼いだハグが溜まってきたら、（願わくば）ハグを換金するときが来るだろう。これにはいくつか方法がある。

毎月、マネジメント層がビジネスで得た利益に応じてボーナス額を設定する。そして、新人（あるいは得られる額が最も少ない人）にサイコロを2つ振ってもらう。マネジメント層はサイコロの目の合計で4（か誰かの好きな数字）が出た場合に限り、ハグの換金を許可する。それ以外の数字が出た場合は、ボーナスをそのまま翌月に繰り越すというわけだ。こうすると、ボーナスは平均して1年に1回しか得られなくなり、毎月で積み上がっていくが、ランダムな間隔で支払われるようになる。これは、ボーナスに対する期待によって発生するストレスを低減させることになるだろう。ストレスが少なくなるのは創造的思考にとって大事なことだ。

ハグの金銭的価値は株式市場の株のように公開できる。支払可能なボーナス額と発行したハグの数に依存する。ハグが換金できるようになると、人々は次の選択肢を得る。今すぐにハグを換金するか、価値の上昇を狙って次のラウンドにハグを貯めておくかだ（航空会社のマイルのように稼いだハグに期限を設けるという手もあるし、未使用の休暇日数に上限があるように溜めておけるハグにも上限を設けるという手もある）。

組織の文化、ビジネスの種類、支払可能なボーナス額によって、他の方法もいくつか考えられるはずだ。しかし、具体的に導入するアイデアが何であれ、目的を共有してコラボレーションに集中できるようにするには、数値目標や年次ボーナスを伴う従来のシステムよりもメリットシステムの方に分があると言える。

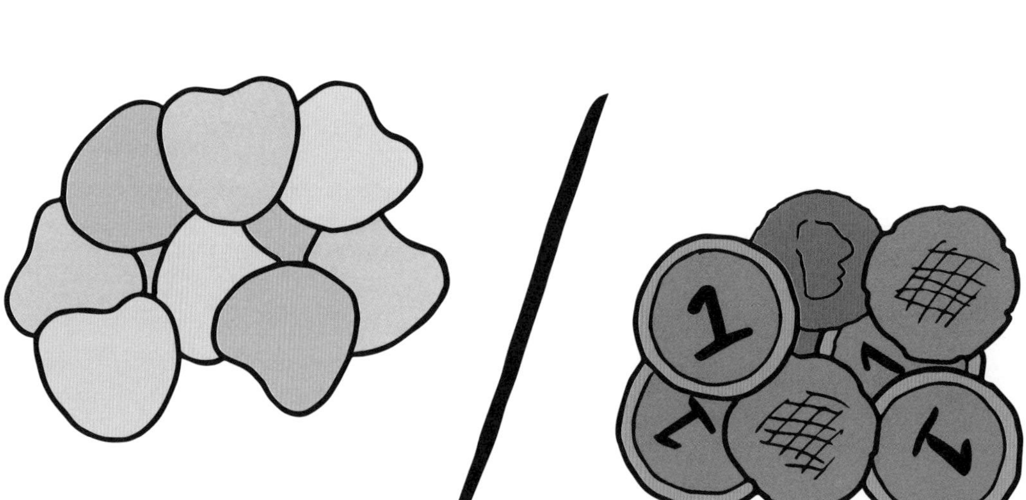

## 報酬にとっての6つのルール

ここで紹介したメリットシステムは、先にあげた5つの制約を満たしている。このシステムは、大きな報酬を期待されないようにすること、競争ではなくコラボレーションを重視すること、同僚からのフィードバックに基づくこと、創造的な思考を破壊せずに迎え入れることを実現しており、名誉、受容、熟達、自由、関係性、ゴール（第10章を参照）のようなさまざまな内発的動機と報酬を一致させている。

メリットシステムの導入の仕方によっては、第1章で示した報酬にとっての6つのルールを満たすことができる。

1 **報酬を事前に約束しない。**
皆は自分がもらえる毎月の給料を知っているが、（このプラクティスの理想的な形で実現されれば）臨時ボーナスについてはいつもらえるかもわからない。ボーナスは、カレンダーではなく環境に依存すべきだ。

2 **期待される報酬は小さく抑えよう。**
もちろん毎月の給料については期待されるが、良い結果を出しても出さなくても受け取れるのだから、この期待は彼らのストレスやパフォーマンスに支障をきたすことはない。

3 **報酬は一度だけではなく、継続的に渡そう。**
メリットシステムでは、皆がお互い頻繁に報酬を与え合うため、一定のリズムができる。フィードバックが年末まで後回しにされないため、伝え忘れも少なくなる。

4 **報酬は秘密にせず、公にしよう。**
このプラクティスの理想形では、ハグは公の場で稼ぐことになる。こういった透明性によって、皆は出来事や他の人の評価を知ることができ、それに適応できるようになる。

5 **結果ではなく行動に対して報酬を与えよう。**
皆は他の人や組織への貢献に対してハグを与えるようになる。これは行動に対する報酬だ。最終的な結果は環境に依存するものであり、その責任を彼らに負わせることはできない。

6 **報酬は上下関係ではなく、同僚間で渡そう。**
マネジメントの焦点は、人々の収入の管理からシステムの制約のマネジメントに切り替わる。皆が認められるのは同僚からであって、マネジメント層からではない。

報酬のルールは、便利なレシピのようにガイドラインとして扱われるべきであり、厳格な法律として扱われるべきではない。しかし、このガイドラインはモチベーションに関する文献から導き出されたものであり、メリットシステムがそれに沿っているのは心強いことだ。

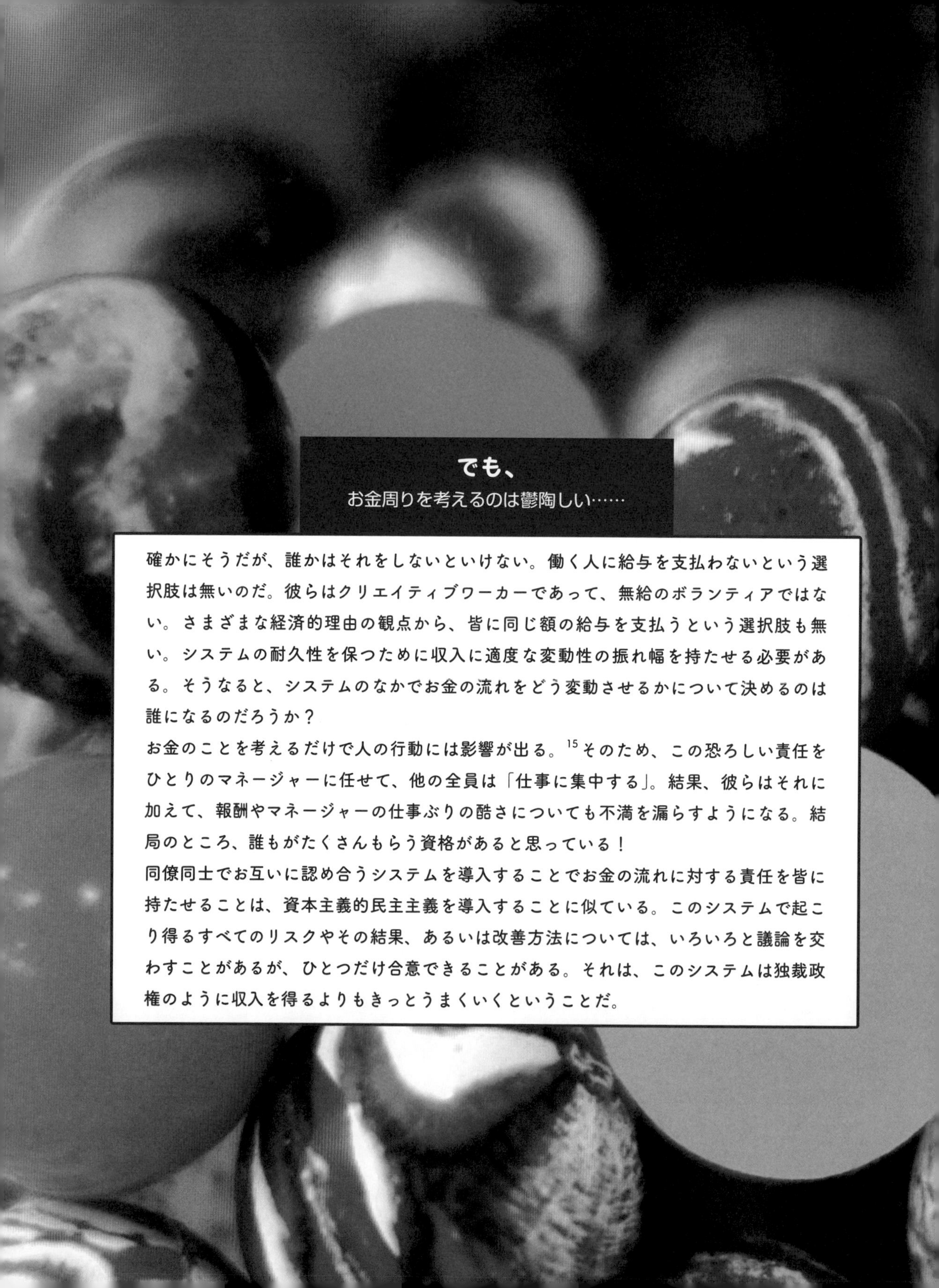

## でも、
### お金周りを考えるのは鬱陶しい……

確かにそうだが、誰かはそれをしないといけない。働く人に給与を支払わないという選択肢は無いのだ。彼らはクリエイティブワーカーであって、無給のボランティアではない。さまざまな経済的理由の観点から、皆に同じ額の給与を支払うという選択肢も無い。システムの耐久性を保つために収入に適度な変動性の振れ幅を持たせる必要がある。そうなると、システムのなかでお金の流れをどう変動させるかについて決めるのは誰になるのだろうか？

お金のことを考えるだけで人の行動には影響が出る。[15] そのため、この恐ろしい責任をひとりのマネージャーに任せて、他の全員は「仕事に集中する」。結果、彼らはそれに加えて、報酬やマネージャーの仕事ぶりの酷さについても不満を漏らすようになる。結局のところ、誰もがたくさんもらう資格があると思っている！

同僚同士でお互いに認め合うシステムを導入することでお金の流れに対する責任を皆に持たせることは、資本主義的民主主義を導入することに似ている。このシステムで起こり得るすべてのリスクやその結果、あるいは改善方法については、いろいろと議論を交わすことがあるが、ひとつだけ合意できることがある。それは、このシステムは独裁政権のように収入を得るよりもきっとうまくいくということだ。

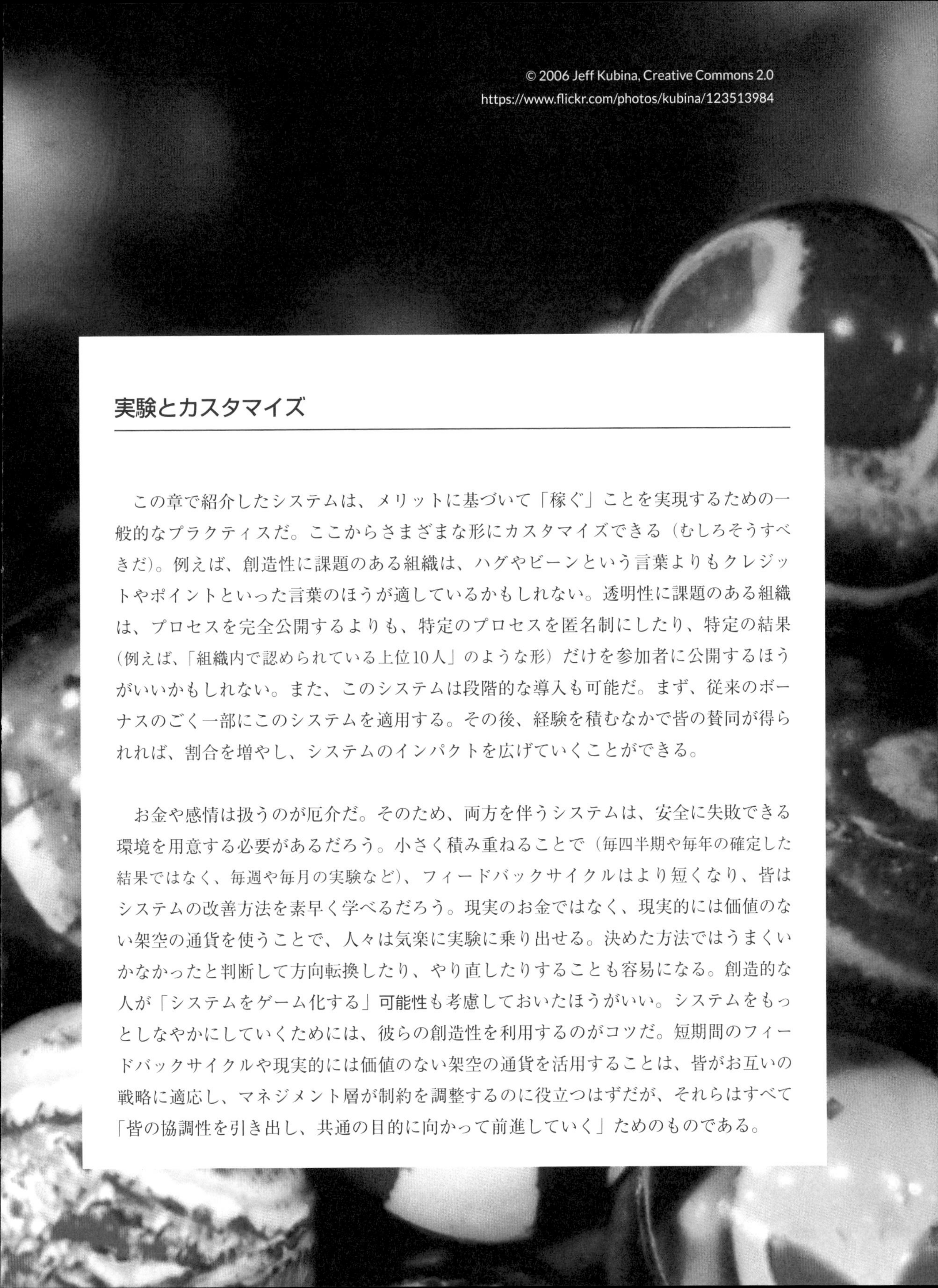



## 実験とカスタマイズ

この章で紹介したシステムは、メリットに基づいて「稼ぐ」ことを実現するための一般的なプラクティスだ。ここからさまざまな形にカスタマイズできる（むしろそうすべきだ）。例えば、創造性に課題のある組織は、ハグやビーンという言葉よりもクレジットやポイントといった言葉のほうが適しているかもしれない。透明性に課題のある組織は、プロセスを完全公開するよりも、特定のプロセスを匿名制にしたり、特定の結果（例えば、「組織内で認められている上位10人」のような形）だけを参加者に公開するほうがいいかもしれない。また、このシステムは段階的な導入も可能だ。まず、従来のボーナスのごく一部にこのシステムを適用する。その後、経験を積むなかで皆の賛同が得られれば、割合を増やし、システムのインパクトを広げていくことができる。

お金や感情は扱うのが厄介だ。そのため、両方を伴うシステムは、安全に失敗できる環境を用意する必要があるだろう。小さく積み重ねることで（毎四半期や毎年の確定した結果ではなく、毎週や毎月の実験など）、フィードバックサイクルはより短くなり、皆はシステムの改善方法を素早く学べるだろう。現実のお金ではなく、現実的には価値のない架空の通貨を使うことで、人々は気楽に実験に乗り出せる。決めた方法ではうまくいかなかったと判断して方向転換したり、やり直したりすることも容易になる。創造的な人が「システムをゲーム化する」可能性も考慮しておいたほうがいい。システムをもっとしなやかにしていくためには、彼らの創造性を利用するのがコツだ。短期間のフィードバックサイクルや現実的には価値のない架空の通貨を活用することは、皆がお互いの戦略に適応し、マネジメント層が制約を調整するのに役立つはずだが、それらはすべて「皆の協調性を引き出し、共通の目的に向かって前進していく」ためのものである。

中央集権から分散された意思決定に置き換わる際、物事がうまくいかないこともある。独裁政権から民主主義に置き換わった国を思い浮かべてみればかわる。このプロセスがすんなりいくことは稀だ。同様に、従来のボーナスをメリットに基づいたボーナスに置き換える際、いくつかの問題への対応が必要になるだろう。実際、「不正がさらなる不正を呼ぶといった取引が起こる」、「不適切な行動に報酬が与えられる」という報告もある。もしこれらの問題の予防策を聞かれたとしても、私は不可能だと答えるだろう。私から言えるのは、安全に失敗できる環境を用意すること、他の組織がもっと良くしていくのに実践した例を学ぶということだけだ。これは、民主主義国がより良い選挙方法やシステムのあり方をお互いに学び合うことに似ている。そうでなければ結局、独裁政権かアナーキーかのどちらかになる。

**創造的な人はシステムをゲーム化する。**
**システムをもっとしなやかにしていくためには、**
**彼らの創造性を利用するのがコツだ。**

これでようやく、メリット市場によって、組織に協調的な文化が育まれることが期待できる。ひとつ明らかなことは、「メリット（やお金の分配）に対する評価がマネージャーからメンバーに移ったとき、マネージャーは業績評価やボーナス査定から解放される」ということだ。これは、マネージャーが皆のお金を管理するのではなく、皆を導き支援していけるようになることを意味している。[16]

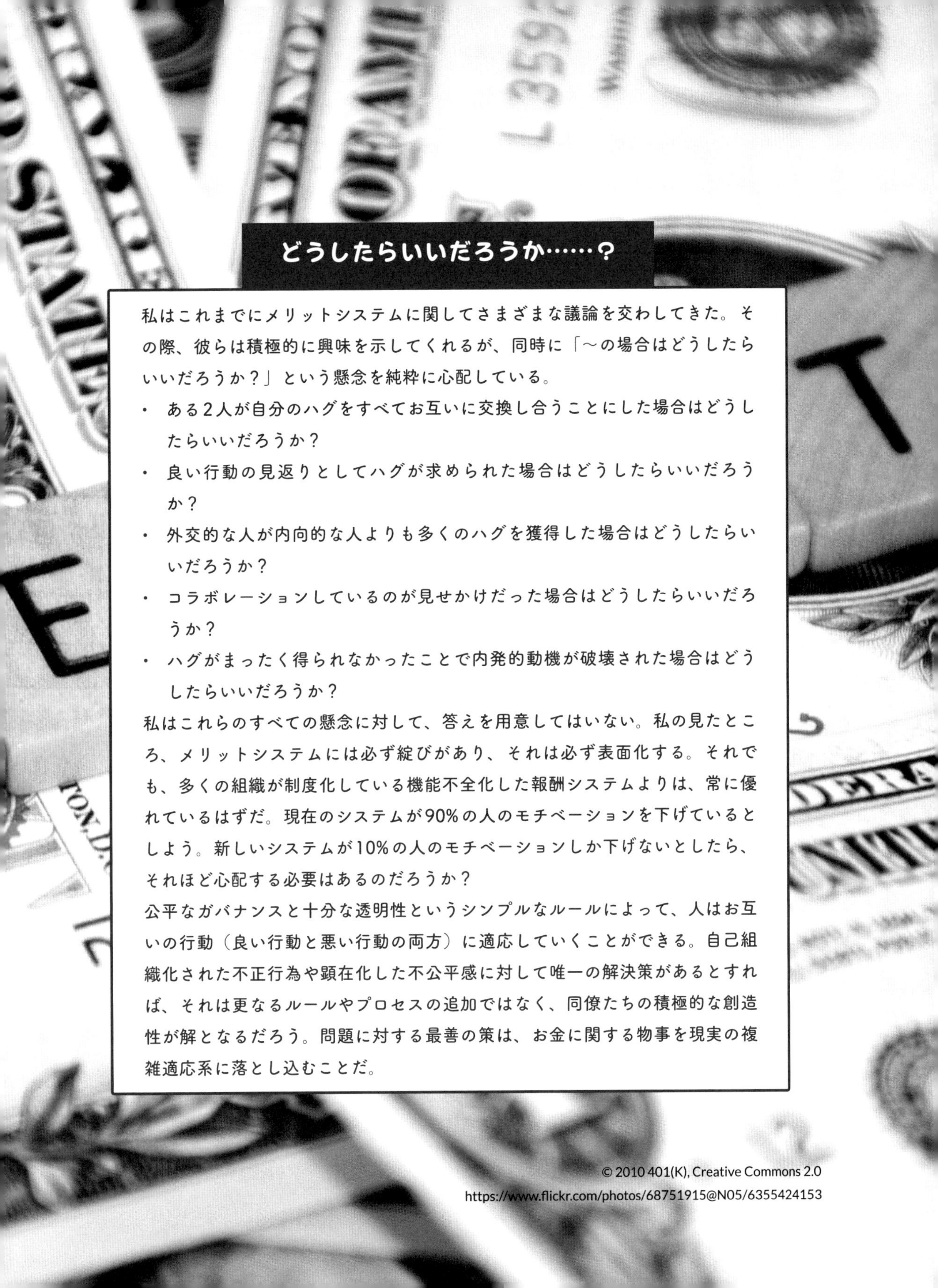

## どうしたらいいだろうか……？

私はこれまでにメリットシステムに関してさまざまな議論を交わしてきた。その際、彼らは積極的に興味を示してくれるが、同時に「～の場合はどうしたらいいだろうか？」という懸念を純粋に心配している。

- ある2人が自分のハグをすべてお互いに交換し合うことにした場合はどうしたらいいだろうか？
- 良い行動の見返りとしてハグが求められた場合はどうしたらいいだろうか？
- 外交的な人が内向的な人よりも多くのハグを獲得した場合はどうしたらいいだろうか？
- コラボレーションしているのが見せかけだった場合はどうしたらいいだろうか？
- ハグがまったく得られなかったことで内発的動機が破壊された場合はどうしたらいいだろうか？

私はこれらのすべての懸念に対して、答えを用意してはいない。私の見たところ、メリットシステムには必ず綻びがあり、それは必ず表面化する。それでも、多くの組織が制度化している機能不全化した報酬システムよりは、常に優れているはずだ。現在のシステムが90%の人のモチベーションを下げているとしよう。新しいシステムが10%の人のモチベーションしか下げないとしたら、それほど心配する必要はあるのだろうか？

公平なガバナンスと十分な透明性というシンプルなルールによって、人はお互いの行動（良い行動と悪い行動の両方）に適応していくことができる。自己組織化された不正行為や顕在化した不公平感に対して唯一の解決策があるとすれば、それは更なるルールやプロセスの追加ではなく、同僚たちの積極的な創造性が解となるだろう。問題に対する最善の策は、お金に関する物事を現実の複雑適応系に落とし込むことだ。

## 奇抜なアイデアが功を奏する

“私はがん検査を扱う分子病理学センターであるFonte Medicina DiagnósticaでCEOをしている。新任のCEOとして遭遇した問題のひとつが給与システムだった。私は、最も努力した人に臨時ボーナスが与えられるべきだと考えているが、彼らのパフォーマンスを計測する術を持っていなかった。この会社で大事にしている価値観のひとつにコラボレーションがあり、私はこれを給与制度における重要な要素として仕立てあげたかった。

しばらくの間、私たちは360度評価を基にしたボーナスシステムを導入したが、そのプロセスは時間が掛かり過ぎた。そのため、私たちはメリットシステムを導入するのを決めた。毎月、皆は架空の通貨でボーナスを受け取る。たったひとつだけ、「自分自身のためにボーナスを蓄えることはできない」というルールを持たせた。ボーナスを受け取った後は、全額を1人に与えてもいいし、皆に少しずつ分配してもいい。すぐに考えられない？　そういう場合は来月にでも手放せばいい。私はマネージャーとして、彼らのパフォーマンスの一部しか見ることができない。このシステムであれば、お互いにうまく仕事ができているかどうかを従業員たち自身が決めていく形になる。さらに、私たちは換金レートを設定した市場も導入している。皆は架空の通貨を換金するか、もっと高いレートになるまで蓄えておくかを選択できる。

今となっては、私が対応すべきことは非常に少なくなった。あらゆる種類の議論や対応が必要だった課題は、彼ら自身が解決するようになってきている。彼らは、良い行動をすれば報われることを理解している。臨時ボーナスの獲得に繋がらず、機能不全を引き起こすような行動は対処される。何より、このシステムの説明には30分しか掛けなかったにもかかわらず、最初からうまくいったのだ！”[17]

クラウディオ・ピレス ブラジル

## 換金できる「スター」

“私はルーマニアのクライアントのビジネスでメリットマネーに似たプラクティスを見たことがある。そこには2つのボードがあった。ひとつは会社の全メンバー（おおよそ20人）の写真が貼ってあるボードで、もうひとつはさまざまな商品のカタログが貼ってあるボードだ。商品はビール1ケースからプレイステーションまであり、他にも、本やモニター、さらには豪華なオフィスチェアまで用意されていた。それぞれの商品は「スター」で購入できるようになっていた。ビール1ケースは1スター、プレイステーションは100スターといった形だ。
プロジェクトのなかで同僚に助けられたと感じることがあれば、いつでもスターを贈ることができる。マネジメント層は贈れるスター数に上限を設けていない。購入に必要なスターを持っていれば、チームメンバーはいつでもマネジメント層に商品購入を依頼できる。スターを「換金」できるのだ。初めのうち、CEOはこのシステムが利己的な振る舞いによって不正利用されることを恐れていたそうだが、実際にはそんなことは起こらなかったそうだ。誰もシステムを悪用せず、皆は信頼できる1人の大人としての振る舞いを見せていた。”

フラヴィウス・ステフ ルーマニア

http://www.flickr.com/photos/gpaumier/6155330515

## 始め方

さあ、あなたの組織が自分たちなりのメリットシステムを導入する準備ができているかを見てみよう。

1. このプラクティスで非常に重要なのは、最初に安全に失敗できる環境を準備することだ。例えば、この新しいシステムを導入する場合、まず何回か試行錯誤を繰り返して経験を積み、試行期間が終わった後はシステム全体をリセットすることを先に伝えておく。

2. 名前や贈り方など、架空の通貨の流通について考えよう。オフラインあるいはオンラインで実施するか？　チーム内やビジネスユニット全体など、どの範囲で実施するか？　そのシステムをどこまで透明化するのか？

3. 組織の主要なリーダーに了承を得よう。人々が自主的に参加し、他の人やビジネス全体への効果を最初に観測できるようにしよう。

4. 実際に導入する前に、すべてのステークホルダーと一緒に試行期間の結果を評価しよう。

## Tipsとバリエーション



実は、メリットマネーのお金の部分は付属的なものだ。ここを省けば、素晴らしい継続的な360度フィードバックのツールになっていく。

最初は月1回ですべてのポイントを贈り合っていたが、ポイントを毎月予算化して月内に少額ずつ贈り合える形に切り替えた。

月1回サイコロを振り、6の目が出たら積み立てたボーナスを支払う。チームはとても楽しんでいる。

私たちはシンプルにしている。チームやユニットではなく個人にポイントを与えている。それもその会社で働いている人だけだ。

参加したい人だけが参加するような事前参加登録のアプローチを使うのを勧める人もいる。派生かもしれないが、月々の給与を任意で（より高額になる可能性のある）メリットマネーにも換金できる。

使わない場合にポイントがなくなるように、毎月ポイントをリセットしている。もらったポイントを翌月に持ち越すことは可能だ。

お互いに与え合うポイントには、#透明性#コミットメント#思いやりといった会社の価値観を表すタグを付けている。

アルバイトの人にはポイントを少なくするのを提案している人もいるが、私たちは皆が平等に参加したほうがいいと考えている。

もらったポイントをお金ではなく特典や賞品とも交換できる。

チームのなかで1人だけこのツールを使おうとしない人がいたが、それでもいい。ただし、ポイントを受け取るのは困難になってしまうだろう。

可能な限り透明性を高めよう。しかし、透明性のレベルに関係なく、マネジメント層も従業員と同じ情報が得られるようにしよう！

さらなるアイデアを m30.me/merit-money で見つけよう。

第10章

# ムービングモチベーターズ

人々にとっての真のエンゲージメントを発見する

観察力や識別力が高まり、物事を知りたいと思うようになる子どもたちに対して、偽りや無意味なもので遠ざけるのは大きな間違いだと思う。

アン・サリヴァン
アメリカの教師
(1866-1936)

組織のゴールは、皆のモチベーションを高め、ともに生産的になれるようにすることだ。ほとんどの会社は、給料を支払うことでこれを実現している。しかし、外発的にモチベーションを感じている人が内発的にエンゲージメントも感じているとは限らない。ムービングモチベーターズを使ってその人を突き動かすものを発見し、組織の特性としてエンゲージメントを組み込む方法を探し出そう。

これを書いているのは日曜日だ。週末、配偶者が出掛けているので、私は2日間の自分の時間を楽しんでいる。私はTVのシリーズものを一気に見ることができたし、音楽コレクションを整理できたし、マウンテンバイクで森を探検することもできたが、どれもやらなかった。その代わりに、PowerPointのスライドを完成させた。専門用語を調査し、スライドをデザインし、画像を配置し、文章を推敲し、いい感じの配色に仕上げるといったことをしていた。なぜそうするのを選択したのか？　私にとって**何かを創ること**は楽しいことだからだ。昨日の午後、**PDFで保存**を押して最終版のスライドを仕上げた瞬間は、その日一番の幸せを感じていたかもしれない。私は**創りあげた**のだ！　それと、アーモンドチョコレートのボウルを空にしていたことも付け加えておこう。

私は昔から、宇宙のことを理解したいと思っていた。16歳の頃、アインシュタインの相対性理論を理解しようとしていたのは、おそらく私だけだったと思う。クラスメートが街のショッピングモールの壁に人体の一部の絵を描いていたとき、私は自宅の階段を上がった2階にある部屋で分子と4次元の時空の繋がりを描いていた。私にとって、科学は他の楽しいことよりも大切なものだったのだ。いや、訂正しよう。私にとって科学**は**楽しいものだ。リチャード・ドーキンスの**利己的な遺伝子**を読んだとき、どれほど畏敬の念を抱いたかを今でも覚えている。配偶者と進化戦略や「私たちは世界中に自分の遺伝子をばら撒いているだけのぎこちないロボットに過ぎない」という考えについて話もした。さらに驚くべきことに、私たちの関係は今も続いている。

何も取り入れなければ、創造的なプロセスからは何の結果も生まれない。昨日、私がレジャーと呼ばれる行為に時間を費やさなかった理由はそれだ。宇宙の仕組みを学び、そこで得た知識をモデルやテキストやイラストでクリエイティブに表現するのは非常に楽しい行為である。実際、**「レジャー」**という言葉は、「やりたいことをやる時間」や「仕事以外で打ち込んでいる楽しい行為」と定義されている。私はこの定義に寂しさを感じている。人が働く際、やりたいことはできず、その行為を楽しむこともできないという意味が含まれているように思えるからだ。皆が仕事に対してモチベーションやエンゲージメントを感じられたら、世界はどれほど違っていたのだろうか？

私の読者は驚かないかもしれないが、たいていの場合、世界中の多くの人にとって「仕事」と「楽しい」という言葉は結びつかない。研究プログラムや調査レポートによると、従業員が自分の仕事にエンゲージメントを感じていないことは何度も明らかにされている（ちなみに、彼らのマネージャーも同じだ）。ほとんどの会社が従業員のエンゲージメントに関する問題を抱えていることを認めている。魅力的な仕事やブランドを持っていないと感じており、さらにはこの状況を変えていく術も知らない。[1]従業員がエンゲージメントを感じられないという問題は、ビジネスリーダーや人事マネージャーの最重要課題のひとつとも報じられている。[2]このテーマに関する膨大な量のデータから察するに、従業員のエンゲージメントに関するドキュメントを作成している人たちは、次から次にレポートを作成するのにかなりのモチベーションを感じているようだ。

ある意味、従業員のエンゲージメントが低いのはおかしい状況だ。組織の本来の目的は、皆がコラボレーションして何かを生産すること。自分1人では不可能なものをお互いに協力することでプロダクトやサービスを生み出していく。つまり、**「皆のモチベーションを高め、ともに生産的になっていくこと」**は、どんな組織であっても元々備わっているべき性質だ。モチベーションがなければ、何も生み出せない。

ビジネスリーダーや人事マネージャーはこのことを理解している。モチベーションなくして高い生産性はあり得ない。しかし、**モチベーション**を感じている人が必ずしもエンゲージメントも感じているとは限らない。

**モチベーションを感じている人が**
**必ずしもエンゲージメントも感じているとは**
**限らない。**

給与の支払いは、従業員のモチベーションを高めるための従来のやり方だ。これは、（実際には）うまく機能する。しかし、マネージャーは、給与の他にも1人1人が意味のある何かに対してモチベーションを感じられるようにできれば、さらに高い生産性を得られるようになる。それがエンゲージメントだ。そして、ほとんどの組織においてエンゲージメントは不足している。生産性向上というありふれた理由が発端だとしても、リーダーやマネージャーは、単なるモチベーションを真のエンゲージメントに変える努力をしていくほうがいい。ここで掲げるべきなのは、「エンゲージメント（か意味のあるモチベーション）が組織に組み込まれるようにするにはどうすればいいか？」という問いだ。

**人々の経済活動にたいするコーディネーションと動機づけを実現するために、企業は存在している。**

ジョン・ロバーツ『現代企業の組織デザイン――戦略経営の経済学』（原題：*The Modern Firm*）[3]

## 本当の意味で皆のモチベーションを高められるのか？

私は嘘をついた。昨日、ルビー・ワックス、ジェニファー・サンダース、ドーン・フレンチなどお気に入りのコメディアンたちのYouTubeビデオをいくつか見ていたのだ。そして笑わせてもらった。彼らは多くの人を笑わせてくれる。実際、彼らは人を笑わせることで対価を得ている。もしかしたら、人を泣かせることもできるかもしれないが、それで対価を得るわけではないだろう。それをやるのは政治家だ。

ときどき、コンサルタントやコーチが「本当の意味で相手のモチベーションを高めることはできない。その人自身がそうするしかない」ということを口にする。私はそれによく腹を立てる。なんと無意味な発言だろう！　コーチやコンサルタントは、「相手を本当の意味で笑わせることはできない」と考えているのだろうか？「笑い出すのはその人自身が決めるしかない」のだろうか？

**相手のモチベーションを高めるというのは間違いだ。私たちにできることは、「相手が自分のやっていることに関心を持つ可能性を最大化する条件をつくり、それを制限してしまう条件を取り除くこと」だ。**

アルフィー・コーン *Punished by Rewards*[1]

そうそう、わかっている。厳密には、「相手を笑わせる」という言葉は間違っている。コメディアンにできることは、観客が声帯を震わせるほどの面白さを感じる確率を最大化する状況をつくり、それを妨げる状況を取り除くことなのだ。平たく言うと、「相手を笑わせる」となる。その確率を最大化するのが得意な人もいて、それでお金をもらっている人もいる。しかし、成功は保証されない。詳しい話はトニー・ブレアに聞いてほしい。

モチベーションもそうだ。厳密には、「相手のモチベーションを高める」のは不可能だ。しかし、成功するかどうかはわからないにしても、その確率を最大化するための条件を整えることはできる。マネージャーは、人ではなく、システムをマネジメントする。つまり、「マネージャーには、モチベーションを組織に組み込む責任がある」ということだ。それが得意なマネージャーもいるが、多くのマネージャーはそうではない。しかし、彼らは学ぶことができる！

## 内発的と外発的

社会科学者は、モチベーションを異なるカテゴリーや次元に分けるためのさまざまな考え方を出している。前章でも紹介したが、ここではさらに深く掘り下げてみよう。

- 内発的動機は、ある対象への関心や、あるタスクを実施すること自体が楽しいためにそれをしたくなるというものだ。その人に内在するものであり、動物と人間の両方の行動研究から検証されている。依頼や指示がなくても、生物は遊び心や好奇心から自発的に行動するのを私たちは知っている。内発的動機が生物の持つ自然な傾向だと言われる理由はそれだ。

- 外発的動機は、その人の外部にある何かや誰かが望む結果を出すために、それをしなければならないというものだ。（望ましい行動をとるための）報酬や（望ましくない行動をとらないための）罰が与えられることで得られるものである。外発的動機は、内発的動機では得られないような人（や動物）の行動にインセンティブを与える場合によく使われる。お金、階級、トロフィーは外発的動機の一例だ。

あなたの組織の人々が内発的動機と外発的動機のどちらを感じているかは、給与の支払いを止めることで簡単に確認できる。お金をもらえることを期待していたからといって、働くのを止めてしまう人は外発的動機を感じている。仕事が楽しいから、それでも働き続けるという人は内発的動機を感じている（忠告するが、これは思考実験に留めておくこと！）。

内発的動機と外発的動機のカテゴリー分けは有用だが、いささか単純だ。世界には、人の脳ほど複雑なシステムは存在しない。人の心理や社会性に伴う複雑性が2つの単純なカテゴリーに収まるというのは、少々甘い考えだろう。

内発的動機と外発的動機のカテゴリー分けは
有用だが、
いささか単純だ。

複雑系思考者であれば、現実はその逆であることに賛同するはずだ。すなわち、人は、「現実よりも事象をはるかに単純化したい」という内発的動機を持っている。私たちは、外発的と内発的な欲求について相反するカテゴリーをつくり出した。これは、私たちの脳が、単純化、抽象化、還元〔訳注:上位層の概念が下位層の概念の集合であるように分解していくツリー構造のような考え方〕を強く求めているからだ。例えば、私たちは性別を男性と女性の2種類で捉えてしまう。他にも、ジェンダークィア(2種類の間)、バイジェンダー(2種類)、トライジェンダー(3種類)、エイジェンダー(中立)、サードジェンダー(他の何か)、パンジェンダー(すべてを少しずつ)が存在するのを容易く忘れてしまうのだ。同じように、私たちは単純に昼と夜だけのことを話すが、夕暮れや夜明けがその両方を兼ねながらもどちらでもないか、その中間にあることは無視してしまう。さらには、私たちは生と死について語る際、生命のないもの、アンデッド、生き返り、自己組織化、オートポイエーシス〔訳注:チリの生物学者であるウンベルト・マトゥラーナとフランシスコ・バレーラが提唱した生命に関する概念〕、ただの気味が悪いだけのものを分類する方法について困っている。

驚くことではないだろうが、「人のモチベーションの多様性は、たった2つのカテゴリーに押し込めるものではない」と主張する研究者もいる。[5]例えば、私が「文献を調査して、そこで得た学びをプレゼンテーションや本にアウトプットする」という行為に内発的動機を感じているのは、そこに喜びを感じているからだと考える人は多いはずだ。しかし、称賛や賞を得たとき、市場に投入したプロダクトがマネタイズできたときも、私は喜びを感じている。そう、誰からの提案やインセンティブもないままにプロジェクトを始めているので、確かに内発的動機にはなっていると思う。しかし、私は確実にインセンティブを想像しており、過去には周りからの関心や励ましが不足していたために創造的な実験を止めてしまうことも多くあった。これは外発的動機だろう。私は内発的動機と外発的動機のどちらを感じているのだろうか？　そして、本当に2つのカテゴリーに分ける必要はあるのだろうか？

複雑系思考は、2つの間にたくさんのグラデーションがあるということを教えてくれる。そして、モチベーションの感じ方は人によって違う。励ましの言葉をほとんど必要としない人もいるし、その行為を本当に楽しんでいたとしても、少しだけ励ましの言葉が必要な人もいる。内発的か外発的かを決めるのは常に困難さがつきまとう。ある人が料理を楽しんでいるのは、食べ物に対する内発的な欲求からだろうか？　それとも、愛する人からの奨励（と夜遅くのご褒美）によるものだろうか？　ジムに通うのは、身体を鍛えることで自分の気持ちが良くなるからだろうか？　それとも、他者の反応で自分の気持ちが良くなるからだろうか？　私がこの章を書いているのは、自分が書きたいからだろうか？　それとも、あなたが読みたいからだろうか？　あるいは「パンモチベーション」だろうか？　すべてを少しずつ？

## CHAMPFROGS

人のモチベーションについてさらに深く探索したい人のためにCHAMPFROGSモデルを提供しよう。このモデルはいくつかのモデルから成り立っている。[6,7,8]CHAMPFROGSモデルでは、ビジネスの文脈に沿うモチベーションの要素だけに制限しており、食べ物、愛、復讐のような内発的動機は除外している（いくつかの例外を除く）。もちろん、これらの欲求は恒久的に無視されるべきではないが、世界中のマネージャーやそこで働く人たちとの数々の議論から、以下の10個のモチベーターが適切だと感じている。

CHAMPFROGSという言葉に深い意味はなく、チームメンバーが10個のモチベーターを簡単に覚えておけるためのちょっとした語呂合わせでしかない。

10個のモチベーターを見ていく前に、覚えておいてほしいことがある。重要なモチベーションと働く人にとっての真のエンゲージメントを求めているのは、「お金にモチベーションを感じている人よりも、自分の仕事にエンゲージメントを感じている人のほうが生産性は高くなる」という理由だけでなく、「重要なモチベーションは、目指すべき正しいこと」という理由もある。すぐにわかる。

好奇心（Curiosity）調査したり、考えたりしたいことがたくさんある。

名誉（Honor）私個人の価値が私の働き方に反映されていることを誇りに思う。

受容（Acceptance）私の周りの人が、私がやっていることや私らしさを認めてくれる。

熟達（Mastery）私の仕事は難しいが、まだ能力の範囲内にある。

権力（Power）私の周りに起きることを自分で左右できる裁量がある。

自由（Freedom）私は自分自身の仕事と責任で他人から独立している。

関係性（Relatedness）私は仕事で関わる人々と良好な社会的繋がりを持っている。

秩序（Order）安定した環境のための十分な規則と方針がある。

ゴール（Goal）私の人生の目的が、私がしている仕事に反映されている。

地位（Status）私の職位は優れていて、一緒に働いている人たちから認められている。

### それはただの言葉でしかない！

ラベリングや名前付けを真に受けてはいけない。多くの科学者が人間のニーズと欲求を研究しており、そのたびに自分の考えがベストだと信じて、さまざまなカテゴリー分けをしてきた。ここからはっきりとわかるのは、誰も皆が納得できるモデルを考え出すことはできないということだ。さまざまな観点を取り入れることが最も安全なアプローチであり、異なる観測者を横断した平均的な観点で捉えると最適な結果になることが多い。これがCHAMPFROGSモデルでやりたかったことだ。後は、あなたが好きなように使えばいい。

好奇心

好奇心は10個の重要なモチベーターの1番目だ。単に（外発的な）モチベーションを感じるだけの状態から、仕事や人や組織に対して（内発的な）エンゲージメントを感じられるようにしてくれる。好奇心は、「物事の真偽を学び、そのシステムを理解していく喜び」のことだ。研究センターや大学の研究室は、人が本来持っている探求心を動力源にしているような組織である。こういった組織では、好奇心こそが存在意義となるだろう。

本来、人間は好奇心が旺盛な生き物だ。子どもたちのモチベーションは、色とりどりのシールを貼るよりも、おかしな動物の話をするほうが効果的に高まるという研究結果もある。[9]発明や探求といった行為は、私たちの脳に組み込まれている。子どもの頃、私たちは自分たちが創造的だと知らず、新しいことを試すのが刺激的と思っているだけだった。[10]これは私たちが成長したとしてもなくなることはない。好奇心を持つ人は、報酬があってもなくても学ぶために仕事をする。そこで得る知識が彼らにとっての報酬なのだ。

マネージャーとして、このモチベーターを組織で活用するには、発見や発明が彼らの仕事の本質的な部分になるようにすることだ。新しいツールを試したり、異なるプロセスを試したり、チームの問題の解決策を自分たちで発明できるようにしよう。そう、このアプローチを実現させるには、研究グループよりも会計事務所のほうが難しくなるし、もともと好奇心旺盛な人もいる。それでもやはり、どんな組織であっても、自分たち自身のプロダクトやサービスのための研究センターになることは可能だと思う。

名誉

宗教団体や軍隊は、名誉を重んじる典型的な組織の例だ。**名誉**とは「その集団に対する忠誠心や道徳観や価値観に基づいた誠実な行動」のことを指す。

この章を書いている間、私はあるファンタジー小説を読んでいた。そこでは、ある軍人が倫理上の決断に悩んでいた。正直さと責任を重んじる彼は、友人を敵にして裏切らなければならないという思いを抱いていた。そして、彼は行動に移した。彼には、長年の友情よりも自分の価値観に忠実であるほうが重たくのしかかっていたのだ。

正直さと友情、合理性と気遣い、野心と平穏など、人生を生きていくなかで優先順位が相反してしまう経験は誰にでもある。文学作品には、友情や宗教や戦争に限らず、こういった話がたくさん存在する。多くの場合、自分自身のなかにある規律は名誉を維持するのを求める。例えば、私は自分のサービスにおいて個々の顧客との価格交渉はしない。なぜなら、私にとっては、ある顧客の価格交渉に応じるのであれば、同じ状況で他の顧客の価格交渉にも応じないと不公平さを感じるからだ。私の名誉と規律のために割引のルールを明文化しておかないと、不公平さに罪悪感を感じてしまうことになる。

このモチベーターをあなたの組織に適用できるだろうか？　もちろんできる！　組織で明確な行動規範や価値観の体系をつくり、育てよう。そうすれば、自分の価値観が組織の価値観に反映されていることを確認した人のモチベーションは高まるだろう。これを達成するために宗教や戦争を起こす必要はない。

受容

**受容**のニーズについて調べると、主なテーマは「自尊心やポジティブなセルフイメージを持ちたいといった人が本質的に持っているニーズ」であることがわかった。これは誰もが共有しているものだ。子どもの頃、そのほとんどを両親に求めていたはずであり、大人になるとパートナーや同僚にそれを求めるようになる。

興味深いことに、受容のニーズは自分に価値を**見出せない**人に多い。そういった人は、衝突や批判を意識的に避けようとすると言われている。彼らは拒絶を恐れ、両親やパートナーや同僚から認めてもらうために何でもするのだ。このような背景を踏まえると、受容はモチベーションを上げるのではなく、下げる働きをしてしまっているとも言いたくなる。彼らはそれが満たされないからこそ、行動に駆り立てられるのだ。

しかし、ここで受容がシステムに組み込まれた組織の主たる例として、クリニックや自助グループを引き合いに出す必要はない。彼らの自尊心を回復させるだけでは十分ではない。彼らの背景、身体的や精神的な性質に関係なく、多種多様な人が自分自身を肯定的に感じられるようにすることが必要だ。

人の多様性は組織のイノベーションの重要な鍵だ。[11]マネージャーとして、マイノリティーとなる人に敬意を払う以外のこともできる。例えば、彼らの雇用だ。彼らの存在は社会システムに特長を加える。あらゆる形の多様性が、単に受容されるだけではなく、不可欠なものとして扱われるようにチームを組織することもできる。自分が受容されたいニーズを感じている人のモチベーションを高めるには、これ以上の方法はないはずだ。

熟達

**熟達**で駆動する組織を考えたとき、頭に浮かぶのはスペシャリスト集団のコンサルタント会社だ。それ以外にも、法律事務所や格闘技の道場など、ある分野で人の能力を高めることが生き残りの条件になっている組織も考えられるだろう。

特筆すべきことに、リース教授が提唱している16の基本的欲求によると、熟達は権力のニーズの一部だと考えられている。権力がチャレンジ、野心、卓越、栄光を求める努力を促すためだ。[12]しかし、デシ教授とライアン教授が提唱している自己決定理論〔訳注：内発的動機と外発的動機を対立するものではなく「自己決定」によって段階を経て外発的動機から内発的動機に移り変わっていくという理論。そのために満たす必要のある基本欲求として「自律性」「有能性」「関係性」をあげている。本文で「コンピテンシー」と表現しているのは「有能性」を指している〕によると、コンピテンシー自体が人間にとっての重要なニーズであり、3つの基本欲求の1つとされている。私の考えはこれらの中間にあたる。

熟達は「仕事の背後にある挑戦」だ。簡単な仕事で良い報酬がもらえれば満足だと感じる人もいるだろうが、自分のスキルを高めて卓越の域に達するための挑戦を求める人もいるだろう。例えば、私は熟達を求めているからこそ、すべてのプロジェクトが過去になく新しいものであるようにしており、期限も設けている。私にとって、同じことをやり続けるのは挑戦ではない。

マネージャーとして、繰り返すだけの退屈な仕事をビジネスモデルから切り離し、自動化を図るか、こういった仕事の成功方法を知っている人がいる他のビジネスに移管すべきだ。あなたは、挑戦的でありながらもその人の能力の範囲内にある仕事を提供する責任がある。

### 権力

**権力**を考えたときに真っ先に思い浮かぶのは、政党、諜報機関、政府といった組織だ。文学作品における権力は、支配的な振る舞い、リーダーシップ、自分の意志を相手に押し付けることに結びつくことが多い。おそらく、権力のニーズは人間や動物にとっては自身の生存欲求から本質的に備わっているのだろう。権力への熱望をセックスやコカインのような他の中毒性のある行動と結びつけている研究者もいる。[13]

個人的には、ポジティブさや賢明さを感じられるよう、権力を「世界に影響を与えたいニーズ」と捉えるようにしたい。ダライ・ラマ法王が権威的な振る舞いを見せたり、自分の意思を他者に押し付けたりしたことがほとんどないのは多くの人が賛同するはずだ。しかし、彼は大きな影響力を持つ人物だと考えられている。そう、彼は権力を持っている。権力は自分の周りを変える力であり、世界を変える力だ。リース教授と違い、私は権力と熟達はまったく別のものだと考えている。芸術家は自分の卓越に興味を持ったとしても、自分の作品で心が動いたり何かが変わったりする人の数にはほとんど興味を持たないだろう。それは熟達であって、権力ではないのだ。

権力（power）という言葉がエンパワーメント（empowerment）という言葉に含まれるのは偶然ではない。マネージャーとして、人々がエンパワーメントされている実感を得られる環境を整備できる。それは誰の許可がなくても、皆が自分から責任を負ってリーダーやチェンジエージェントになれるような環境だ。息が詰まるような階層構造と官僚主義は、権力を強く求める人のモチベーションを下げてしまうだろう。社会的ネットワークにおいて、人は繋がることでエンパワーメントされる。エンパワーメントとしての権力は、繋がりを促進することなのだ。[14]

## 言葉とその**意味**

私は権力という言葉よりも影響力という言葉を使うほうが適しているかもしれないと思っている。同様に、自由よりも自律、ゴールよりも目的、熟達よりもコンピテンシーのほうが相応しいだろう。しかし、言葉よりもその意味のほうが重要だ。人は自分のモチベーションのメンタルモデルを築くために自由／自律を持つほうがいい。さらには、CHACIAROPSはCHAMPFROGSよりもいまいち語感がよくない。すべてのモデルに間違いは存在するが、この章で説明しているモデルは確実に役に立つ。

自由

スタートアップ企業や起業家的な性格を持つ組織は、間違いなく自由のモチベーターにとっての良い例だ。これまで私は自分で自分のビジネスに取り組んできたし、会社員時代も小さな組織を求めていた。それはなぜか？　そういった組織は私を自由にしてくれるからだ。

世界中の多くの人にとって、独立と自律はよく知られたモチベーターだ。これは単なる私の勘だが、外向的な人よりも内向的な人のほうが、独立によってモチベーションを感じやすいように思う（あえて言えば、それは私にとって最も重要なモチベーターだ！）。自由によってモチベーションが高まる人は、たいてい他者への依存を嫌う。彼らは自分のやることに助けを望まないし、何でも自分たちだけでやりたがる。私にとって、人に何か手伝ってもらうことは何度もあったが、助けを求めることはほとんど頭になかった！

権力のように、自由は働く人のエンパワーメントに強く結びついている。階層構造の環境では、マネジメント層への暗黙的な依存が存在する。従業員が「自分のやりたいことはすべて上の許可が必要」と感じてしまうといったものだ。これが、私が5,000人もの従業員がいる会社をたった1年で去った理由である。

自由は、ネットワークにおけるエンパワーメントのことでもある。皆は自分が働いている自己組織化チームのなかで自由を感じなければならない。一部のチームメンバーが、「すべての意思決定は協調的に行われるべきで、チームの秩序を守るためにはルールが必要だ」と主張するとき、自由をモチベーターとする人はその環境を息苦しく感じてしまうかもしれない。

関係性
私は仕事で関わる人々と
良好な社会的繋がりを持っている。

関係性

これはまた私の推測だが、自由が内向的な人に求められるものだとしたら、関係性はきっと外向的な人にとっての主要なモチベーターのひとつとなるだろう。他者との交流を大切にしている人もいて、彼らは家族や友人と雑談したり遊んだりして、一緒に楽しい時間を過ごすことを必要としている。

他者との交流を好む人の手段と目的を見誤ってはいけない。社会的ネットワークにおいて、自分の立場をよくするために同僚たちと交流する人たちもいる。そういった人は、関係性ではなく、権力か地位にモチベーションを感じるはずだ。関係性は、「ひとりぼっちにならないために繋がりたい人が求めるモチベーター」のことを指しているのだ。

組織は皆が一緒に働くことで成立しているため、どんな組織であっても、このモチベーターは組み込まれていると言えるはずだ。しかし、従来の組織と比較すると、リモートワーク主体の会社ではこのモチベーターの扱いに困難さが伴う。リモートチームのメンバーは、同じ場所に集まる場合よりも交流しづらくなってしまうだろう（私がリモートチームとの集まりに参加せずにこれを書いているのは皮肉だ。私は今日、私たちの時間よりも私自身の時間が必要だと思ったのだ）。

マネージャーとして、関係性によって周りのモチベーションを高めるには何ができるだろうか？　私の考えでは、何らかの形で環境に阻害されない限り、彼らの間に交流を生み出すのは簡単だ。例えば、パーティションで区切られた席が敷き詰められ、そこかしこの角に役員席が設置されているような騒がしい環境よりも、オープンオフィスのようにリラックスできる環境のほうが交流しやすくなる。また、職場が出口で終わることなく、会社の壁を越えて交流する機会がたくさん起こるように配慮することもできる。そして、リモートチームの雑談や遊びの選択肢もたくさんある。あなたに必要なのは、チームが交流をサボらないためのうってつけの理由を用意することだ！　まさに私が今日やってしまったことを止めるように。

秩序

すべての人は**秩序**と**確実性**を必要としている。これは私たちの脳に組み込まれている。マネージャーやリーダーが、従業員が変化に抵抗するのをよく嘆くのには理由がある（保守派は、この本質的な人のニーズに基づいた政治思想である）。

確実性や安定性から思い浮かべる典型的な組織は、ファストフードのチェーン店や従来型の製造業だ。従業員はいつ何が起こり、誰が何の責任を負うかを知っている。時計のように規則正しく活動する必要のある組織は秩序を重んじる組織だ。

アジャイルの文脈では、組織は加速度的な変化と何度も起きる創造的破壊に直面するため、皆が確実性を感じるのは容易ではない。会社の平均寿命は毎年短くなっており、誰にとっても確実なことなど無いのだ。

それを踏まえて、秩序と安定性を求める人の満足を得るためには何ができるだろうか？　答えは細部にある。雇用の安定は幻想だが、別のやり方で少しだけ確実性を担保することはできる。例えば、多くの人は毎日違うデスクで働くことを好まないので、望む人には好きな席に座り続けられる選択肢を与えるようにする。多くの人は変動する給与を嫌うため、（フリーランスだとしても）安定した月給を支払うようにする。自分に求められていることがわからないのを嫌う人も多いので、（できれば彼ら自身が作成した）仕事内容や職務記述書に同意を示すようにする。会社の将来は不確実かもしれないが、彼らの日常で起こる不快なサプライズを軽減することはできる。

ゴール

慈善団体。**ゴール**や**目的**のモチベーターを考えたときに最初に思いつくのはそれだ。多くの人は、職やキャリア以上のものを自分の仕事に求める。自分の仕事が天職になることを望んでいるのだ。これは、内発的動機の最高段階が5段階目の自己実現であるというマズローの欲求段階説にぴったりと一致する。1段階目および2段階目は生理的および安全の欲求であり、これは職を得ることに相当する。3段階目から4段階目は社会的帰属と承認の欲求であり、これはキャリアを得ることに相当する。人はありがちな職や刺激的なキャリアを経ることで、天職を見つけるのだろう（私はそれに20年も掛かってしまった）。

慈善団体ではないとしても、理想はその組織の存在意義に織り込まれている。優れた組織は、収益を上げること、株主や顧客や他のステークホルダーを喜ばせること以上の魅力的な目的を持つ（べきだ）。もし組織の存在意義を示せないとしたなら、後のことはもはやどうでもいい。

会社が何のために存在しているか、この世界で何を成し遂げようとしているかをはっきりと表して、従業員のモチベーションを高めよう。人は、自分の個人的なゴールが仕事に反映されていることを高く評価する。例えば、私の会社の目的は、「人が仕事でもっと幸せになれるようにすること」だ。これは同僚たち自身のゴールとも共鳴しているため、彼らのモチベーションも高まる。なかには、会社の目的がきっかけで入社した人もいる！

地位

地位を考えたときに思い浮かぶのは、スポーツ、ファッション、王族、会員制クラブだ。うち3つは、Inc.comのリーダーシップリストのトップ50に掲載されている。多くの人は、賞、肩書き、バッジ、ブランド、銀の裏地、金メダルなどで自分を飾り立てたい欲求がある。こういった類のものは、彼らの社会的地位を向上させる。多くの場合、富の追求が地位への欲求を示す指標となるが、地位の獲得には他の方法もある。

特権、承認、独占はさまざまな形で姿を見せる。従来の組織構造の垂直方向は明らかにそれを表している。つまり、トップに立つ人が、誰がより高いところに上れるかを決める。地位への欲求は、長い肩書き、特別な駐車場、広い角のスペース、上層部専用エレベーターといったものを駆り立てる。しかし、社会的ネットワークのなかにも地位は存在する。階層を上がる以外にも、人はネットワークで繋がりを増やすことも楽しめるのだ。私はときどき、自分のKloutスコアを確認して、自分がインフルエンサーとして仲間と比べたとき、どのくらい成果を上げているかを確認しないわけにはいかない。

マネージャーとして、彼らにとって大事な方向に進む機会を提供することで、地位への欲求を育むことができる。しかし、同時に、彼らが達成したことは、公平かつ透明な方法で全社的に評価される形を目指すべきだ。従業員の社会的地位は、政治的な駆け引きの才能よりも、生産性とイノベーションのための能力に関係させるべきだ。

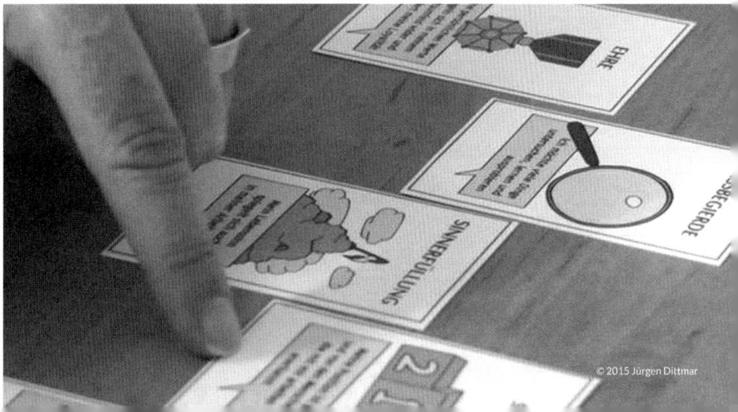

© 2015 Jürgen Dittmar

会社のゴールは「皆のモチベーションを高め、ともに生産的になること」なので、モチベーションは会社というシステムに備わった性質だ。悲しくも、多くの組織では、人々は金銭的な報酬だけにモチベーションを感じている。そこには内発的動機を促進するような性質は存在せず、仕事そのものや、一緒にいる皆に対する真のエンゲージメントも存在しない。

マネージャーは、
好奇心、名誉、受容などの
内発的動機に基づくモチベーターについて、
会社というシステムに
備わった性質にするための方法を
見つけ出さなければならない。

マネージャーは、好奇心、名誉、受容などの内発的動機に基づくモチベーターについて、会社というシステムに備わった性質にするための方法を見つけ出さなければならない。つまり、あなたがしばらくシステムに注意を払っていないときでさえも、システムに備わった性質は皆のエンゲージメントや振る舞いに影響を与えているということだ。ことわざにある「人参と鞭（報酬と罰）」の話はこれにあてはまらない。彼らはあなたの思い通りに働くかもしれないが、効果的に持続させるためにはあなたの注意が常に必要となるだろう。やがていつの間にか、そうしないとビジネスが立ち行かなくなってしまう。

**目標数値や「サボるな！」という上からのプレッシャーに依存する仕組みの中で長年働いてきたため、上司や目標が突然なくなると手抜きが始まると考えてよいだろう。**

フレデリック・ラルー『ティール組織』（原題：*Reinventing Organizations*）[15]

人のエンゲージメントはシステムとして組織に組み込まれるべきである。つまり、個人のモチベーションを上げる行為に時間を費やすべきではない。もしそうしているのであれば、あなたは失敗へと向かっている。いつまでもそれを続けることはできない。それよりも、「なぜシステムや組織自体が彼らのエンゲージメントを高めることができていないか」の理解に時間を使うほうが賢明だ。これは、たとえ仕事が極めてシンプルでありふれた類のものだったとしても、人々が10個の内発的なモチベーターのうちのいくつかを満たせるようにシステムを構成するということを指している。人ではなく、システムをマネジメントするのだ。

**エンジニアや大工であるということは、それ自体、楽しいことではない。しかし、もしある特定の方法で取り組めば、そうした活動はそれをすること自体に価値を見出すことのできる、本質的にやりがいのあるものとなる。**

ミハイ・チクセントミハイ『クリエイティヴィティ』（原題：*Creativity*）[16]

## 従業員のエンゲージメントプログラム（はうまくいかない）

皆のエンゲージメントは組織に組み込まれたものでなければならないことを踏まえて考えると、なぜ従業員のエンゲージメントプログラムがうまくいかないことが多いのかを理解できるはずだ。

**ほとんどの「従業員のエンゲージメントプログラム」と呼ばれるものは、誤っている。扱いにくく、効果も実用性もなく、決して実現されることもないPowerPointプレゼンテーションを公表しているようなものだ。**

レス・マッキューン "A Very Simple Reason Employee Engagement Programs Don't Work"[17]

ほとんどの従業員のエンゲージメントプログラムは、チームビルディングのエクササイズ、アウトドアの活動、慈善活動への貢献、ゲームやパーティーなど、マネージャーやコンサルタントが直接的にモチベーションを高めるための特定の活動だけにフォーカスしている。しかし、どれだけモチベーションを高めようとしても、システム自体がエンゲージメントを感じられないものであることは隠せない。次の文章は私の年間収入に悪影響を与えてしまうかもしれないが、「モチベーションを高めるための講演」を依頼しても、さほど違いはないだろう。葬式でピエロを雇って悲しい顔をなんとかしてもらおうとするのと同じことだ。

皆が純粋に幸せやエンゲージメントを感じている組織を調べた場合、仕事や組織のなかに、彼らが内発的に必要としている好奇心、名誉、受容、熟達などのモチベーターが満たされるようなトリガーを見つけ出すことができる。ほとんどの場合、そこには、従業員のモチベーション維持のためにエンゲージメントプログラムに多くの時間を費やしているビジネスリーダーや人事マネージャーは存在しない。[18]そこに存在するのは、自分の周りの仕事や人によってエンゲージメントを感じている人たちのはずだ。

このことは、本当の意味での従業員のエンゲージメントプログラムの姿を思い起こさせる。それはつまり、「組織にいる人がどうやって内発的動機を高めているかを把握し、システムによって内発的なニーズが満たされるように組織を変えていく」という姿だ。そのために、まずはムービングモチベーターズを使ってみよう。

## ムービングモチベーターズ

ムービングモチベーターズは、10枚のモチベーターが書かれたカードを（個人的な観点で）大事な順番に並び替えるだけのエクササイズだ。プレイヤーは、自分の状況（たいていは職場環境）に応じてカードを左右に移動させることで、あるモチベーターが他のモチベーターより高いか低いかを示す。また、カードを上下に移動させることで、環境で起きている変化の影響が自分のモチベーションにとってポジティブかネガティブかを示す。

例えば、私の最も重要なモチベーターは**自由**、**地位**、**好奇心**であり、最も重要でないのは**受容**、**関係性**だ。数年前に日中の仕事を辞めたとき、独立して新たな仕事を探せるようになったので、（私にとって重要な）**自由**や**好奇心**のモチベーターは上がった。一方で、たくさんの素敵な同僚を残してきたので、（私にとって重要でない）**関係性**のモチベーターは下がった。それでも全体的に良い効果が得られたので、良い決断だったと言える。



ムービングモチベーターズは、個人的な内省の材料として1人で実施することもできる。また、1on1のときに2人で実施することもできる。ふりかえりやチームビルディングのエクササイズとして、チームで実施することもできる。私はこれまで、世界中の何百人もの人と一緒に何回もこのエクササイズを実施してきた。結果はいつも刺激的だった。ここでは、プレイヤーが持ち帰ったいくつかの気づきを紹介しよう。

- このエクササイズには正解も不正解もない。皆が違う順番で並べる。自由にモチベーションを感じる人もいるし、関係性にモチベーションを感じる人もいる。このゲームの良いところは、お互いの違いが明らかになり、相手が自分と同じと思い込むことでお互いに判断を見誤りがちになることに気づかせてくれる点にある（私は、これまで何度も自分と同じく他者も自由が大事だと思い込んでいたが、それが間違いだということに気づいた）。

- 言葉について賛同を得られない場合もあるが、それでもいい。科学者同士でさえ、意見が食い違うことはあるのだ。権力や地位という言葉について、私の解釈はあなたとは若干違うかもしれない。重要なのは、私たちの気持ちや必要としていることについての言語化をカードが促してくれるということだ。

- 多くのことは状況によって変わる。例えば、ある国では、左から右よりも右から左に並べるほうがしっくりくる場合がある。物事の優先順位を並べる際、水平方向よりも垂直方向を好む人もいる。加えて、観察者の影響もある。配偶者、親友、同僚、マネージャーなど、誰とゲームをするかによって結果は違ってくるはずだ！

- エクササイズの場面設定を職場環境と個人的な生活のどちらにするかで、モチベーターの重要性は異なるだろう。同様に、周囲の環境の変化に依存して、その人にとって重要になったり重要でなくなったりするモチベーターもある。

- 最後になるが、このゲームはプレイヤーによって常に結果が異なるため、多様性や他者の観点が浮き彫りになる。これは良いことだと思う。

## はるかに**楽になる**

ムービングモチベーターズを使うと、「何があなたのモチベーションを高めるのか？」という質問に答えることがはるかに楽になる。多くの人にとって、この質問はあまりにも漠然としていて、抽象的で答えづらいものだ。しかし、テーブルに素敵な絵柄の10枚のカードが並べられたとき、そこにいる人たちは左右や上下にカードを並び替えるように言われるだけで、モチベーションについての議論は驚くほど簡単に始まる。

マネージャーとして、皆のモチベーションの源泉を聞き出したいのは「彼らのために何が必要か？」という質問に答えたいからだ。組織が目指すべきゴールは、生産性のために皆にエンゲージメントを感じてもらうことである。そのため、本当にそうなっている証拠を探す。もし何の証拠も得られなければ、やるべきことがあるということだ。

私たちの仕事は、グッドプラクティスの実験を導入することだ。セレブレーショングリッドを使うと、皆の好奇心や探求のニーズを高められる。バリューストーリーズを使うと、彼らの名誉のニーズを満たせる。受容を満たす気持ちはパーソナルマップで実現できるかもしれないし、熟達はフィードバックラップやメトリクスエコシステムで育めるかもしれない。権力、自由、秩序を高めるにはデリゲーションボードを導入すればいい。関係性や地位にはKudoボックスの活用だ。最後に、価値のあるゴールは、カルチャーブックを使えば間違いなく伝えられる。しかし、これらはあくまで私の提案であり、あなたはもっと良い方法を知っているかもしれない。

ムービングモチベーターズは、組織的な変化の影響を評価するための良い機会でもある。やがてくる合併、部署異動、昇進、新しいビジネス戦略、あるいは新しいチームメンバーについて、皆はどう感じているのだろうか？　ムービングモチベーターズを使えば、その変化が内発的動機の観点でどう彼らに影響するかを知ることができる。多くの場合、さまざまな結果を得るだろう。あるモチベーターは上位にあり、あるモチベーターは下位にある。仕事というものは、それほど単純ではないのだ！

最後に、多くの人はこのゲームそのものにモチベーションを感じている。このゲームは、皆の好奇心、関係性、秩序の欲求を刺激する。チームメンバーだけでなく、ステークホルダーやマネジメント層と一緒に実施するのもいいだろう。[19]そして、テーブル上にカードがどのように配置されたにしても、エクササイズの最中や終わった後のディスカッションが最も価値あるものであることに気づくだろう。[20]

組織は生産性高くあるために
皆にエンゲージメントを感じてもらえるように
するべきだ。
そのため、
私たちは本当にそうなっている証拠を探す。

## 高まるエンゲージメント！

私はこの結論を金曜の夜に書いている。多くの人はレストランでディナーをとっているか、映画館で映画を観ている時間だろう。きっと多くの人が、その週の仕事を終えたことを喜んでいるはずだ。なぜなら、ついにレジャーや自分のプライベートを楽しむ時間が来たからだ！

私は違う。ちょうど1時間前、この本の出版の契約にサインしたことに幸せを感じている。それは私にとって、調査、執筆、編集、レビュー、イラスト……といった仕事がこれからもっと増えることを意味している。今後の本の展開やマーケティング計画に対して、私は期待に胸を躍らせている。おそらく、その作業は日曜日にやることになるはずだ。私の仕事はとてもエンゲージメントが高く、1日たりとも放っておくことができない（しかし、これは「火曜日の午後には気軽に公園に散歩に行き、水曜日の朝には新しい靴を買いに出掛け、仕事の合間には休暇のビデオ制作にいくらかの時間を費やす」ということも含んでいる。私にとって、ワークとライフの間には境界がないのだ。それぞれがひとつに混ざり合っているため、ワークライフバランスという言葉は存在しない。言ってみれば、これはワークライフフュージョンである）。

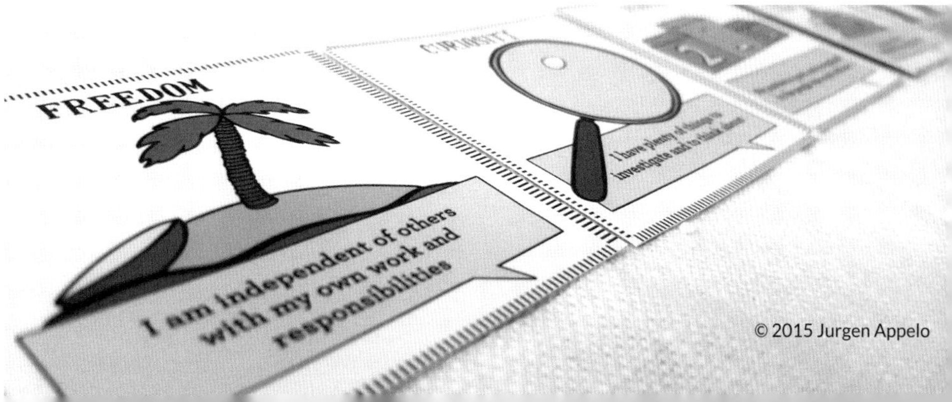

## モチベーションを見つけ出す

"私はこれまで、さまざまなチームや会社でムービングモチベーターズを使ってきた。このゲームが役立つのは、各チームメンバーが自分の行動の原動力になるモチベーションを見つめ直し、現状と、エンゲージメントをさらに高めていくための必要な変化を評価できるところだ。彼らは学びを共有する。そうやって生まれる透明性の新たな段階は、チームの共通理解を促し、信頼を築き、新しいコラボレーションのやり方を見つけ出す。
あるチームは、別の環境のほうが自分の欲求に合うことに気づく。そう、これはタフな結果だが、異動や転職のことだ。あるマネージャーと彼のチームは、長年隠れていた自分たちの問題とメンバーそれぞれの欲求について学んだ。ムービングモチベーターズを実施して観察結果を共有したことで明るみに出てきたのだ。他のチームでは、皆が多様性を体験し、チームのことをより深く知ったことで、過去にあった出来事を改めて解釈するような新鮮で面白みのある方法が生まれた。「そうか、あなたがドキュメント作成を強く求めている理由はそれか！」（秩序の欲求）「だから、あなたはチーム外のたくさんの人と繋がるのか」（関係性の欲求）"

セバスチャン・レーディックス　ドイツ

あなたの周りの人はどうだろうか？　次の日の仕事を楽しみにしているだろうか？　もしそうでなければ、彼らの内発的動機を阻害しているものは何だろうか？　なぜ、あなたのシステムはうまくいかないのだろうか？　それを見つけるのが、マネージャーとしてのあなたの仕事だ。さあ、探そう。エンゲージメントを高めよう！

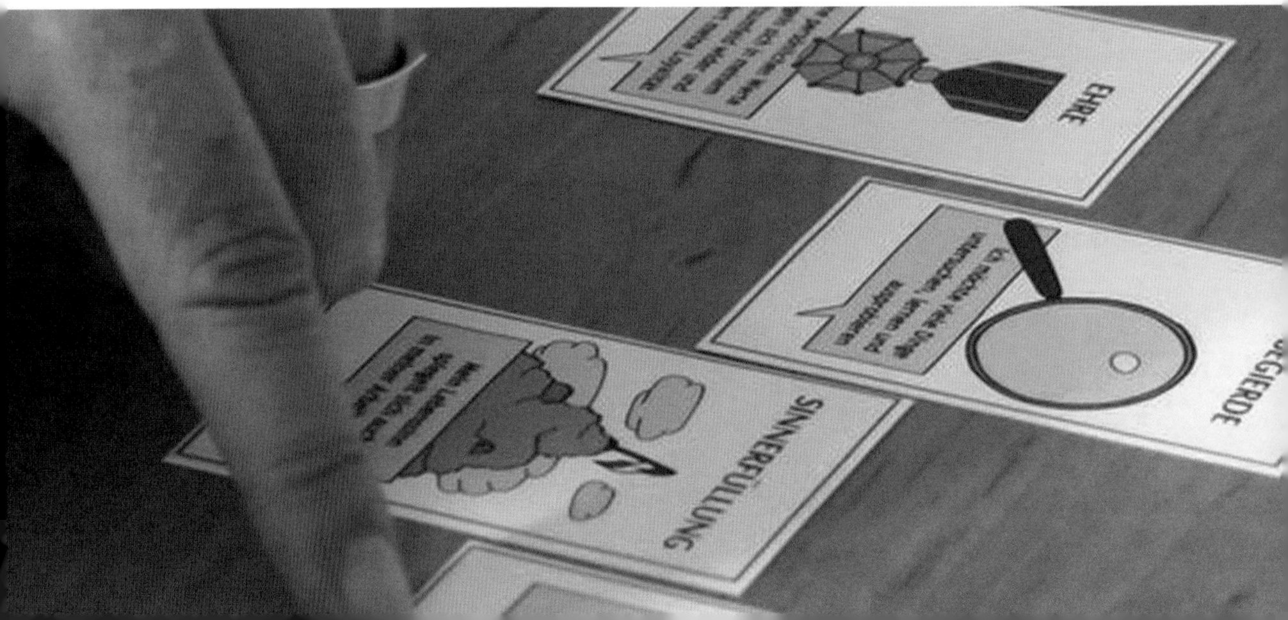

### 採用のテクニックとしてのムービングモチベーターズ

"私が小さな会社で働いていたとき、チーム増員のために上司から新しいメンバーの雇用を依頼された。これまで私は面接官としてテーブルについたことがなかったが、喜んでその挑戦を引き受けた。私は以前、信頼のおける情報源に「採用した人が会社の文化を成長させる」と書かれているのを読んだことがあったので、価値観を重視する必要があった。しかし、どうすればそれができるだろうか？

ある朝、私はシャワーを浴びていたとき（私が1日で最も頭が冴えている瞬間だ）、自分が完璧な道具を持っていることに気づいた。そう、ムービングモチベーターズだ。そして私は候補者との面談でこれを使い、次の質問を投げ掛けることに決めた。「この会社への転職をどう評価するか？」

この質問から、私は2つのことを得た。ひとつめは、候補者の内発的な欲求や価値観と、会社観点で最も重要なことを比較した結果だ。ふたつめは、その候補者が入社してきたときに、欲求や価値観がどう変わるかについてだ。私たちは、その候補者が会社にマッチしているかどうかを理解できた。

私にまた人事の仕事が回ってくるかどうかはわからないが、少なくとも、私たちが採用した人は会社の文化にぴったりと合っている。"

ジェラルド・バルシア・パラシオス スペイン

## 始め方

さあ、ムービングモチベーターズの実験を始めるときがきた。

1. Management 3.0のWebサイト（m30.me/motivators）から、10のモチベーターが描いてある無料のカードのPDFをダウンロードし、あなたの子どもや近所の人にカットしてもらおう。

2. エクササイズを一緒にしてくれる人を見つけよう。配偶者、同僚、親友、あるいはピザの配達人でもいい。

3. 信頼を得て、良い手本となるよう、あなたが最初の一歩を踏み出そう（他の人は観察者になることから始めよう）。まずカードを横一列に並べる。片方の端にあなたが最も重要だと思うカードを置き、もう片方に最も重要ではないカードを置く。残りはその間のどこかに置こう。

4. あなたのモチベーションに影響を与える、ある種の変化やイベントを想像してみよう。例えば、新しい家に引っ越す、働き先を変える、仕事で昇進する、家族が増えるといったことだ。

5. 10枚のモチベーターそれぞれで起こる変化の影響を想像してみよう。その影響がポジティブな場合はカードを上に、ネガティブな場合はカードを下に動かす。

6. カードを左右や上下に動かしながら、なぜそう動かしたかを他のプレイヤーに伝えよう。あなたにとって言葉や絵がどんな意味を持っているか、理由を声に出しながら考えるといい。

7. あなたの番が終わったら役割を変えよう。そして結果を評価してみよう！

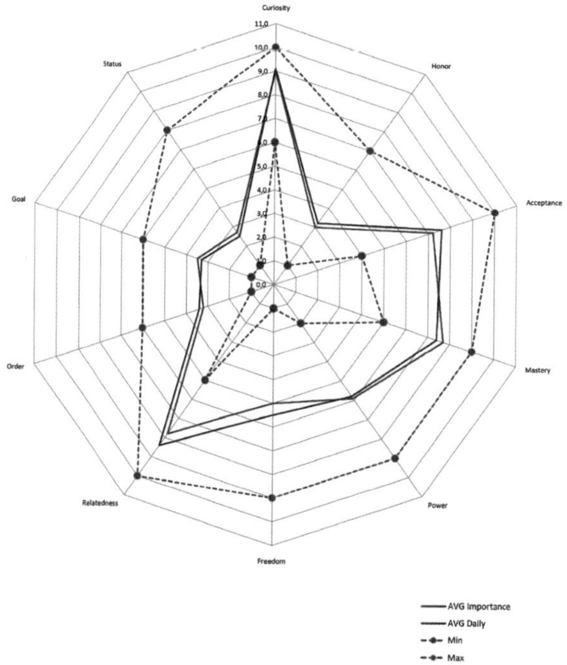


© 2014 Dave Brands

## Tipsとバリエーション

グループによっては、10個のモチベーターについての簡単な議論から始めるのがいいだろう。まずは概要レベルの理解と解釈ができるようになる。

ムービングモチベーターズを実施しているとき、（喋らない）観察者に向かって喋りかけることで、声に出しながら考えられる。

多くのプレイヤーにとって、背景を知るのは重要なことだ。具体的な環境での具体的な変化を念頭において、モチベーションを評価してみよう。

好きなようにカードを省いても（あるいはいくつか他のカードを足しても）構わない。

結果を写真に撮っておけば後で見返せるし、他の人にも共有できる。

チームメンバー全員の結果を集めて、チーム全体のモチベーションを見える化するようヒートマップで表現している。

チームメンバーの1人がリーダーに昇格したときに、あらかじめ人の感情についての説明をしたうえでゲームを実施した。不安や失望の気持ちを表現し、解消できた。

皆に問いかけよう。「1年前にやった結果と違っているか？」や「今から3年後にどうなっていたいか？」といった質問だ。

パーソナルコーチとして、子どもを持つべきかどうかを何ヶ月も悩んでいたCEOとゲームを実施した。素晴らしいことに、彼女はこのゲームで決断できた！

ムービングモチベーターズを実施した後は、必ず議論するようにしよう。そこが一番価値のあるところだ。

私たちのチームはカードごとの変動や差異を数値化して、レーダーグラフにするのを好んでいた。それは本当に彼らのモチベーションになっていた。;-)

チームで実施した結果を壁に貼り出しているので、チームミーティングの際、いつでも結果を指差して「それは私たちのモチベーションを高めるのか、あるいは高めないのか！」と言えるようになっている。

具体的なツールやさらなるアイデアを m30.me/moving-motivators で見つけよう。

第11章

# ハピネスドア

より幸せな組織の方向性を示す

幸せは到着駅ではなく、その旅路の過ごし方だ。

マーガレット・リー・ランベック
アメリカの作家
(1905-1956)

有名になったとき、成功したとき、十分な富を得たときに幸せになると考えている人もいる。しかし、研究によると、幸せは目的地というよりも決断と言われている。つまり、職場でも、あなたが決断すれば達成できる。幸せの12ステップの確認と実践に加えて、ハピネスドアを使った、楽しく幸せを計測する方法をお勧めする。

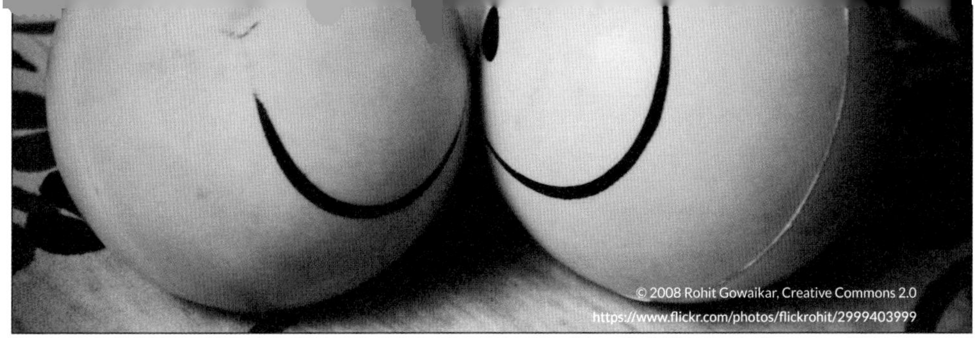

© 2008 Rohit Gowaikar, Creative Commons 2.0
https://www.flickr.com/photos/flickrohit/2999403999



人の幸せを論点にした章が書かれないまま、『マネージング・フォー・ハピネス』と題した本が完成することはないだろう。このテーマはよく議論されているが、誤解を伴う場合もある。この章では、研究者が幸せについて解明したことと、それを職場に適用する方法を簡単に紹介する。すべてはシンプルな思考実験から始まる。

次のことを考えてほしい。オフィスで仕事しているとき、あるいは同僚と一緒の時間を過ごしているときのことを思い出してみよう。そこに幸せを感じた瞬間はあるだろうか？　温かい気持ちになったり、笑みがこぼれてしまうような思い出はあるだろうか？　さあ、どうぞ。少し待つので考えてみよう。

カチ、コチ、カチ、コチ、カチ……

あなたは脳の奥底から何か見つけ出せただろうか？　きっとできたはずだ！　もしできなかったのであれば、このまま読み進めてほしい。この章では、幸せな思い出を作るための方法をあなたに伝える。

### 私の**思い出**の一部分

学校を卒業して最初に働いた会社で、自発的に（そして許可なく）コースウェアを作り直したが、そのときに寄せられた喜びと感謝の声を今でも覚えている。フィンランドの北部で、同僚と一緒にトナカイとスノースクーターを（同時にではないが）終日走らせたことを覚えている。ビジネスプランコンテストで優勝したとき、ジャーナリストに自分とチームの写真を撮影してもらったことを覚えている。チームメンバーへのエイプリルフールのいたずらが大成功し、一日中、困惑と笑いに包まれたことを覚えている。同僚が定期的に開催していた「ゲームナイト」と呼ばれるイベントで、オフィスの地下に籠もって「カタンの開拓者たち（Settlers of Catan）」を遊んでいたことを覚えている。私は仕事をするのが楽しかった。評価されたり、仕事中や仕事終わりに同僚と楽しんだり、嬉しいことに私にはたくさんの思い出がある。あなたにも、こういった大事な思い出があるはずだ。

# エンゲージメントか満足か？

この本では、何度か、職場の人のエンゲージメントレベルの低さを引き合いに出してきた。従業員のエンゲージメントに関する有名な調査であるギャラップの***State of the Global Workplace***によると、世界的にエンゲージメントを感じている人は13%で、エンゲージメントを感じていない人は24%だそうだ。残りの人はその両者の間に存在する憂鬱なほど広大な中間地帯に佇んでいる。[1]これまでの章で、私たちは皆のエンゲージメントを高めるさまざまなプラクティスを見てきた。しかし、従業員のエンゲージメントは話の一部に過ぎない。

世界的に**エンゲージメント**はかなり低くなっているにもかかわらず、**満足度**はとても高いことが伺える。LinkedIn/Adlerグループの世界的な調査によると、従業員のうち、自分の職に「やや満足」「非常に満足」と感じている人は72%で、「やや不満」「非常に不満」と感じている人はわずか14%だそうだ。[2]ここから「多くの人は自分の職に非常に満足しているにもかかわらず、エンゲージメントは非常に低い」という何とも矛盾した結論が導かれる。そんなことがあり得るのだろうか？　どうやら、働く人にとってのエンゲージメントと満足は同じではないようだ。

エンゲージメントの高い人は、組織で生産性を高めようとするモチベーションを感じている。彼らは最高の成果を提供し、すべてのステークホルダーを幸せにしようとする。しかし、エンゲージメントの高い人が不満を抱えている人でもある場合、彼らが自分に必要なものをすべて無視し、与えられるものをすべて与えようとして燃え尽きる可能性があることを警戒すべきだ。幸運にも、こういったケースはほとんど起こらない。私としても燃え尽き症候群の犠牲者となった近しい友人をひとり知るのみだ。

同様に、満足している人はエンゲージメントの高い人を必要としない。満足している人は、必要なものの大部分かすべてを満たしているため、自分の職場環境に納得している。しかし、エンゲージメントが低く組織にとって生産的でない場合、彼らがサボる問題を懸念すべきだ。つまり、彼らは生産性を高めることなく、自分に必要なことだけにただ集中してしまう。悲しいことに、私は個人的にこういったケースに該当している例をかなり多く知っているし、見てきている。

こういった背景を踏まえたうえで、幸せとは何だろうか？

一般的に、幸せは「安らぎのある満足感から強烈な喜びまで、ポジティブで心地良い気持ちに支えられた、その人にとっての良い精神状態」と定義されている。つまり、幸せは「長期的でポジティブな感情によって無意識のうちに包まれている心地良い気持ち」である一方で、「自分自身や環境によって引き起こされる短期的で爆発的な喜び」でもあるということだ。

私は、「仕事を長期的にポジティブに捉えているにもかかわらず、エンゲージメントの低い人」のことを想像できるし、「仕事を長期的にポジティブに捉えているにもかかわらず、ある特定の職場環境に満足していない人」のことも想像できる。こういった仕事に対するエンゲージメントの欠落や不満は、その人が感じる短期的な幸せの度合いに一時的に影響を及ぼすだろう。同様に、ネガティブな感情を持つ不幸せな人も、おそらく一時的には仕事に対するエンゲージメントや職場環境に対する満足を感じているかもしれない。しかし、ある時点では、その人が感じる長期的な不幸せがエンゲージメントと満足の両方に影響を及ぼすだろう。

毎度のことながら、事は複雑なのだ。エンゲージメント、満足、幸せの概念の定義は難しい。お互いに関連しているが、完全に重なり合ってはいない。すべてがお互いに絡み合っているのだ。

エンゲージメント、満足、幸せの概念の定義は難しい。
お互いに関連しているが、
完全に重なり合ってはいない。

## 幸せが先で、成功は後

どんな組織でも、どんな仕事でも、どんな業界でも、幸せが感じられることが一番だ。エンゲージメント、満足、幸せは密接に関連しており「幸せな人は不幸せな人よりも生産性が高くなる」という事実がある。[3] しかし、彼らの幸せに貢献するためにマネージャーは何ができるだろうか？

多くの人にとって、幸せは最終的なゴールだ。しかし、研究者によると「幸せは人生における成功よりも心境の方に深く関係している」ということが示されている。つまり、幸せはいつも成功の予兆であって結果ではないのだ。[4]これはまさしくそのとおりで、成功によって短期的な幸せは「一時的に」増幅するが、それまでに長期的な幸せを感じていなかったとしたら、そもそも成功する可能性が低くなってしまうはずだ！

そのため、ほとんどの人が考えているのとは裏腹に「幸せは手段であり、目的ではない」ということになる。賢明なのは、幸せが成功への道に導いてくれるようにすることだ。[5]私たちは、幸せに働けるようになるための具体的なステップを踏む時間を確保しておくべきだ。幸せが感じられるようになれば、後から進捗と成功がついてくる可能性が高まる。幸せは結果ではなく、決断なのだ。

**人間はみんな幸せになりたい。そのほかの願望は、たいてい、そこへ向かうのに役立ってくれそうな手段だ。**

ダニエル・ギルバート『明日の幸せを科学する』（原題：*Stumbling on Happiness*）[6]

幸せは結果ではなく、

決断なのだ。

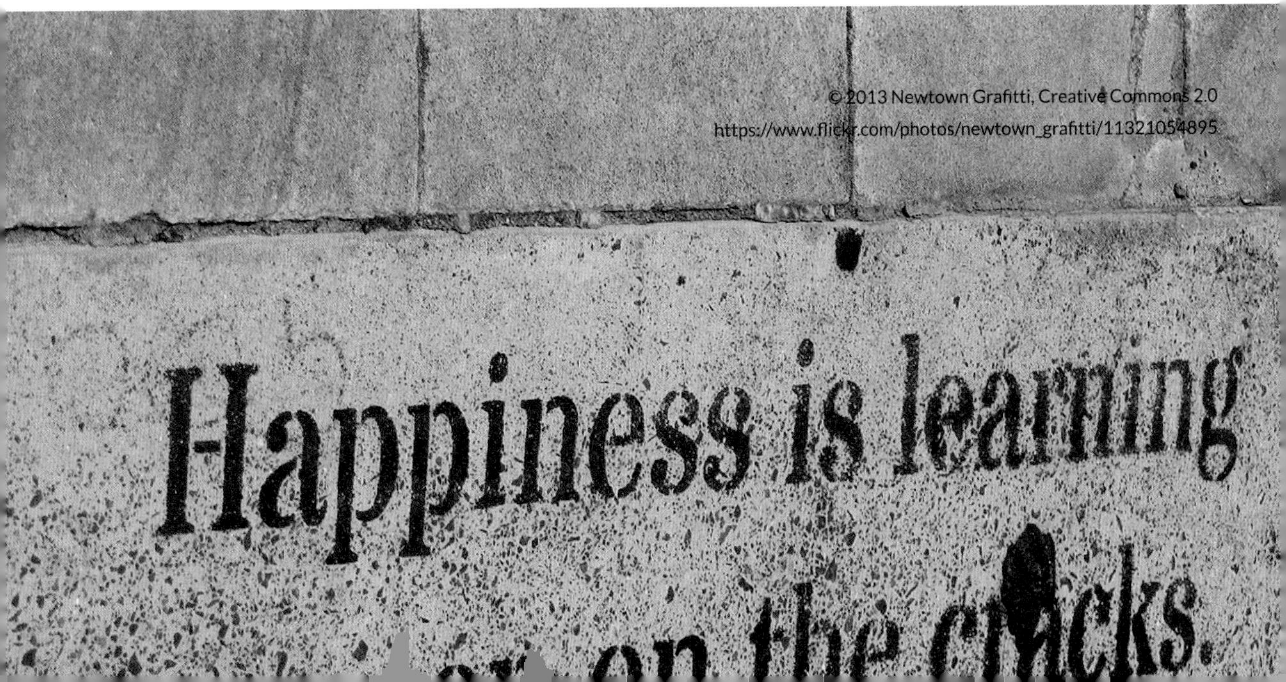

## 幸せへの12のステップ

前に言ったとおり、私はちょっとした調べものをするのがとても好きだ。アルゼンチンのブエノスアイレスで休暇を過ごしていた際、幸せな雰囲気に浸りながら、「科学的観点で人を幸せにするためのものは何か？」ということを考えた。飲み物を飲みながら、Webで幸せに関して科学的な裏付けのある記事を2〜3時間ほど漁っていると、多くの記事や研究レポートで同じ内容が何度も出てくることに気づいた。そして、ようやく12個の項目を列挙した**幸せの12のステップ**（***12 Steps to Happiness***）と名づけたリストにまとめることができた。12の「ステップ」としたのは、幸せが目的地ではなく道の過程であることを強調したかったからだ。幸せは辿り着ける場所ではないため、鍵も確かな道や航路も存在しない。正しい方向に向かって一歩を踏み出したときに実感するのが幸せなのだ。

ここで12のステップを示そう。マネージャーかチームメンバーのいずれかの立ち位置を踏まえて、ひとつひとつを考慮に入れ、できる限り適用してみよう。目的には同僚を幸せにするだけでなく、自分自身が幸せになることも含まれる。事実、自分以外の幸せに貢献することは、同時に自分自身の幸せに貢献することにもなる。私たちは皆、毎日ほんの少しずつ幸せになる資格があるのだ。

> **だとしても救いはある。外的な環境だけではなく、幸福に影響を与えうる内的な環境もたくさんあるということだ。外的な環境を変えたいと決心し本気で努力したら、今よりも幸せな状態が末長く続くことだろう。**

マーティン・セリグマン『世界でひとつだけの幸せ』（原題：*Authentic Happiness*）[7]

**感謝しよう（Thank）**。同僚にそれを伝え、常に感謝の気持ちを忘れないようにしよう。[8]同僚に感謝を伝え、彼らがどんな人でどんな仕事をしているかを認めたとしても、簡単な手紙を書いたり、サムズアップや温かい握手、心からのハグをしたりすること以上の労力は掛からない。私は、「誰かに感謝する」というタスクを自分のタスクリストに繰り返しで登録している。最近書いた感謝の手紙は、私にオンラインミーティングに参加するよう説得してくれたチームメンバーに対するものだ。実は、そのとき私は執筆のために1人になりたかったのだ。それでも彼女はミーティングに参加するよう取り計らってくれたため、本当に感謝している。他のチームでは、少なくとも週1回の頻度で皆が誰か1人に感謝を伝えるという「感謝の輪」を開催して楽しんでいるという話も聞いたことがある。

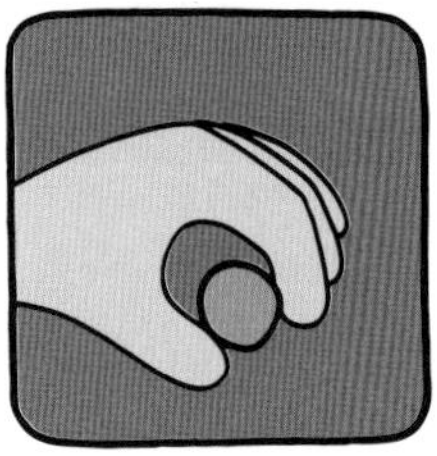

**与えよう（Give）**。ささやかなプレゼントをチームメンバーに贈り、ギフトをお互いに贈り合えるようにしよう。そうすれば、贈った人ともらった人の両方が幸せになり、幸せになった人がもっとギフトを贈るようになるという好循環が生まれ、それが持続していく。[9]そういった状況にしていくには、Kudoカード（第1章を参照）を導入したり、誕生日や記念日でサプライズギフトを渡したりといったシンプルな方法もあれば、クリスマスなどの祝日に年1回のお祝いとしてもっとギフトを渡すといった手の込んだ方法もある。事前に期待されないことがコツだ。私は最近、チームメンバーにベルギーのお土産としてクランキークッキーを渡した。彼らは喜んでくれたし、その写真をFacebookにも上げてくれた。しかし、ここで注意すべきことがある！　金銭的なインセンティブと解釈されて内発的動機が損なわれないように、ささやかなギフトに留めておく必要があることは常に心がけよう。

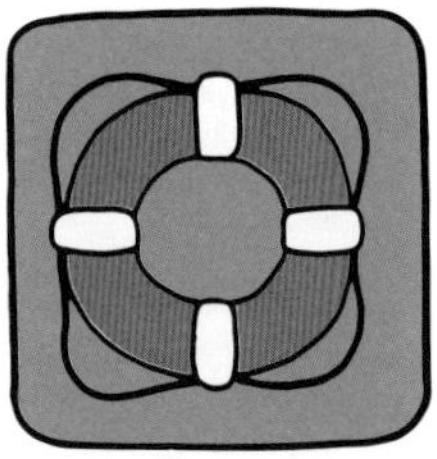

**助けよう（Help）**。それを必要としている誰かに手を差し伸べよう。あるいは、チームメンバーがお互いに助け合えるような時間と場所をつくろう。なぜなら、利他的な行動が人の気持ちを良くするからだ。[10]例えば、お互いに助け合うようにするために、定期的にペアで働く時間（ペアコーチング、ペア開発、ペア執筆、あるいはペアマネジメントでも）をルール化できる。同僚たちにメンターやコーチになってもらうこともできる。お互いに助けを求めたり、助けたりするような双方向の1on1セッションも実施できる。全員の意見をすべて反映できなかったが、この本の執筆の際、多くの人がドラフト版のレビュー参加やストーリー寄稿で私を助けてくれたのは、やはり驚くべきことだ。誰の助けも必要としないときでも、周りの人から助けてもらうことで彼らの幸せを増やせることを忘れないでほしい。

**よく食べよう（Eat well）**。そして、皆のために社内に簡単に健康的な食べ物がとれる場をつくろう。食べ物と職場の雰囲気には強い相関関係があると言われている。[11]驚くことに、社内でスイーツ、クッキー、スナック、炭酸飲料、ピザをとるのは今や当たり前になっているが、もしマネージャーが皆の幸せや生産性を本当に気にしているのなら、フルーツ、ナッツ、野菜、ミネラルウォーターなど、もっと健康的なものにしたほうがいいだろう。これはランチタイムだけではなく、一日中そうすべきだ。そして、この話題を話すのであれば、私は罪をひとつ告白しなければならない。実は、私は意気揚々とサラダバーに駆け込んでいくような熱心さを持ち合わせているわけではない。しかし、個人的な改善の余地は少しくらいあったほうがいい。そうだろう？

**運動しよう（Exercise）**。同僚たちが定期的に自分の体を管理できるようにしよう。体を動かす運動は、多くの病気を遠ざけ、幸せを高める効果があると言われている。[12]これは明らかにマネージャーとして考えるべき内容だ。もちろん、「オフィスにジムを設置すべき」と言っているわけではないが、自分で選べるちょっとした健康促進のプログラムを用意すると、多くの従業員から感謝されるだろう。そして、同僚と一緒に週1回のランニング、ウォーキング、サイクリングを企画するのも忘れてはいけない。私の友人には、同僚と一緒にワークアウトを定期的に楽しんでいる人もいる。このように、人間工学に基づいた椅子、スタンディングデスク、コンピューター機器の適度な利用をアドバイスするソフトウェア、健康的なストレッチエクササイズなどは、ストレスやうつのリスクを最小限に抑えるのに有効だ。

**十分に休息しよう（Rest Well）**。そして睡眠をとろう。良い睡眠は、健康に長生きする秘訣とよく言われている。[13]職場に置き換えて考えると、日中に皆がリフレッシュできる場所を配慮することにあたるだろう。会議室の一室を転用し、リクライニングチェア、まくら、リラックスできるようなソフトな音楽を用意して「禅の部屋」と名付けてみてはどうだろうか。休憩やリラクゼーションの推進派となって、それを必要としない人に疑問を持とう。「業務時間」は、生産行為を強制するギプスを皆に無理やり着せるようなものではない。最適な活動時間は、人によって異なるのだ。私はオフィスの地下にあるソファで横になっている人を見かけ、自分の体を大切にしていると褒めたことがある。

**体験しよう（Experience）**。新しい体験から得られる幸せは、物質的なものから得られる幸せよりも長続きする。[14]毎日を新しいことを学ぶ機会にしよう。何かを試して実験してみよう。イノベーションは、マネージャーではなくクリエイティブワーカーから起こることがほとんどであり、皆が自由に創造性を発揮しているときに生まれる。例えば、何年も前のことだが、私の仲間のソフトウェア開発者が皆で一緒にピンク色の服を着る日という「ピンクフライデー」を企画した。特に理由はなく、同僚たちが楽しみ、新しい体験を得るためだけだった。今や、そんな思い出のほうが、従業員としてもらった数々のガジェットなどよりも大切なものになっている。

**ハイキングに出掛けよう（Hike）**。自然を楽しみに外に出よう。たまには皆を職場から避難させよう。単なる運動よりも、外で自然と触れ合うほうが活力は増す。[15]偶然ではないが、私は1時間前に森のなかを自転車で20kmほど走ってきて、ちょっとした疲れを感じながらこの文章を書いている。これは、私が一日中ずっと机やコンピューターに張り付いたままにならないように心がけている方法のひとつだ。こういった類の他の例として、私は、美味しいコーヒーを飲みながら読書するために街を散策することも日課にしている。自分だけではなく、同僚たちも新鮮な空気を吸える場所に連れて行こう。次の午後のコーヒーの際、2km先にある素敵なカフェまで買いに行ってはどうだろうか。あるいは、数年前に私がやったように、チームを洞窟から連れ出して太陽の下でチームミーティングを楽しんでみてはどうだろうか。

**瞑想しよう（Meditate）**。毎日、あるいは定期的にマインドフルネスを実践しよう。素晴らしい幸せを得るためには、自分や周りに対する意識を高め、心の平穏や安静を保つことが有効だ。[16]目まぐるしく変化する世界で、何をするにも簡単にはいかない状況にいると、私たちは仕事やプライベートの多忙さに容易く支配されてしまう。しかし、私たちの精神は、21世紀の現在のためにつくられたものではない。体と同じように、脳にもいくらかのケアや注意が必要なのだ。先進的な会社では、従業員にマインドフルネスのプログラムを導入したり、瞑想用の部屋を提供したりしているが、これは集中力や明晰性を高め、全体的な幸福感を高めるのに役立つからだ。[17]

交流しよう（Socialize）。皆と関係性を育もう。同僚だけでなく、ステークホルダーも含め、一緒に働いている人同士が繋がりやすくなるようにしよう。幸せに関する最も長期的な研究によると、充実した人生を過ごすための要因は、「家族や友人との関係性」ということがわかっている。[18]つまり、長期的にあなたをより幸せにするのは、仕事ではなく、あなたの周りの人たちだということだ。チームランチや仕事終わりの飲み会を企画しよう。あるいは、過去に私がやったように、同僚たちを自宅に招いて一緒に料理するような夕食会を企画するのもいい。他にも、ランチタイムに会議室で皆の休暇の写真をプロジェクターに投影するような鑑賞会に彼らを誘ったこともある。彼らはとても喜んでいた。皆と一緒に、お互いの趣味、家族、価値観、夢を知れる機会を作ると、ちょっとした話がやりやすくなる。お互いを認め合うことができ、繋がりが育めるようになるのだ。

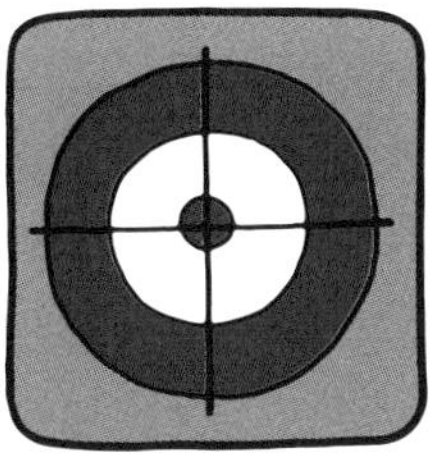

ゴールを目指そう（Aim）。組織として掲げる目的を示し、皆の成長やコミュニケーション、自己実現を促そう。逆説的に言うと、幸せは掴みどころがないため、幸せそのものを求めるべきではない。幸せになるために努力するよりも、意味のあることに力を入れて取り組もう。意味を求めることは幸せを生み出す。[19]職場で働く人を幸せにするためには、自分が会社にいる意味や価値のある目的に貢献していることを示す以上の方法は存在しない（私の会社のHappy Mellyは、目的を「間接的に他の人の幸せを増やす」と設定したことで、そのパラドックスを回避する方法を見つけた）。しかし、組織の存在意義を高めるのは従業員だけではないというのを忘れないでほしい。つまり、組織も彼らのゴール達成のために力を尽くして支援すべきだ。

笑顔になろう（Smile）。皆がそういう気持ちになるように笑い合おう。私の高校生活は人生の暗闇だったが、自分のばかげたジョークで教室の皆を笑わせていたことは、とても楽しい思い出だ。幸せだと私たちは笑顔になるが、逆もまた然りなので、笑う理由がないときでも笑顔になろうと意識するのは賢い方法だ。笑顔は私たちを幸せにする。[20]ある研究では、偽の笑顔を顔に描くと気分に良い影響を与えることが明らかにされている。脳が自分は幸せだと錯覚し、本当に笑顔になる機会が増え、それによって、エンゲージメント、満足、生産性の向上に繋がるためだ。もちろん、偽りのないありのままの笑顔であるほうが良いことは言うまでもない。そのため、無害なユーモアや百戦錬磨のジョークを賢く使うことをお勧めする。

2011年前半に開催した最初のManagement 3.0のワークショップで、私は**ハピネスドア**（happiness door）というアイデアを思いついた。私はそれまで、ワークショップの参加者が安全にお互いを尊重しながらも楽しく夢中になれるフィードバックの方法を探していた。コメントを書いた付箋を壁に貼って共有してもらうという**フィードバックウォール**（feedback wall）は既に知っていたし、幸せの度合いを（通常は）1から5の尺度で評価してもらうという**ハピネスインデックス**（happiness index）も知っていた。大変ではあったが、なんとか最初のワークショップを成功に収めた帰りの車の中で、私はこの2つのプラクティスを1つにまとめるアイデアを思いついた。

この方法はとても簡単だ。プレゼンテーション、トレーニングセッション、ビジネスミーティング、ポールダンスなどのあらゆる種類のイベントの最中か終わり際のタイミングで、参加者にすぐにフィードバックをもらうようお願いする。なぜなら、ほとんどの人がそうだろうが、そのときに脳で感じた印象はヨーロッパの信用格付けよりも早く消えてしまうからだ。また、そのフィードバックに応じて行動し、やってしまったミスから起こる後悔や悪影響を最小限に抑えるためにも、早いフィードバックがほしくなる。まず、皆に付箋にフィードバックを書いてもらう。あなたは壁に「1」か「悪い」（下側）から「5」か「素晴らしい」（上側）の尺度でハピネスインデックスを描く。そして皆に壁に付箋を貼り出してもらう。付箋を貼る位置が高いほど、その人は幸せということだ。[redacted]付箋に何も書かず、幸せの度合いを示すだけでもいい。この方法は30秒で簡単に説明でき、立ち去るついでに素早く（匿名の）フィードバックを得るのに最適な方法だ。

「驚くべきエクササイズだ」や「とても良い議論だ」とだけしか書かない人もいるが、それでもマネージャーや主催者としては幸せを感じるはずだ。笑顔や何も書いていない付箋を残して去る人もいる。他にも「引用が多すぎる」や「もっと絵や図を使ってほしい」あるいは「理論ばっかり」や「もっと理論を知りたい」といった具体的なフィードバックを共有してくれる人もいる（そう、私は最後の2つを同時にもらったことがある）。私にとって、ハピネスドアは常にうまく機能している。

私が参加したいくつかのカンファレンスでも、ハピネスドアがさまざまな成功を収めていた。いずれの場合においても、私は実際にドアを見るまで、主催者が見事な手口でハピネスドアを設置していたことに気づかなかった。そこには、私がワークショップで受け取ったコメントと同様に、主催者がこういうやり方でフィードバックを集める方法を評価する参加者のツイートやコメントがたくさんあった。

### フィードバックウォールと
### ハピネスインデックス

「ハピネスドア」を考えたのは私だが、当初はフィードバックドアと呼んでいたため、少しの混乱を招いてしまっていた。数人のワークショップトレーナーが、私よりも先に「フィードバックドア」を考えついていたと言ってきたが、誰もこの章で私が説明したような内容をしているわけではなかった。たいていの場合、それらは、壁、窓、コーヒーマシンで任意のフィードバックを収集するだけだった。大事なのは、ハピネスドアが「フィードバックウォールとハピネスインデックスを融合させたもの」というところだ。その目的には、テキストによるフィードバック（任意のコメント）に加えて、数値によるフィードバック（レーティング）があるのだ。

**ハピネスドアはフィードバックウォールと**
**ハピネスインデックスを融合させたものだ。**

ハピネスドアの導入を成功させるにはいくつか重要なことがある。

- ハピネスドア（あるいはウォール、フリップチャート、ホワイトボード）は、例えば出口の隣といった場所に戦略的に配置する必要がある。できれば、ミーティング、カンファレンスの講演、トレーニングセッションなどが終わったときに皆が通る場所に配置するといいだろう。

- 幸せの尺度については、参加者全員が共通認識を持たなければならない。通常、5は良い評価で、1は悪い評価だ。しかし、世界には1が良い評価で5が悪い評価という認識を持つ人もいる。同じ場所に異なる背景を持った参加者がいる場合、混乱するかもしれない。

- 私は数字よりもスマイルマークを描くほうが好きだ。数値評価による混乱を避けられるだけでなく、このようなイラストがドア自体をより魅力的なものにするからだ。

- 主催者はさりげなく付箋を配る方法を考える必要があるかもしれない。すべての椅子のシートや背もたれに付箋を置いていたイベントもあったし、ドアのすぐ隣に付箋を置いていたイベントもあった。

- ハピネスドアの結果を集めて保管しておくのは簡単だ。ドアの写真を撮って封筒に付箋を入れるだけで済む。もしスコアを覚えておきたいのであれば、一部の主催者がそうしていたように、付箋をドアから剥がす前に数字を書き込んでおくといい。私がよくやっていたのは、数字が記載された封筒に入れるという手だ。

参加者からフィードバックを得る方法は他にもある。会場廊下に設置しておいたホワイトボードでフィードバックを集める人もいるが、私は一刻も早く「顔の見える」意見をもらえるほうが好きだ。また、出口の近くであれば、そうそう無視されることはない。回答用紙と箱を使う人もいるが、私はフィードバックを「情報ラジエーター」としても機能させたいと思っている。3色(赤、黄、緑)でフィードバックを集める人もいたが、ハピネスインデックス(1から5)は、それよりも便利だ。そして、ワークショップのファシリテーターにはフィードバックとして定性的なコメントだけを集める人もいるが、参加者によっては、テキストよりも数字のほうが書きやすい場合があると感じている。

私がこれまでに見てきた多くのフィードバックのシステムで最善と思えるものを組み合わせたやり方がハピネスドアだが、もしかしたら、私のドアに「多少偏ってますね」と書いた付箋を貼るのもいいかもしれない。

## フィードバックと影響

ハピネスドアによって「相互作用的な反応を誘発する」という面白い副次的効果が起こる。情報ラジエーターは皆のフィードバックを**集める**だけでなく**影響も及ぼす**のだ。彼らは自分の前に他の人たちがとった行動を目にするため、影響が連鎖することになる。先に低い評価をした人がいると、他の人も同じように低く評価する。あるいは、**もっと**高い評価でそれを相殺しようとするかもしれない。もし、ドアが高い評価だけであれば、低く感じた人が「うーん、自分は合わないところがあったけど、たぶん自分だけなんだろうな」と思う可能性もある。ハピネスドアが科学的な調査に耐え得るとは考えないほうがいい。マネジメントツールとして、研究者に好まれる方法になる可能性は低い。

**遊び心のあるフィードバックの方法は、**
**あなたと同僚たちとの間に幸せを生み出す。**

## 清掃スタッフ

"私は自社で3日間のワークショップを開催したときに初めてハピネスドアを導入した。会社の人たちはワークショップでこういった試みを実施したことがなかったので、なぜスマイリーマークがドアに描いてあるのか、付箋を使う目的は何なのかについて少し時間を掛けて説明した。朝のセッションが終わったとき、最初に壁に貼られたのは私の付箋だった。私は参加者が部屋を出ていった後に壁に貼り、彼らが戻ってきたときにそれが目に入るようにしたのだ。午後からは少しずつ付箋が増え始め、その日の終わりには両手いっぱいに収まらないほどのフィードバックとなった。私たちはそれをひとつずつ確認した。
2日目が始まったとき、私たちは過ちを犯していたことに気がついた……。もっと付箋が増えるように私たちは部屋を前日のままにしておいたが、清掃スタッフにひとこと伝えておくのを忘れていたのだ。付箋もスマイリーマークもすべてが消えてしまっていた！　ここで学んだのは、ワークショップを成功させるためには清掃スタッフもかけがえのない大事な役割だということだ！　彼らも参加させよう！"

パトリック・ヴェルドンク スペイン

ハピネスドアは幸福感を高めるためのものだ。オープンで透明性が高く、魅力的な方法でフィードバックできる場合、そのイベントを高く評価する人は多くなる。部屋にハピネスドアがあるという事実だけで、皆がドアの下側に貼る可能性は低くなるのだ！　冗談がてら、たまに私は付箋を貼ろうとすると首が痛くなりそうな床付近に低評価エリアを設置する。そうすると、大体、幸せの12ステップのひとつである笑いが起こる。ドアは皆を幸せにするためにあるのだ。さらには感謝のコメントに加えて役立つフィードバックを受け取ることができれば、あなたはもっと幸せを感じられるだろう。なにしろ、ミッションが達成されたのだ。

次にミーティング、ワークショップ、イベントなどを開催するときは、主催者として非常に役立つフィードバックを得るためだけでなく、遊び心のある方法であなたと同僚たちとの間に幸せを生み出すために、ハピネスドアを試してみるのもいいだろう。

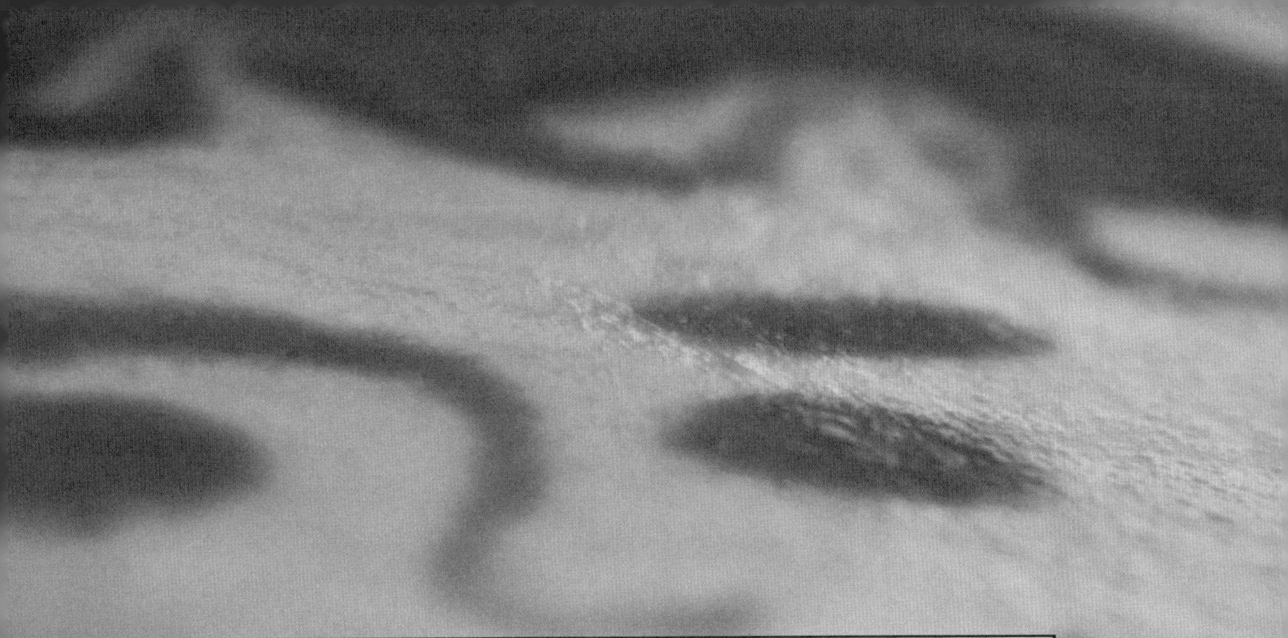

## ハピネスドアを使ったより良いフィードバック

"私はアジャイルコーチとして定期的にスタッフのトレーニングを開催している。自分のトレーナーのスキルを向上させるために、私は参加者からフィードバックを集めた。以前は口頭でやっていたが、それでは期待した結果にならないことがわかっていた。

・参加者にとって、面と向かって率直な意見を直接フィードバックするのは難しかった。
・多くの人は、グループの前でトレーニングについての自分の考えを口に出すことに抵抗を感じているようだった。
・価値のあるフィードバックはとても少なかった。
・私が内省する時間をとる頃には、フィードバックのいくつかを忘れていたかもしれない。

私はフィードバックを書いてもらえれば問題が少なくなるだろうと考えて、ハピネスドアを使うことにした。実際に使ってみると、率直で価値のある個人的なフィードバックがもらえるようになった。おそらく、参加者が付箋に自分の考えを書くことに安全さを感じたからだろう。また、私は自分の成果をパッと見で把握できるようになり、セッションで感じた印象を覚えておけるようにもなった。ついに、どんなフィードバックでも覚えておけるようになったのだ。これまでにわかった唯一の欠点は、書かれたフィードバックが読めないときがたまにあるということだ。こういう場合、きれいに書いてもらうよう事前に頼んでおく必要があるだろう。;-)それはともかく、ハピネスドアは素晴らしい方法であり、今後のトレーニングでも間違いなく増えていくだろう！"

ステファン・ワンダー オーストリア

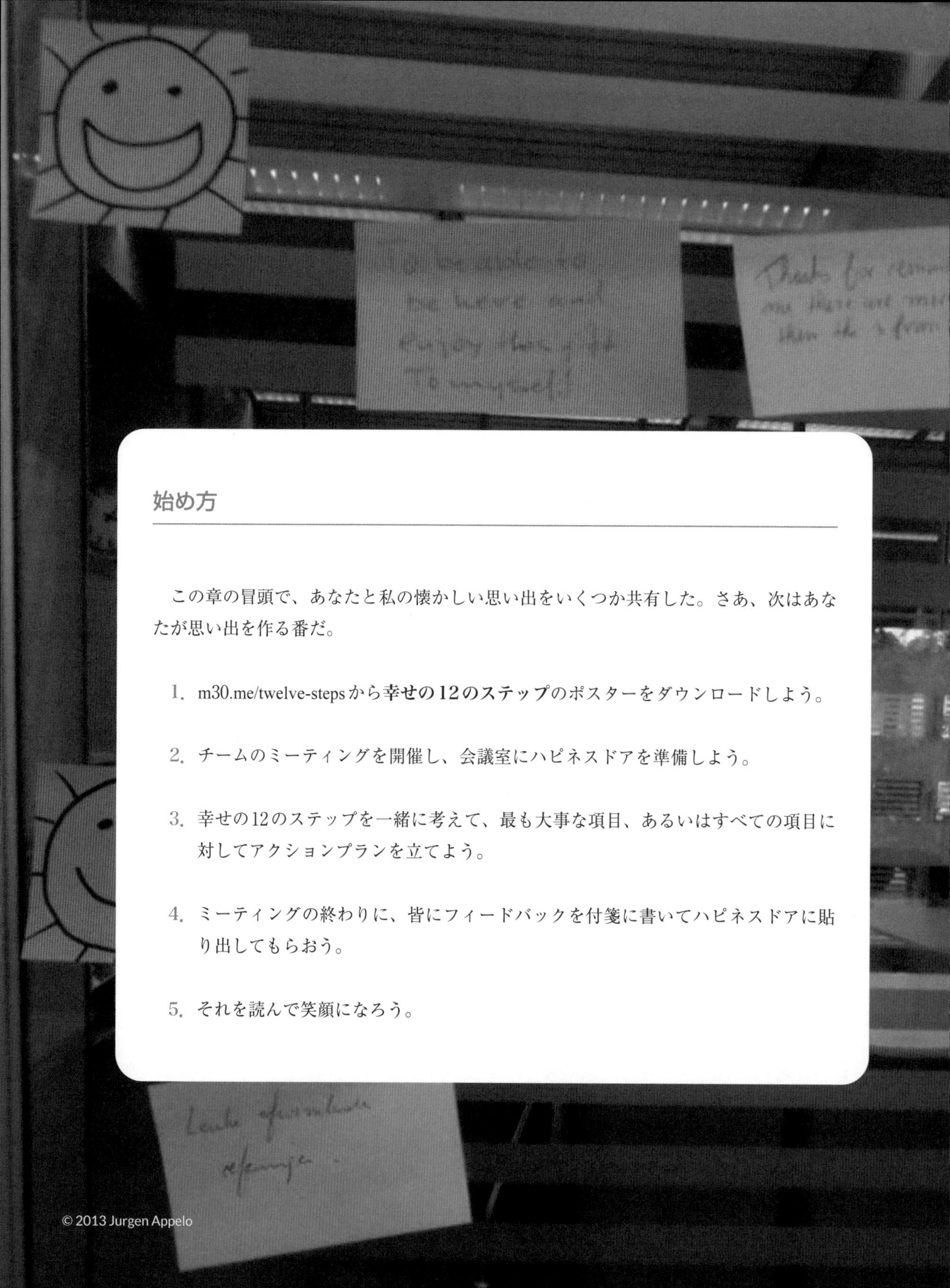

## 始め方

この章の冒頭で、あなたと私の懐かしい思い出をいくつか共有した。さあ、次はあなたが思い出を作る番だ。

1. m30.me/twelve-stepsから**幸せの12のステップ**のポスターをダウンロードしよう。
2. チームのミーティングを開催し、会議室にハピネスドアを準備しよう。
3. 幸せの12のステップを一緒に考えて、最も大事な項目、あるいはすべての項目に対してアクションプランを立てよう。
4. ミーティングの終わりに、皆にフィードバックを付箋に書いてハピネスドアに貼り出してもらおう。
5. それを読んで笑顔になろう。

## Tipsとバリエーション

数字の代わりにスマイリーマークやカミナリ雲（あるいは他のピクトグラム）を描こう。そのほうが何を表しているかがすぐにわかる。

すべての付箋にカラフルな文字で「ハピネスドア」と書き、フィードバックを貼るエリアにも素敵な枠を描こう。

私はいつも本当にすべての付箋を読んでいることを参加者にはっきりと伝えている。いくつかは声に出して読んでいる。

私はハピネスドアに貼られたフィードバックを読み終えたら、すぐに行動に移している。皆はそれに感謝してくれる。

参加者に何も書かなくてもOKだと伝えよう。コメントなしの評価があるだけでも、何もフィードバックがないよりかはいい。

匿名のフィードバックでも大丈夫だと皆に念押ししよう。

私は、ハピネスインデックス（垂直方向）にROI指標（水平方向）を組み合わせた。こうして、幸せと価値を関連させることができた。

フィードバックをもらうためには、いくらか後押しすることが必要になる。彼らに躊躇させないようにしよう。「これは貼ったほうがいいのかな？」すぐにやってもらおう！

たいていの場合、私はワークショップで日に1〜2回フィードバックをもらう。それ以上はやり過ぎだ。

読みやすく書けたかどうかを皆に聞こう。たまにちょっとした走り書きを読むのが大変になることがある。

ハピネスドアにデリゲーションボードやKudoウォールのような他の見える化のプラクティスを組み合わせる方法も考えられる。

私たちは、ハピネスドアとパーフェクションゲーム（the perfection game）〔訳注：ふりかえりのフォーマットのひとつ。ふりかえりの対象について、どの程度望む形でできていたかを1から10の尺度で評価し、10にするためにはさらに何ができるかを考えていくような方法〕の方法を組み合わせ、2つの付箋で問いかけた。ひとつは幸せで、もうひとつは改善だ。

さらなるアイデアを m30.me/happiness-door で見つけよう。幸せの12ステップのポスターを m30.me/twelve-steps からダウンロードしよう。

第12章

# イェイ！クエスチョンとセレブレーショングリッド

成功と失敗から学ぶ

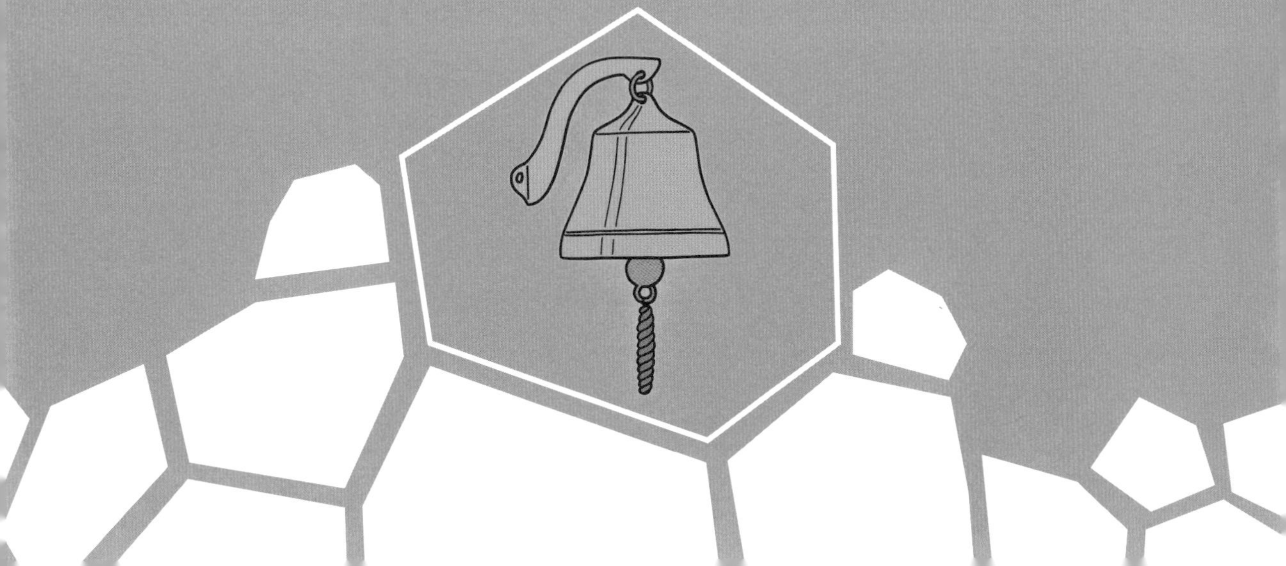

私たちの存在を誰かと祝うのは大事なことだ……人は自分を理解するための唯一の鏡である。あらゆる意味が内在する領域。すべての美徳や悪徳は彼らのなかに存在する。広大な宇宙には何も存在しないのだ。

ロイス・マクマスター・ビジョルド
アメリカの作家
（1949-）

あなたの組織は学びの価値を認めているだろうか？　同僚がいい結果を出したときに称賛しているだろうか？　絶え間なく何かが起こり、組織は日ごとに姿を変え、ある危機が別の危機に移り変わるなかで、人は自分の身に起こった良い出来事を書き留めておくことをつい忘れてしまう。2つの重要な質問を問いかけ、セレブレーショングリッドを描くことで、あなたは大切にすべきことを見つけられるだろう。

何年か前、私は前職のCEOといくつかの組織的課題について議論したことがある。私が指摘したのは、「自社の従業員たちが自分たちの成功を楽しむ時間をほとんど取れていないこと」だ。彼らはいつも多忙で、うまくいったことを祝っている様子はまったく見受けられなかった。そこで、私はオフィスに大きなベルを設置し、祝うことがあったときにそれを鳴らしたらどうかと提案した。このアイデアを思いついたのは、目に見えて魅力的で、使ったときに誰からも無視されないようにしたかったからだ。

驚くことに、1週間後、CEOは銅で出来た船鐘〔訳注：船上で時間を知らせる際に使われる鐘〕を持ってきて、「さあ鐘を持ってきたぞ。これを使おうか」と言ってきた。私はオフィス管理者にオープンスペースの中央に吊るすことを交渉し、従業員全員に「何か祝うことがあったら、誰でもこの鐘を鳴らしていい」ということを伝えた（後で聞いた話だが、他の組織では、船鐘の代わりにカウベル〔訳注：牛を放牧する際に首に付ける鐘〕を使って同じようなことをしているそうだった[1]）。

そこからは2～3週間ごとに、誰かが熱心に鐘のロープを引っ張ることになった。政府からの受注契約、Webアプリケーションのデプロイ、他にもマラソンを完走したとか赤ちゃんが生まれたとかの日常的な出来事でも鐘は鳴らされることになった。どんな理由だってよかった（私は会社のWebサイトよりも自分のブログの訪問者数が上回ったときに鐘を鳴らしたことがある。それはお祝いを楽しみたいだけの口実だった）。

オフィスに鐘の音が響き渡ると、すぐに従業員全員が10分間のお祝いに参加した。少しの時間、ケーキやクッキーを持ち寄ってコーヒーマシンの周りに集合する。鐘はそれらが無料で振る舞われるサインということを皆が知っていた。鐘を鳴らした人が数分程度で何のお祝いなのかを説明すると、たくさんの拍手が送られる。おめでとう！　そして皆は食べ始める。私が最後に鐘の音を聞いたのは、CEOが私の退社を周知したときだ。

誰であろうと、
何か祝うことがあったら
この鐘を鳴らしていい。

「失敗からしか学べない」あるいは「失敗を受け入れるべきだ」と言う人もいれば、[2]間違うことでもっと創造的かつ革新的になれるため、祝うべきだと言う人もいる〔訳注：目指した結果に届かなかったことを失敗、定めた方式や手順に沿わなかったことを間違いと表現している〕。[3]お互いの間違いや失敗を称賛するのを目的にした集まりさえ存在する。[4]さらに興味深いことに、「自分の成功を重視すべきだ」あるいは「成功は更なる成功を生む」と言う人もいる。[5]ここで浮かんでくるのは、「私たちは成功と失敗の**両方**を祝うべきだろうか」という疑問だ。これはつまり、「すべてを祝う」とも言える。真実は、文字通りその真ん中に存在する。

情報理論の専門家は、「失敗の確率が50%周辺にあるときにシステムの学びは最大化される」ということを発見している。[6]言い換えると、あなたの実験に成功する可能性と失敗する可能性の**両方**が程よく含まれるとき、学びの情報は最も多くなるのだ。

実験が良い結果になるか悪い結果になるかを予測できないとき、私たちの学びは最大になる。どうやら、学びには失敗と成功の両方が必要のようだ。私たちが最も多くを学ぶのは、これまでになかった初めての経験からである。既に確立されたプラクティスを繰り返す場合、それ以上のことができるかどうかを知るのは難しい。同様に、毎回同じ間違いを繰り返している場合、そこから学べることはやはり少なくなるだろう。学ぶのに最適なのはその真ん中だ。つまり、あなたが「これまで知らなかったが、知れてよかった。これでもっとうまくやれる！」と頻繁に思える状況でそれは起こる。

**失敗の可能性が高すぎても低すぎても、情報を生み出す効率は悪くなる……「失敗を除去する」とか「失敗を祝う」のような行き過ぎた簡略化は避けたほうがいい。最適な失敗率というものが存在する。**

ドナルド・G・ライナーセン *The Principles of Product Development Flow*[7]

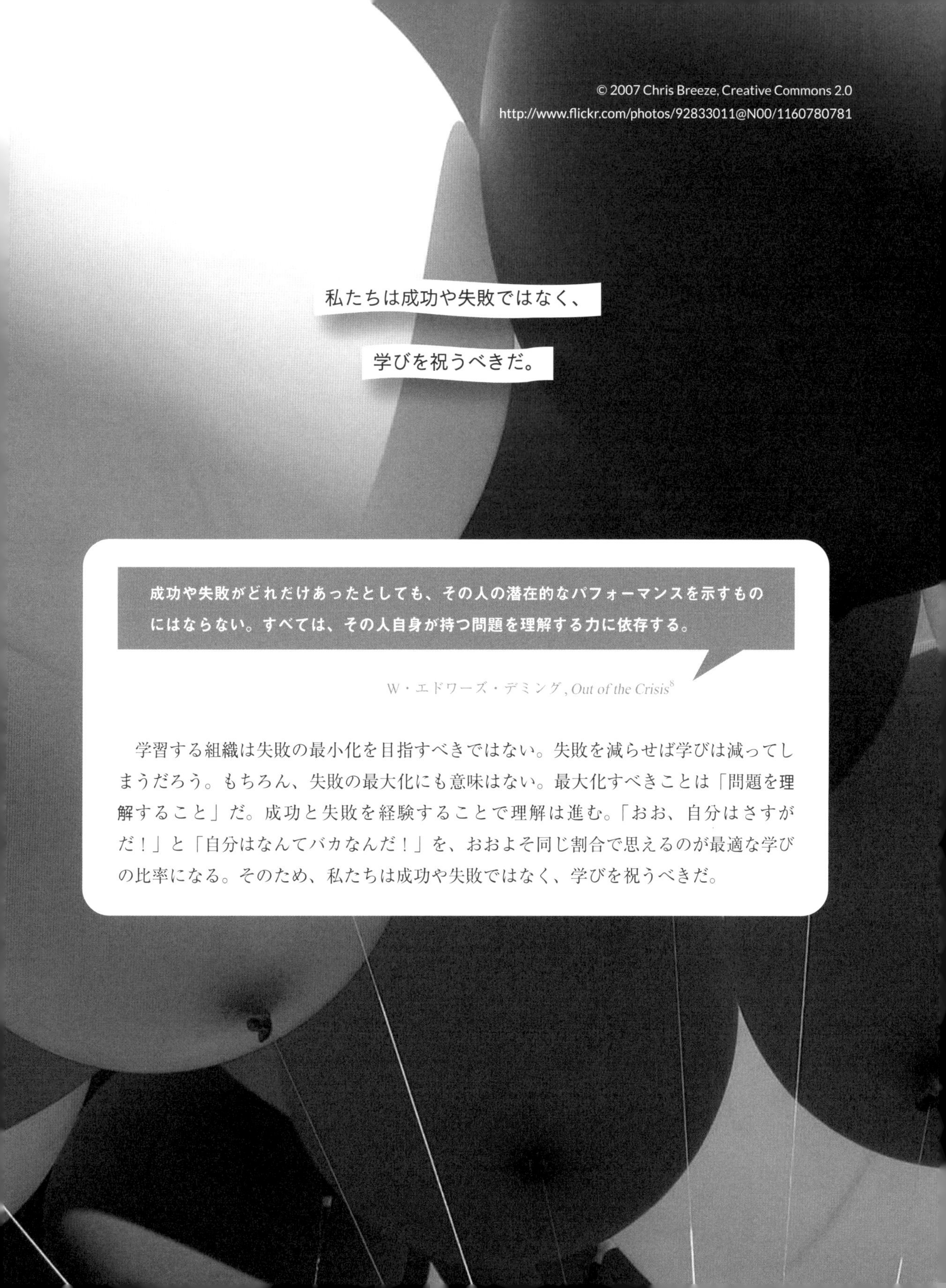



私たちは成功や失敗ではなく、
学びを祝うべきだ。

**成功や失敗がどれだけあったとしても、その人の潜在的なパフォーマンスを示すものにはならない。すべては、その人自身が持つ問題を理解する力に依存する。**

W・エドワーズ・デミング, *Out of the Crisis*[8]

学習する組織は失敗の最小化を目指すべきではない。失敗を減らせば学びは減ってしまうだろう。もちろん、失敗の最大化にも意味はない。最大化すべきことは「問題を理解すること」だ。成功と失敗を経験することで理解は進む。「おお、自分はさすがだ！」と「自分はなんてバカなんだ！」を、おおよそ同じ割合で思えるのが最適な学びの比率になる。そのため、私たちは成功や失敗ではなく、学びを祝うべきだ。

多くの職場では、人は問題解決に集中している。組織を存続させるために継続的な改善が必要であるということは理にかなっている。しかし、改善すべき点に目を向けることは、失敗や間違いに意識を集中させることと同じであり、この考え方はいくつかの深刻な副作用をもたらすことになる。完璧主義者である私自身も、これに関する罪悪感を抱くことがある。かつて、スペースシャトルを担いだゴジラがリンボーダンスで通れるくらいの高さまで、自分や他の人の「ハードルを上げて」きたのだ。

しかし、私は人に「失敗するな」と促した際に起こる、ある不思議なことに気がついた。それは、そう言ったとしても皆のモチベーションは少しも高まらないということだ！　物事をより良くしていくということは、単に（間違いを起こしてしまうような）**うまくいかないこと**を減らすだけではなく、（グッドプラクティスを使って）**うまくいくこと**を増やすことでもある。そして、人はときどき、自分がうまくいっていることをふりかえる必要があるのだ。

常日頃から間違いや問題の追及を主な論点とした議論をしている場合、組織文化がネガティブに感じられてしまうのは不思議なことではない。皆は自分たちが完璧ではないことにアカウンタビリティを問われていると感じてしまう。そうなると、彼らは改善に必要な建設的な観点を持てず、自分を守ることだけに終始する。責任を負うことを避け、問題が見つかるたびに誰に原因があるのかを指摘するようになってしまうのだ。改善ではなく自己防衛的な思考になっているのであれば、事態は少しも良くならず、組織はさらに間違いを生み続けるだろう。

**私たちは間違いを追及するのではなく、**

**グッドプラクティスを祝うべきだ。**

私たちは間違いを追及するよりも、グッドプラクティスを祝うべきだ。私は間違いよりもグッドプラクティスを強調すべきだと考えている。[9, 10] 間違いに目を向ければ、皆はたくさんの間違いを起こしてしまうだろう。グッドプラクティスに目を向けるようにすれば、皆はたくさんのグッドプラクティスを考え出せるはずだ。

グッドプラクティスを重視（あるいは定型化）することで、人の精神的負荷は軽減され、より複雑で不確実な仕事に多くの時間を割けるようになる。例えば、品質チェックリストの活用は、プロダクトやサービスを高品質に保てるようになるだけではなく、より興味深い問題の解決や実験を考えられるようになるため、クリエイティブワーカーにとっては有効だ。[11]

私たちが悪い行動ではなく良い行動を評価したほうがいいのは明らかだ。私たちは間違いを追及するのではなく、グッドプラクティスを祝ったほうがいい。

### 相手を批判してもいいのだろうか？

もちろんしていい！　建設的批判は非常に有効だが（第7章を参照）、ネガティブフィードバックは初学者よりも専門家のほうが効果的だという研究結果が出ている。[12] 初学者の間違いを指摘するのは構わないが、良い行動に目を向けるほうがパフォーマンスは高まりやすい。通常、専門家は間違いの指摘に感謝を示すだろうが、たまには褒めてあげてもいいのではないだろうか。

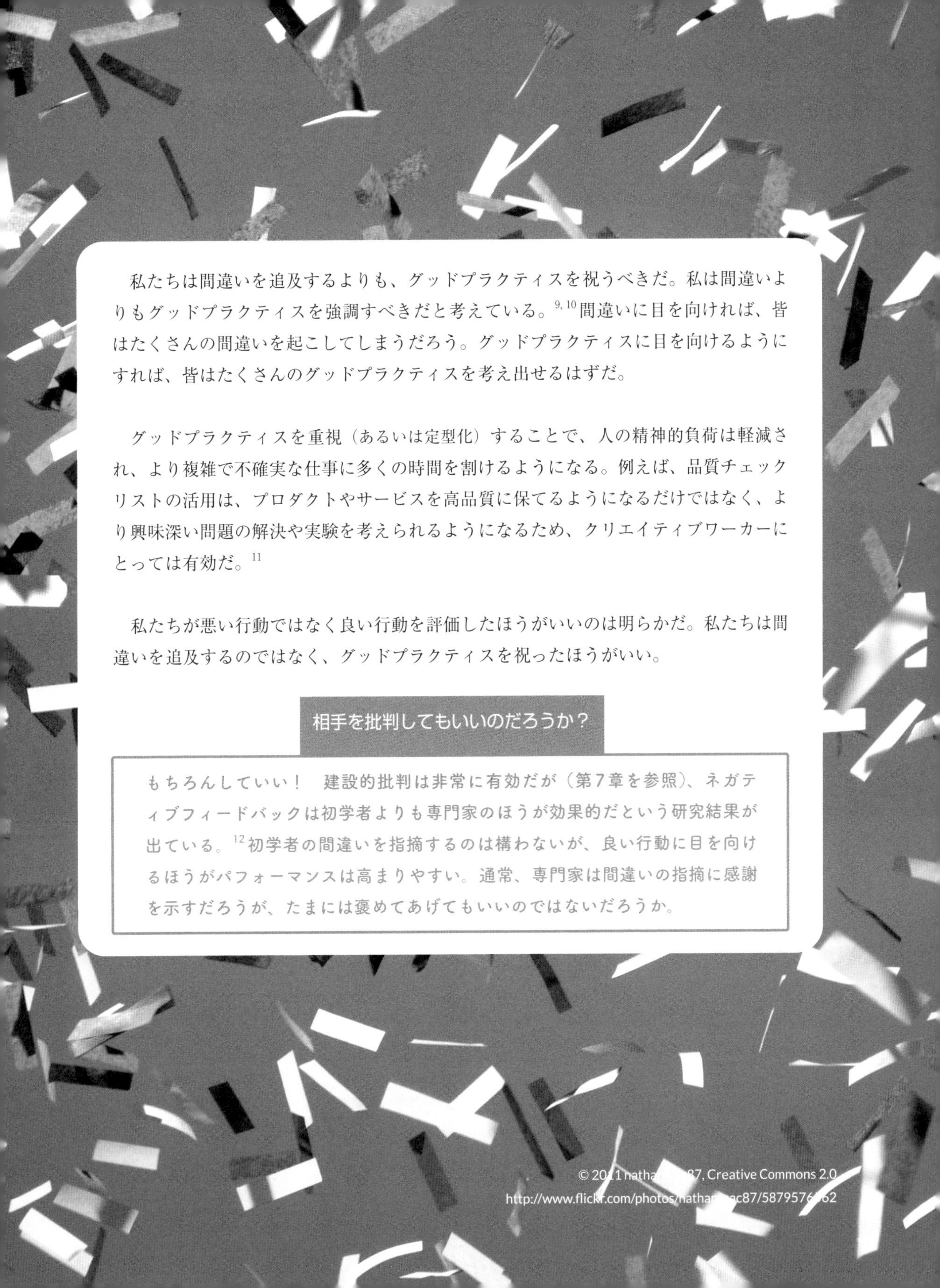

ここまでの説明で、祝う対象にはふたつ考えられることがわかった。ひとつは結果の成功失敗に関係なく何かを学んだときであり、もうひとつはグッドプラクティスを繰り返して予想通りの良い結果が得られたときだ。後述のイラストは、私が**セレブレーショングリッド**（celebration grid）と呼んでいるものである。この図の緑のエリアが（B、C、Eのエリア）、祝う対象となり得る。このエリアを**セレブレーションゾーン**と呼ぶ。

ふたつの「イェイ！」クエスチョンを投げ掛けることで、セレブレーショングリッドの適したエリアに焦点を当てることができる。これは、素晴らしいマネジメントのエクササイズだ。

1. （プラクティスに沿ったことで）何がうまくいったのか？

2. （実験したことで）何を学んだのか？

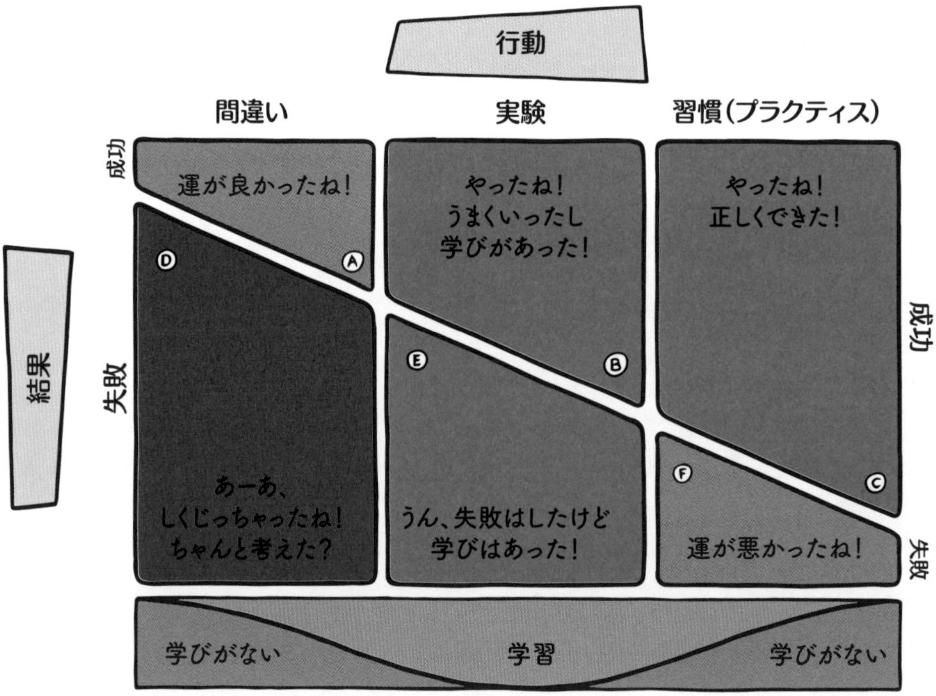

うまくいかなかったことではなく、うまくいったことを質問する。[13] ひとつめの質問は、間違ったことではなく「良いレシピを共有したい」というニュアンスを強める。既に広く知れ渡っているプラクティスについて議論するのもいい。良いレシピを強化することで、他の人がそれを試す可能性も高くなる（Cのエリア）。そして、彼らの力が及ばず、グッドプラクティスの結果が失敗に終わったときでさえも、少なくとも彼らがベストを尽くしたという事実を祝ってもいいだろう（Fのエリア）。

ふたつめの質問 は、簡単に結果が出せないテストや実験に関するものだ。この場合、成功と失敗の両方が等しく議論されることが望ましい。なぜなら、失敗から多くを学ぶことができるのは真実であり、成功から多くを学ぶことができるのもまた真実だからだ。だからこそ、あなたは2つの等分割されたエリアの両方に注意を向けるべきである（BとEのエリア）。

どちらの質問も祝うための質問だ。良い行動を強化するために祝い、学びを強化するために祝う。あなたがチームのモチベーションを高めることに照準を絞る場合、両方の質問が必要だ。

私のお勧めは、同僚との1o1、スタンドアップミーティング、ふりかえり、毎週のSkypeのような定期ミーティングを開催するとき、2つの「イェイ！」クエスチョンから始めるのを習慣にすることだ。

この質問から会話を始めることにはいくつかの利点がある。ひとつめは、彼らがよくできた仕事や学びについて、ちょっとした自慢をする許可が与えられるということだ。そうすることで、彼らが自分自身を肯定的に感じられるようになる。ポジティブな出来事を強化することで場の雰囲気は良くなり、気持ちも穏やかになって、自分の失敗談や間違いを話せるようになる。

ふたつめに、自分が採用した良いレシピや学んだことを意識して、次の会話で何かを共有しようというモチベーションが高まる。誰もが間違いや失敗を減らすだけが自分の仕事ではないことを理解すべきだ。グッドプラクティスを学び、それを同僚と共有することでもある。

### 実際、この質問は聞き覚えがある！

他の文脈でも似たような質問が見られる。例えば、チェンジマネジメントの専門家が変革プログラムを計画する際に最初に行うべき質問のひとつは「どこがうまくいっているのか？」であり、それに続いて「どうやってフィードバックを得るか？」を聞く。[14] これらはよく似ているが、形式は異なる。他にも、トレーナーやファシリテーター向けの便利なフィードバック方法であるパーフェクションゲームが例としてあげられる。この方法では「私たちがやったことをどのくらい気に入っているか？」という質問に続いて、「もし完璧でない場合、どうすればもっと良くできるか？」という質問をする。[15, 16] これらも似たような質問だが、少し違う観点からの質問だ。

## 仕事を祝う

2つの質問に答えてもらったら、祝うきっかけができるかもしれない。新規メンバーが***goobase***クラスに***foobar***を正しく実装できた？　よし、祝おう！　チームメンバーが果敢に実験に取り組んだ結果、素晴らしい洞察を得られた？　イェイ！50人もの顧客がアクセス切断される結果を引き起こしてしまったが、データ保存ソフトの回避策を駆使して懸命に彼らを救った人に拍手を送ろう。あなたはおそらく、誤って請求書データを全削除した人でさえ鐘を鳴らしたくなるはずだ。なぜなら、そのおかげでネットワーク管理者がバックアップ手順を改善することができたからだ。

この2つの質問を始めてみると、ポジティブに事を進めるのがミスユニバースコンテストにCobolプログラマーを参加させることより難しくなる環境もあるかと思う。原因はおそらく、良いニュースがそもそもなかったか、良い行動や学びの成果を祝う価値があると考えていないからかもしれない。人々が日々実施していることを当たり前とは思わないほうがいい。少しずつ前進していることを大切にしよう。

人々が日々実施していることを
当たり前とは思わないほうがいい。
少しずつ前進していることを大切にしよう。

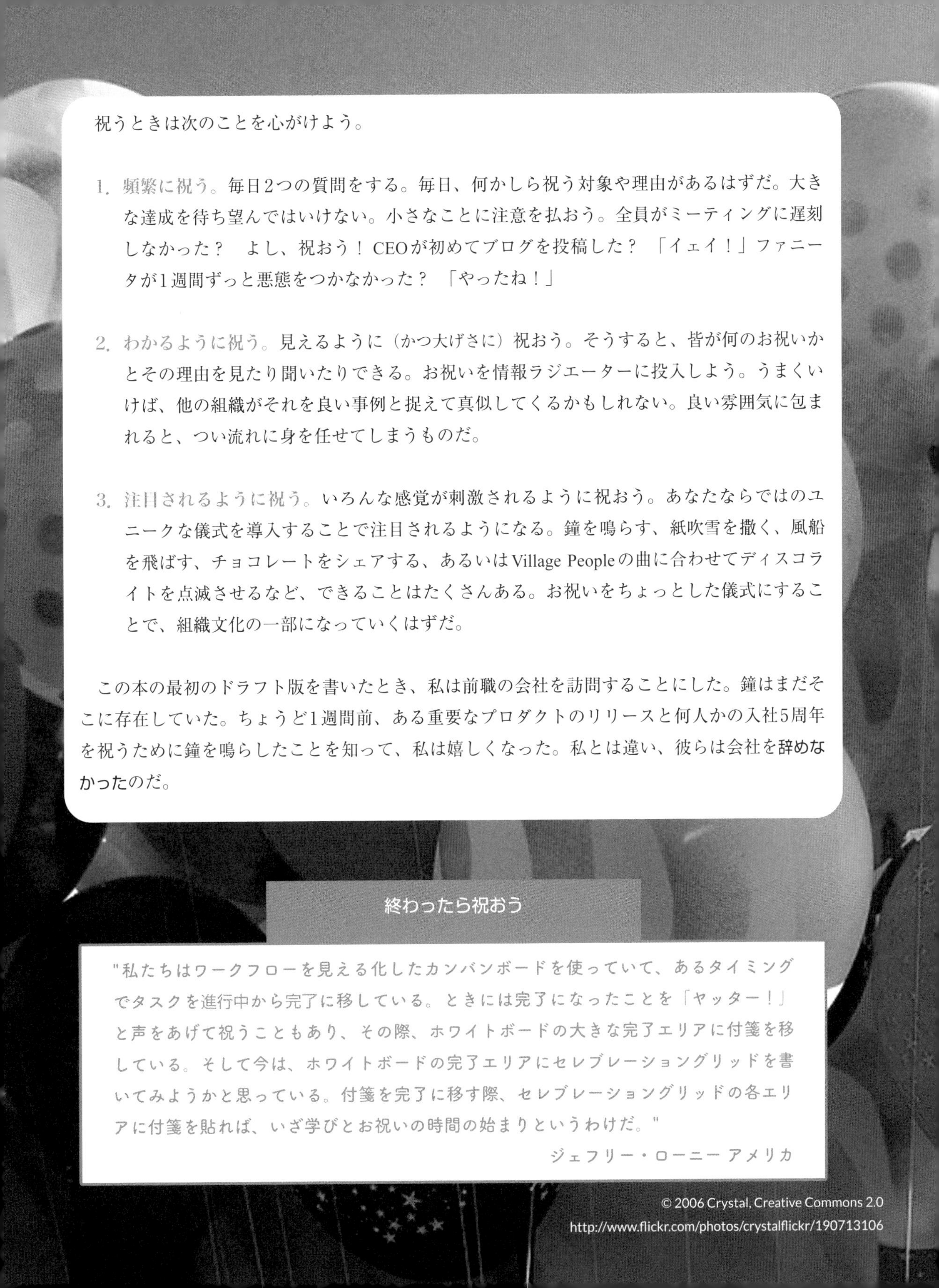

祝うときは次のことを心がけよう。

1. 頻繁に祝う。毎日2つの質問をする。毎日、何かしら祝う対象や理由があるはずだ。大きな達成を待ち望んではいけない。小さなことに注意を払おう。全員がミーティングに遅刻しなかった？　よし、祝おう！ CEOが初めてブログを投稿した？「イェイ！」ファニータが1週間ずっと悪態をつかなかった？「やったね！」

2. わかるように祝う。見えるように（かつ大げさに）祝おう。そうすると、皆が何のお祝いかとその理由を見たり聞いたりできる。お祝いを情報ラジエーターに投入しよう。うまくいけば、他の組織がそれを良い事例と捉えて真似してくるかもしれない。良い雰囲気に包まれると、つい流れに身を任せてしまうものだ。

3. 注目されるように祝う。いろんな感覚が刺激されるように祝おう。あなたならではのユニークな儀式を導入することで注目されるようになる。鐘を鳴らす、紙吹雪を撒く、風船を飛ばす、チョコレートをシェアする、あるいはVillage Peopleの曲に合わせてディスコライトを点滅させるなど、できることはたくさんある。お祝いをちょっとした儀式にすることで、組織文化の一部になっていくはずだ。

この本の最初のドラフト版を書いたとき、私は前職の会社を訪問することにした。鐘はまだそこに存在していた。ちょうど1週間前、ある重要なプロダクトのリリースと何人かの入社5周年を祝うために鐘を鳴らしたことを知って、私は嬉しくなった。私とは違い、彼らは会社を辞めなかったのだ。

### 終わったら祝おう

"私たちはワークフローを見える化したカンバンボードを使っていて、あるタイミングでタスクを進行中から完了に移している。ときには完了になったことを「ヤッター！」と声をあげて祝うこともあり、その際、ホワイトボードの大きな完了エリアに付箋を移している。そして今は、ホワイトボードの完了エリアにセレブレーショングリッドを書いてみようかと思っている。付箋を完了に移す際、セレブレーショングリッドの各エリアに付箋を貼れば、いざ学びとお祝いの時間の始まりというわけだ。"

ジェフリー・ローニー アメリカ

## より良いふりかえり

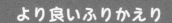

"私はチームのふりかえりでセレブレーショングリッドを使うのは素晴らしいアイデアだと思った。そのため、一緒に仕事をしていたスクラムチームで、ホワイトボードにグリッドを描き、「ほとんどの学びは実験を通して得られる」というコンセプトについて話し合い、試してみた。そこで、私は実際に得た学びが何かを考えるために、グリッドの構成に従ってふりかえりを進行する方法を提案した。チームはそのアプローチに同意し、期待してくれているようだった。

私は、チームに10分ほどで自分たちが見つけた間違い、実験、グッドプラクティスを付箋に書き出してもらった。時間になったとき、チームメンバーは付箋をグリッド内の適した場所に貼り、気づいたことや新しいアイデアについて話し合った。結果、私たちは実験のエリアに貼るべき新しいアイデアを考え出し、チームはいくつかのプロセスの改善に合意できた。

そのふりかえりはかなりの出来だった。チームのフィードバックも、非常にポジティブなものだった。皆がこれまで参加したふりかえりのなかで一番良かったと思っていた。私としても、自分がファシリテートしたふりかえりのなかで圧倒的に良い出来だと感じていた。セレブレーショングリッドは素晴らしい見える化の枠組みを提供してくれる。実験、学び、お祝いの考え方が、ふりかえりに真の方向性とその意義、目的を与えてくれるのだ。"

ロビー・ウッド アメリカ

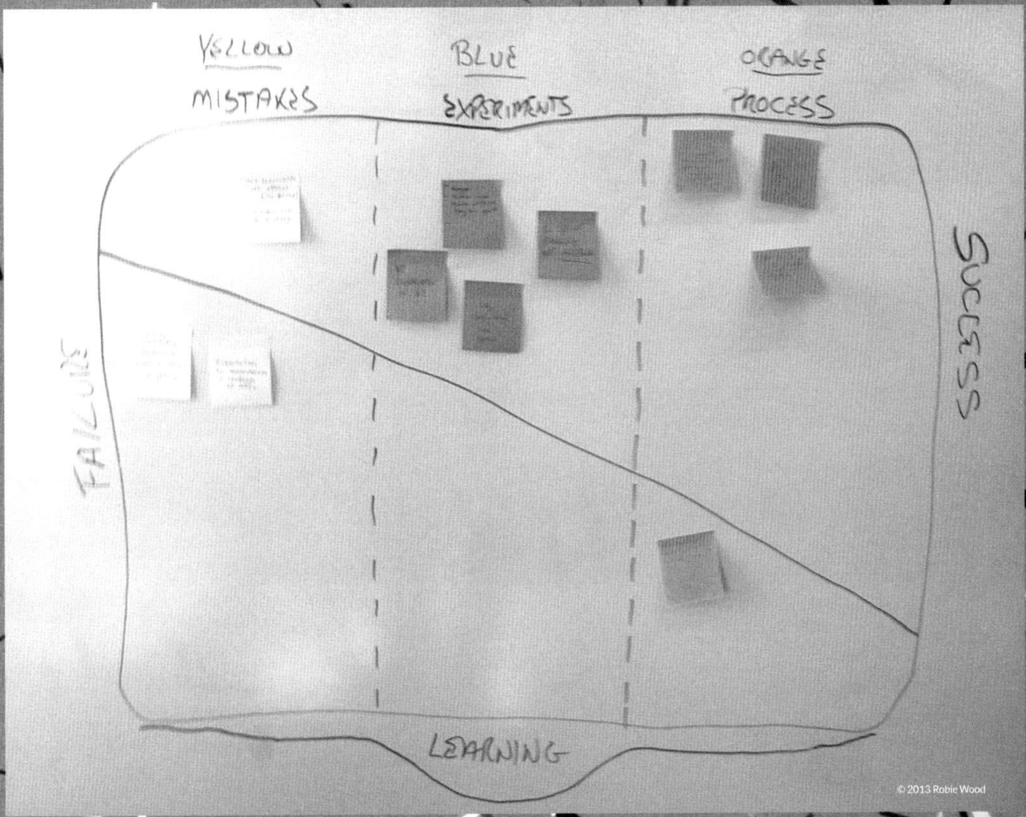
YELLOW
BLUE
ORANGE
MISTAKES
EXPERIMENTS
PROCESS
FAILURE
SUCCESS
LEARNING
© 2013 Robie Wood

## 始め方

お祝いをする際、以下のことを試してみよう。

1. ホワイトボードにセレブレーショングリッドを描き、議論しよう。

2. 各エリアの具体的な例を皆に聞こう。失敗したか成功したかにかかわらず、すべての間違い、実験、プラクティスから何かを学べるように。

3. ミーティングの始めか終わりに2つの質問をしよう。「何がうまくいったか？」と「何を学んだか？」だ。

4. 学びや実践をどう祝うかを決めよう。目立つように、注目されるように、そして楽しく祝うのがポイントだ。

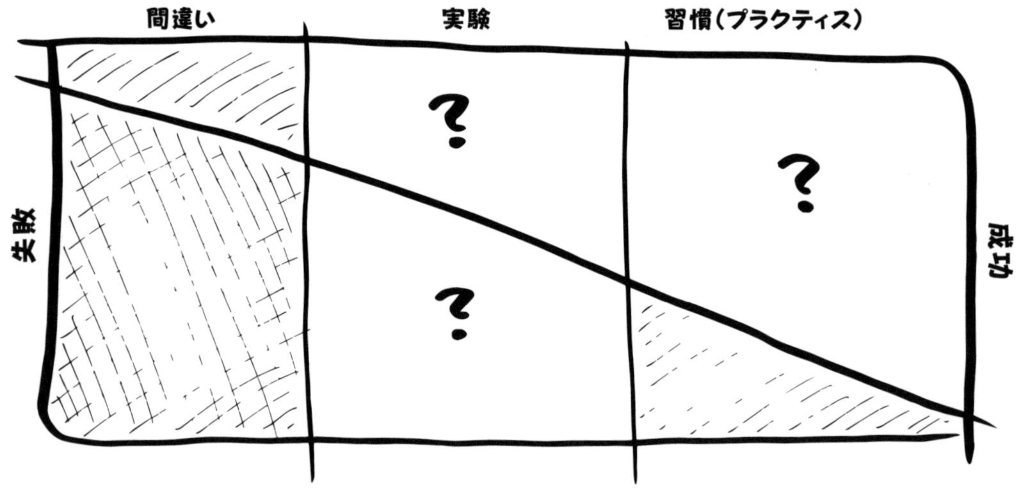

## Tipsとバリエーション

グループでセレブレーショングリッドを使う前に、間違い（行動）と失敗（結果）の違いを説明しよう。これらは普段だと混同しやすい言葉だ。

ホワイトボードかフリップチャートにセレブレーショングリッドを描くと、チーム全体が貢献し、学びを共有できる。

自分自身ですべてをやらずに、付箋を皆に渡してボードに貼ってもらおう。そうすると、彼らはお互いに影響を及ぼす。

「何を学んだか？」と「何がうまくいったか？」の2つの質問を別の方法で試そう。例えば、「何を試してみるべきか？」や「何を繰り返すべきか？」といった質問だ。

新たに実験を試すエリアということをわかりやすくするために、セレブレーショングリッドの上部に漏斗を描くのもいいだろう。

私は、セレブレーショングリッドが特に力を発揮するのは変化を計画するときだということを発見した。階層組織がビジネスのベストプラクティスを支えている一方で、ネットワーク組織が試行錯誤していることを示す。

私は、いつもワークショップの終わりにセレブレーショングリッドを使う。ホワイトボードの周りに皆が集まり、学びをふりかえる様は素晴らしい。彼らはとても気に入っている。

このグリッドはふりかえりのツールだが、未来のために使ってみるのはどうだろう？　あなたは1週間、1ヶ月、1年の間にある間違いやプラクティスから何を学ぶだろうか？

明らかに、大きな鐘はリモートチームではうまくいかない。代わりに、あなたのコミュニケーションプラットフォームでグループ全員に通知できる特別なチャンネルを用意しよう。

私たちはお祝いを皆に周知するため、別の方法を見つけることにした。私の出身地では、鐘の音が学校のグラウンドを強く連想させるためだ。:-)

お祝いの周知はマネジメント層から発信したほうがいい。売上やプロダクトリリースだけではなく、失敗から得た学びも祝われるべきだ！

さらなるアイデアをm30.me/yay-questionsやm30.me/celebration-gridsで見つけよう。

# 終わりに

## 実験し続けよう

> 変化は良いことだと痛感している。システムに揺さぶりをかけるからだ。
>
> アン・リチャーズ
> アメリカの政治家
> (1933-2006)

私は、たくさんの情報源から集めたアイデアを具体的なプラクティスとして提供してきた。しかし、ゲームやエクササイズをそのまま真似するだけでは組織を変えることはできない。求めるものに合わせて、プラクティスを適応させていく必要がある。そして、皆のエンゲージメントを高め、システムを改善し、顧客を喜ばせるという原理を心に留めておかなければいけない。

ついに最終章まで来たことに、嬉しくもあり、寂しくもあるような気持ちを感じている。嬉しいのは、こういった本を書き上げるためには信じられないほどの労力が必要になるからだ。単にテキストエディターに10万語を打ち込むだけではなく、それを適切な順番で並べなければならないのだ！　他にも、調査（楽しい！）、イラスト（すべて自分で描いた）、フォーマット調整（喜んで委託した）、マーケティング（決して委託してはいけない！）、レビュー、読み直し、文章や文体の書き直し、イラストの描き直し、出版に向けた校正、参考文献出し、内容のリサイクルなどがあった。そして、（天よ、ありがとう！）いくらか休息による喜びもあった。さらには、メールもある。そう、大量のメールだ！　これまで、馬2頭に加えて荷台すら埋れさせられるほどのメールのやりとりをしてきた。しかし、正直に言うと、そのメールによって突き動かされたところもある。読者からの励ましは、いつも私を幸せにしてくれる。そうはいっても、大きなプロジェクトが終了したときはそれ以上の喜びがある！　以前にもブログに書いたが、仕事は終わりがわかっているからこそ楽しめるものなのだ。[1]

同時に、この本が終わってしまうことで寂しい気持ちにもなっている。まだまだ皆さんと議論したいことはたくさんある！　協調的な雇用、A3問題解決〔訳注：トヨタが実施している問題解決のプロセスで、全体をA3用紙に簡潔にまとめる方法〕、モダンな採用活動、対立の解消、コンピテンシーグリッドなどの多くのテーマを扱っていない。私はまだ、上司が会議室で目を覚ましたらバインダーいっぱいの業績評価の報告書がズボンに挟まっていた話もしていない。

いずれにしても、それぞれの章で達成したかったのは、あなたにもマネジメントが皆の仕事だと信じてもらうことだ。あなたは、自分の仕事を変革するためにフルタイムのマネージャーを待つ必要はない。良いマネジメントプラクティスは、働く人のエンゲージメントを高め、システムを改善し、ステークホルダーを喜ばせることに繋がる。それは誰にでもできることだ。誰でも自分の働く場所で幸せをマネジメントできる。

**適切な情報、インセンティブ、ツール、責任が与えられれば、たいていは自分たちでマネジメントを実践できるのである。**

ゲイリー・ハメル『経営は何をすべきか』（原題：*What Matters Now*）[2]

## アイデアファーマー

本書の内容のほとんどは、たくさんの本、ブログ、Webサイト、読み物を読んだからこそ（そしてたくさん旅行したからこそ）形にできたものだ。私は、他の人が持っている良いアイデアを集めるのを好む。私がよく言う「拝借して捻りを効かす」という考え方は、イノベーションに最適のレシピだ。私が言うことはすべて、拝借して捻りを効かせたものであり「拝借して捻りを効かす」という考え方すらそうなのだ。

私が探してきた優れたアイデアたちを見渡すと、有名な匠の不朽の名著を読むだけに留まらないことに気がついたかもしれない。私はあまり知られていない本や記事も多く参考にしている。このアプローチの背後にあるのは、「できる限り高みを目指すのであれば、巨人に限定してはいけない」という考え方だ。彼らの肩に乗っている小人にも目を向けよう！

できる限り高みを目指すのであれば、
巨人に限定してはいけない。
彼らの肩に乗っている小人にも
目を向けよう。

私は、大きなものでも小さなものでも、見つけてきたアイデアはすべて育てている。それらを気にかけて水をやり、自分の考えという肥料を撒く。少しの時間とエネルギーがあれば、アイデアの新しい芽は出始めるはずだ。私はそれらのアイデアが互いに混ざり合い、とびきり変わった方法で繋がり、競争し、協働し、交わるようにする。ときにはその過程で顔を赤らめることもあるが、結果は苦労の甲斐あってのものだ。私はこれらのアイデアを大切にし、すくすくと逞しく育つようにしている。

**リーダーの個性や経営手法が業績におよぼす影響をつねに誇張しており、したがってほとんど役に立たない。**

ダニエル・カーネマン『ファスト＆スロー』（原題：*Thinking, Fast and Slow*）[3]

私は**アイデアファーマー**だ。古いアイデアから新しいアイデアを育てる。新しいアイデアが十分に成長したら売りに出す。アイデアがまだ熟していない場合は、良い経験をたくさん得るために無料で提供する。

あなたは、次の月曜日の朝から試せる具体的なマネジメントプラクティスのアイデアが満載された本をもう読み終えようとしている。しかも、それはマネージャーだけでなく、組織のマネジメントについて考える皆にとってのものだ。マネジメントはマネージャーに任せるにはあまりにも重要すぎる！　しかし、掲載されているアイデアやプラクティスをそのまま真似するだけでは組織を変えることはできない。

決して忘れてはいけないのは、
「より良いプラクティスではなく、
より良い原理こそが組織が本当に求めるものである」
ということだ。

決して忘れてはいけないのは、「より良いプラクティスではなく、より良い原理こそが組織が本当に求めるものである」ということだ。組織では、新しく導入したグッドプラクティスが悪い原理に進化してしまうことは容易く起こり得る。[4]しかし、具体的なプラクティスがない状態で抽象的な原理だけを追求しても、ほとんどの人はどうしたらいいかわからなくなってしまう。たいていの場合、クリエイティブワーカーは行動に移しやすい実用的なアドバイスを求める。また、私は、デリゲーションボード、ムービングモチベーターズ、フィードバックラップ、メリットマネーを実験してみたいという声も耳にしている。この本では、まさにそれを提供しようとしたのだ。しかし、これらの幸せなプラクティスは始まりに過ぎない。そして、あなたは私が提供したプラクティスの導入だけをゴールに設定すべきではない。それでは何の結果も変えられないからだ。あなたのゴールは、新たな原理を組織に教えることだ。

**世界はとても複雑で、ただ従うだけのプラクティス群は提供できない。21世紀のマネージャーに最も必要なのは、そのときの自分のニーズに合った処方箋を選択・確立するのに役立つ知識だ。**

ヘンリー・ミンツバーグ『MBAが会社を滅ぼす――マネジャーの正しい育て方』（原題：*Managers, Not MBAs*）[5]

## でも……私たちは違う！

さまざまな国で過ごしていると必ず聞かれるのが（私はたくさん旅行していると言っただろう？）、「他の地域（国）ではマネジメントは異なるのか？」という質問だ。

「より良いマネジメントプラクティスは中国の場合だともっと難しくなるのか？」

「東ヨーロッパの問題は、西ヨーロッパの問題とは異なるのか？」

「アメリカより、北欧のほうがアジャイルになるのは簡単なのか？」

「オランダのビジネスカルチャーは、ネーデルランドと比べてどうなのか？〔訳注：正確には「オランダ」は州を指し、国としてはネーデルランドとなる。以降は国をオランダと表現する〕」

私の答えはいつも「そう、少し違うところはある」だ。しかし、この違いは皆が想像しているよりもはるかに少ない。どこに行こうが、人々はマネジメントやリーダーシップについて同じ課題を抱えている。チームの自己組織化について同じ課題に気づき、ビジネス変革や組織文化についても同じ報告をしている。確かに、それぞれの国で（一般化的）文化の違いは存在する。ドイツは率直で、フランスは繊細だ。イギリスは礼儀正しく、オランダ人はぶっきらぼうだ。しかし、これを障害と捉えるのはまったく馬鹿げている。そして思い出してほしい、私はオランダ人だ。

ビジネスカルチャーは地理的な文化に勝る。私のマネージャーとしての経験だが、オランダの開発者とウクライナの開発者の違いは、オランダの開発者とオランダの営業マネージャーの違いに比べれば、そこには微々たる差しかなかった。同様に、オランダとウクライナにある私たちの2つのオフィスの文化的な違いは、自国にある私たちのWeb開発会社と……何がいいかな……投資銀行、ビールメーカー、あるいは（神よ、御加護を！）自国の政府機関との文化的な違いに比べれば、何もないも同然だった！　事業、職種、会社間の違いと比べたら、地理的な文化の違いは取るに足らないものだ。私はそれに何度も気づかされた。

誤解しないでほしい。私は「地理的な文化を無視していい」とは言っていない。私が言いたいのは、「人は国と国の違いを重視しがちで、そこにいる人が持っている、はるかに豊かな多様性を見落としてしまう傾向がある」ということだ。彼らはまた、「世界中のさまざまな職場に導入されているたくさんの方法が、実際に見るとかなり似通っていること」も見落としてしまっている。もしかしたら、私たちは国と国による違いを重視するのをもう止めたほうがいいのかもしれない。実際にはどれだけ同じか、そして地球の反対側でさまざまな人が実践していることからどれだけ学べるかに目を向ければ、私たちはたくさんの問題を解決できる。

「他者の実践から学ぶ」は、「他者の実践のままにやる」ではないことに注意しよう。あるシェフがアップルパイをオンラインで見つけたレシピ通りに調理し、期待通りにできなかったとする。このとき、そのレシピは「失敗」したのだろうか？ 「この辺りではアップルパイは通用しない。試してみたが、誰も好きじゃなかったんだ」と言ったとしたら？ それに意味はあるのだろうか？

第3章で紹介したチリのアンデス山脈で私が馬に乗った話を覚えているだろうか。あれは4時間の旅だった。その日は一日中雨が降っていて、至るところが湿り、岩で足を擦ることもあった。私たちは疲れ果て、体は冷えきり、機嫌が悪くなっていた。揚げ句の果てには、私の馬は他の馬に噛みつこうとしていた。要するに、馬も含め、グループの皆が酷い辛さを感じていたのだ。ただし、それも私たちの目的地である森の奥のキャビンに到達するまでの話だった。そこはとても素敵な場所で、暖かく、居心地が良かった。旅行者の1人であるアメリカ人のジェーンは1日早く到着していて、皆にアップルパイを焼いてくれていた。これが最高に美味しかったのだ。しかし、ジェーンはいまいち自信が持てなかったそうだ。なぜなら、彼女はお気に入りの食材を持ってきていなかったので、それに合わせてレシピを変える必要があり、あまり見ない種類の林檎を使い、CoolTouchやFanGrillやPyroTechの機能を持たないシンプルなウッドオーブンを使うことになったからだ。しかし、彼女は驚くほどうまく焼き上げた。彼女のアップルパイは、アンデスにおける4時間のつらい経験の後に起きた最高の出来事だった。

**優れた職場環境は、その場独自のアプローチによって形成される。「たったひとつの正解」がある前提だと、統制の所在（Locus of Control）**〔訳注：行動や評価の原因を自分や他者のどこに求めるかという概念。内側だと自分、外側だと周りに原因を求める〕**はあっという間に外側に傾いてしまうだろう。**

ジェニファー・ロビン、マイケル・バーチェル *No Excuses*[6]

レシピは提案をまとめているだけで、それ以上のものではない。レシピ自体は何もしないため、シェフは「そのレシピはうまくいかない」とは言えない。すべての責任を受け持つのは、シェフのほうなのだ。もしあなたが望んだものを得られなかったとしても、その原因は、今の環境における経験が不足していたか、レシピを適応させる方法を学ぶ時間がもう少し必要だったかのどちらかだろう。あなたはおそらく、自分が使った平均よりも少し大きめの卵、設定よりも熱くなるオーブン、違うブランドの小麦粉、コンビニで買ってきた安物のスパイス、招待したゲストの好みを踏まえた調整をしなかったのだ。「そのレシピはうまくいかない」を正確に表現すると、「レシピに書いてある手順を自分の環境に適応させた、うまくいくレシピを作る方法がまだわかっていない」となる。

料理のレシピだろうが、マネジメントプラクティスだろうが、ワークアウトエクササイズだろうが、有効とされているプラクティスはどれも同じことが言える。言うまでもなく、世界中のどこであったとしても、決められた通りにはうまくいかないことのほうが多い。しかし、あなたはうまくいく方法を作ることに力を入れなければならない。ジェーンのように、そのとき自分が持っているものをうまく使って、素晴らしい結果を出せるように学んでいく。あなた独自の方法でプラクティスを導入しよう。

## マネジメントの習慣

この本にはより幸せにしていくためのマネジメントの提案がたくさん入っているが、それも全体からするとほんの一部分だ。他にも多くの人が、チームのモチベーションを高めるための具体的なプラクティスを持っている。実際、アイデアに困ることはなく、それを行動に移す意思が不足しているだけだ。

アイデアに困ることはなく、
それを行動に移す意思が不足しているだけだ。

ただ従うだけのプラクティス群を提供するだけでは不十分なほど、世界はとても複雑だ。そのため、私はこの本でManagement 3.0の原理を説明し始めた。いくつかの原理を伝えるだけでは、行動を変えるにはまだ足りない。ほとんどの人が知識としては原理を理解できるだろうが、その真意をより深く理解するためには行動と経験が必要になる。その経験は、グッドプラクティスを導入することで得られるはずだ。

今、それができるかどうかはあなた次第だ！

プラクティスを導入して原理を経験し、変化を起こそう。次はあなたの番だ。そのなかには、自分のマネージャーを説得して、実験に必要な時間、場所、予算などの都合をつけることもあるかもしれない。新しいアイデアのメリットをマネージャーに理解してもらうためには、信頼を育むためにコミットメントを表明すること、常日頃からマネージャーの問題を最初に解決すること、安全に失敗できる環境で新しいアイデアを実験することが最善の策となる。[7]

ゲームくらいであれば、誰の協力も必要なく、すぐに始めることもできる。たいていの場合、主に課題となるのは継続的に実施することのほうだろう。新しいプラクティスの効果が目に見えるまでは、少しばかり時間が掛かる。あなたは良い行動が生まれるきっかけを見つけること、プラクティスを習慣にするような報酬を伴う短いフィードバックループを見つけることに力を注いでいくべきだ。[8]

この本で提供したツールは、既にさまざまなビジネスを対象に効果を実証できたものだと言える。しかし、あなたは自分でそれらを試し、あなた自身のものにしていく必要がある。

**他社のツールや手法、原則を自社で再現しようとしても、自社の企業文化を変えるのにほとんど役立たないことを証明してくれた。たとえば、どうやれば人びとを原則に従って生きるようにさせられるだろうか。他方、毎日の行動パターンを植え付けることは強い影響力をもたらす。その理由は、毎日、実践することで人の行動パターンは変えられるし、学習できるし、再現できることを心理学が示しているからだ。**

マイク・ローザー『トヨタのカタ――驚異の業績を支える思考と行動のルーティン』（原題：*Toyota Kata*）[9]

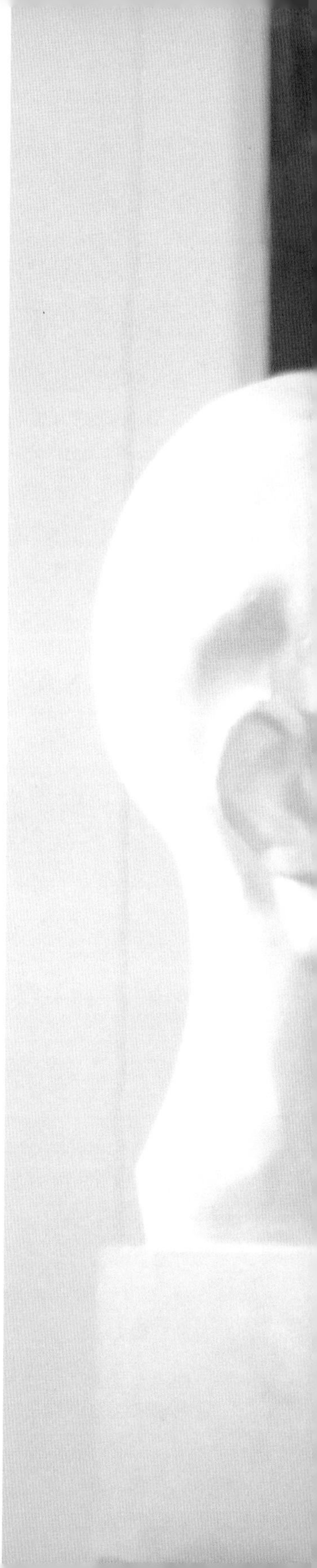

## プロジェクトの魔術師

"もしあなたの仕事にひとつだけ言えることがあるとしたら、それは、私がこれまでに最も活用してきた複雑系理論とシステム思考についてだ。システム全体が個人にどう作用し、個人がシステム全体にどう作用するかを知ったことで、私はプロジェクトマネージャーとして、そしてチェンジマネージャーとしての自信を持ち、よりシステマティックに行動できた。
それに必要なのは、改善のサイクルを回すのに十分な境界とフィードバックループを局所的に構築することだ。私のマネージャーは感銘を受け、私も自分の仕事を楽しんでいる。「プロジェクトの魔術師」としてのアイデンティティは、今も私の心に残っている。"

ヨハン・ダルベック スウェーデン

## 私の愛するマネジメント

何年も前のことだが、私はマネジメントが嫌いだったことをよく覚えている。自分の指示したことを皆がやってくれているかどうかチェックするのが嫌いだった。業績評価が嫌いだった。給料とボーナスの交渉が嫌いだった。週ごとにマネジメント層が出すビジネス戦略にチームを合わせることが嫌いだった。素敵な人は皆ジーンズとセーターを着ているというのに、スーツにネクタイという格好でいるのが嫌いだった。

その理由を知るまでに時間が掛かってしまったが、今ではもうわかる。

私が嫌っていたのは「**悪いマネジメント**」だったのだ。

今は違う。最近では、Management 3.0ライセンスプログラムで方針を示すことが好きだ。皆の内発的動機を見つけ出し、ストーリーテリングで刺激を与え、自己組織化したチームやファシリテーターと制約について議論することが好きだ。コースウェアを作成すること、執筆や講演の際に進捗を計測することが好きだ。Agile Lean EuropeとStoosのファウンダーの1人であることが好きだし、Happy Mellyのビジネスを発展させて育てていくことが好きだ。おっと、それにジーンズとセーターを着ることも好きだ。

今やその理由は簡単にわかる。

私が愛しているのは「**良いマネジメント**」なのだ。おそらく私は、自分の仕事を本当に愛している世界中でも数が少ない人の1人なのだろう。

## 好きでもない仕事に費やすには人生は短すぎる

"複雑な360度評価の制度設計の中核にいたとき、Management 3.0のことを初めて聞いた。私の友人の1人がトルコで開催されるコースを教えてくれたので、この機会に参加してみることにした。コースの後、私はメリットマネーを含むいくつかのアイデアを自分の職場に持ち帰った。これは、もともと考えていたシステムよりもはるかにシンプルな方法だった。20人を3つのチームに分けてスタートしたが、誰も公平さについて文句を言わなかった。そこには何よりも楽しさがあったのだ。それを表すように、チームではたくさんの楽しい議論が起こった。また、私の主観によらないシンプルな指標も得ることができた。

私のバッグのなかにはトルコで開催されたコースでもらった「*How to Change the World*」と呼ばれる短い本もある。この本は「もしあなたの仕事が幸せではない場合、そこには3つの選択肢がある。その仕事を我慢するか、辞めるか、組織を変えるかだ」というシンプルな主張から始まる。この瞬間、まるで暗闇でスイッチが入り、光が照らされたようだった！　私は周りの人が抱えていたマネジメントの問題について、上司やマネジメント層の説得にベストを尽くした。それで何かが変わるとの確信があったのだ。そう、経営が改善されるか、私が会社を去るかのどちらかでの結果で。

そして本当に変化は起こった！　私はチームの数人と一緒に会社を去り、私たちが望む形で新たな職場をつくったのだ。誰かのお金を吹き飛ばすこともなかった。;-) 今や、私たちは従業員ではなく創始者だ。「好きでもない仕事に費やすには人生は短すぎる」ということに気づいてしまったのだ。"

アリックス・モガダム イラン

私がこの本の最終章を書き始めたとき、読者から次のようなメッセージをもらった。

**あなたの仕事は面白いだけでなく、日々の仕事で発生する課題に対処するために皆や組織を支援していく面で大切な役割を担っている。また、今日の仕事のやり方を革新するための取り組みにおいても、非常に重要だと感じている。**

ラザール・トドロフ ドイツの優しい読者

私はメールで受け取ったどんな非難や称賛の言葉に対しても健全で懐疑的な姿勢をとるようにしているが、こういったメッセージに対しては喜んで例外を認める。;-)

願わくば、チームのモチベーションの高め方や職場をより幸せにしていくマネジメントの方法について、あなたがインスピレーションを十分に感じてくれたらと思っている。この本を読み終えたことで、今やあなたは、組織文化を改善するための本格的なゲーム、従業員のエンゲージメントを高めるためのシンプルなプラクティス、チームワークやコラボレーションを誘発させる創造的な物語、チームがアカウンタビリティを持って自分たちの責任を果たすための新しい方法、より創造的かつ革新的になるための具体的なステップ、ビジネスがよりアジャイルになるための簡単なエクササイズなど、次の月曜日が楽しみになるような最新のツール群を使える状態にある。

あなたは今、皆のエンゲージメントを高め、仕事を改善し、クライアントを喜ばせることで組織文化を一歩ずつ変えていける。幸せになるためのマネジメントを実践し、チームのモチベーションを高めていこう。

あなたのこれからの旅に幸あらんことを！

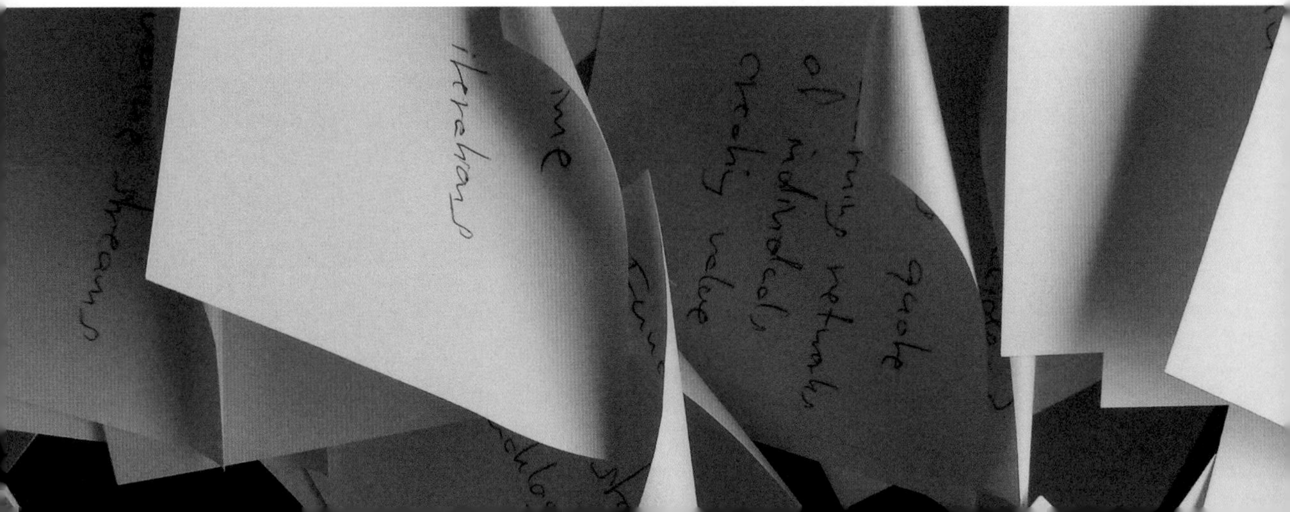

M3.0
WEB
© 2015 José Ignacio de Juan
http://joseignaciodejuan.com

# 参考文献

## イントロダクション


1 Steve Tobak, "Want to Be Successful? Learn How to Manage." *Entrepreneur*, February 19, 2014, http://bit.ly/1m3BFmF.

2 Steve Denning, "Leadership in the Three-Speed Economy," *Forbes*, May 1, 2013, http://onforb.es/1cixHX8.

3 Jurgen Appelo, "Are You a Creative Networker?" noop.nl, January 2, 2014, http://bit.ly/QaDnsp.

4 Josh Bersin, "Why Companies Fail to Engage Today's Workforce: The Overwhelmed Employee," *Forbes*, March 15, 2013, http://onforb.es/1dJMuVW.

5 Mark C. Crowley, "The Sharp Drop-off in Worker Happiness—And What Your Company Can Do About It," *FastCompany*, April 20, 2012, http://bit.ly/1hu5igi.

6 Ryan Scott, "The 7 Ways You're Not Engaging Your Employees," *Forbes*, February 6, 2014, http://onforb.es/1fR54iC.

7 University of Warwick, "We Work Harder When We Are Happy, New Study Shows," *ScienceDaily*, March 20, 2014, http://bit.ly/OV0HZP.

8 Sergei Netessine and Valery Yakubovich, "Get Employees to Compete Against Each Other," *Harvard Business Review* (June 1, 2012) , http://bit.ly/1dYsGBF.

9 Matthew Swyers, "What Your Employees Do When You're on Vacation," *Inc.*, June 1, 2012, http://bit.ly/Ni0Zcs.

10 Riva Richmond, "3 Tips for Legally and Ethically Monitoring Employees Online," *Entrepreneur*, May 31, 2012, http://bit.ly/1nTl30o.

11 Lisa Haneberg, "How to Have Great One-on-Ones," *Management Craft* (April 8, 2005) , http://bit.ly/1hze8sy

12 Jack Zenger and Joseph Folkman, "Getting 360 Degree Reviews Right," *Harvard Business Review*, September 7, 2012, http://bit.ly/ONhWgs.

13 Robert S. Kaplan and David P. Norton, "Using *the Balanced Scorecard* as a Strategic Management System," *Harvard Business Review*, July 2007, http://bit.ly/1d6ZpEi.

14 Danny Miller and Jon Hartwick, "Spotting Management Fads," *Harvard Business Review*, October 2002, http://bit.ly/1bVddDm.

15 Stafford Beer, *Designing Freedom* (Concord: House of Anansi Press, 1993) .（『管理社会と自由』宮沢光一・関谷章訳、啓明社、1981年）

16 "7th Annual State of Agile Development Survey," VersionOne (2013) , https://www.versionone.com/pdf/7th-Annual-State-of-Agile-Development-Survey.pdf.

17 Peter F. Drucker and Joseph A. Maciariello, *Management* rev. ed. (New York: Collins, 2008) ,

loc:1038（『経営の真髄』［上］［下］(知識社会のマネジメント)、上田惇生訳、ダイヤモンド社、2012年）

18 Gary Hamel, "First, Let's Fire All the Managers," *Harvard Business Review*, December 2011, http://bit.ly/1cEshFS.

19 "The #NoManager Organization and the Manager of One," Happy Melly (blog), September 23, 2013, http://bit.ly/1h4MKmJ.

20 Camille Sweeney and Josh Gosfield, "No Managers Required: How Zappos Ditched the Old Corporate Structure for Something New," *FastCompany*, January 6, 2014, http://bit.ly/1cEsvNe.

## 第1章　Kudoボックスとkudoカード

1 Nic Fleming, "The Bonus Myth: How Paying for Results Can Backfire," *New Scientist*, April 12, 2011, http://bit.ly/fK7uXJ.

2 Mark Buchanan, "Banking Cheats Will Always Prosper," *New Scientist*, March 23, 2011, http://bit.ly/fbEwlT.

3 Fleming, "The Bonus Myth."

4 Drucker, *Management*, 42.

5 Alfie Kohn, *Punished by Rewards: The Trouble with Gold Stars, Incentive Plans, A's, Praise, and Other Bribes* (Boston: Houghton Mifflin Co., 1993).（『報酬主義をこえて』〈新装版〉、田中英史訳、法政大学出版局、2011年）

6 Kohn, *Punished by Rewards*, 320.

7 Fleming, "The Bonus Myth."

8 Kerry Patterson, Joseph Grenny, David Maxfield, Ron McMillan, and Al Switzler, *Influencer: The Power to Change Anything* (New York: McGraw-Hill, 2008), 194.

9 Daniel Pink, *Drive: The Surprising Truth about What Motivates Us* (New York: Riverhead Books, 2009), loc:524（『モチベーション3.0――持続する「やる気!」をいかに引き出すか』大前研一訳、講談社、2010年）

10 Fleming, "The Bonus Myth."

11 Mitch McCrimmon, "Celebrating Success at Work," Suite, April 9, 2008, http://bit.ly/N1XLrP.

12 Amy Alberg, "How to Celebrate Success Throughout Your Projects," Making Things Happen (blog), May 21, 2008, http://bit.ly/I94FWZ.

13 Fleming, "The Bonus Myth."

14 Pink, *Drive*, loc:2523.

15 Paul Klipp, "How and Why You Should Build a Secret Spy Network to Monitor Employee Behavior," Agile Activist (blog), November 20, 2012, http://bit.ly/1hw15Fx.

16 Eric Markowitz, "3 Weird, Game-Changing Ways to Make Employees Happy," *Inc.* (May 11, 2012), http://bit.ly/Jqa1fj.

17 Mig Pascual, "Four Peer-to-Peer Ways Zappos Employees Reward Each Other," Zappos Insights, September 10, 2012, http://bit.ly/1g3kdJM.

## 第2章　パーソナルマップ

1 Alistair Cockburn, *Agile Software Development: The Cooperative Game*, 2nd ed. (Upper Saddle River: Addison-Wesley, 2007) .（『アジャイルソフトウェア開発』株式会社テクノロジックアート訳、ピアソン・エデュケーション、2002年）

2 Patterson et al., *Influencer*, loc:3904.

3 Jurgen Appelo, *Management 3.0: Leading Agile Developers, Developing Agile Leaders* (Upper Saddle River: Addison-Wesley, 2011) , loc:5155.

4 Daniel Markovitz, "Go to Where the Actual Work Is Being Done," *Harvard Business Review*, March 31, 2014, http://bit.ly/1exOh60.

5 Mark Rosenthal, "Walking the Gemba," The Lean Thinker (blog) , January 28, 2009, http://bit.ly/h49DCA.

6 Mike Rother, *Toyota Kata: Managing People for Improvement, Adaptiveness, and Superior Results* (New York: McGraw Hill, 2010) , loc:1995.（『トヨタのカタ――驚異の業績を支える思考と行動のルーティン』稲垣公夫訳、日経BP、2016年）

7 Walter Isaacson, "The Real Leadership Lessons of Steve Jobs," *Harvard Business Review* (April 2012) , http://bit.ly/GBedqe.

8 Mike Cohn, *Succeeding with Agile: Software Development Using Scrum* (Upper Saddle River: Addison-Wesley, 2010) , 370.

9 Alex Pentland, "The New Science of Building Great Teams," *Harvard Business Review*, April 2012, http://bit.ly/GAC3lk.

10 Tim Harford, *Adapt: Why Success Always Starts with Failure* (New York: Farrar, Straus and Giroux, 2011) , loc:3583.（『アダプト思考――予測不能社会で成功に導くアプローチ』遠藤真美訳、武田ランダムハウスジャパン、2012年）

11 Richard Branson, *Like a Virgin: Secrets They Won't Teach You at Business School* (London: Virgin, 2012) .（『ライク・ア・ヴァージン――ビジネススクールでは教えてくれない成功哲学』土方奈美訳、日経BP、2013年）

12 Farhad Manjoo, "Marissa Mayer Has Made a Terrible Mistake," *Slate*, February 26, 2013, http://slate.me/17axzlt.

13 Jessica Stillman, "Remote Work Boosts Productivity? Only for Creative Tasks, Says New Research," Gigaom, April 30, 2012, http://bit.ly/17ax0rY.

14 Richard Branson, "Give People the Freedom of Where to Work" Virgin, (May 2013) , http://bit.ly/11T0Bni.

15 Sam Grier, "The Gemba Walk—A Tool for IT Management and Leadership," IT Managers Inbox,

http://bit.ly/15EZt1.
16 Appelo, *Management 3.0*, loc:2309.
17 "Feedback for Real," *Gallup Business Journal*, March 15, 2001, http://bit.ly/10dWi2b.
18 Appelo, *Management 3.0*, loc:2191.

## 第3章　デリゲーションボードとデリゲーションポーカー

1 Patrick Hoverstadt, *The Fractal Organization: Creating Sustainable Organizations with the Viable System Model* (Hoboken: John Wiley & Sons, 2008) . loc:517.
2 Appelo, *Management 3.0*, 108.
3 John Seddon, *Freedom from Command & Control: Rethinking Management for Lean Service* (New York: Productivity Press, 2005) , 193.
4 John P. Kotter, *Leading Change* (Boston: Harvard Business School Press, 1996) , loc:1775.（『企業変革力』梅津祐良訳、日経BP、2002年）
5 Kenneth W. Thomas, *Intrinsic Motivation at Work: What Really Drives Employee Engagement* (San Francisco: Berrett-Koehler Publishers, 2009) .
6 Roger Lewin and Birute Regine, *Weaving Complexity and Business: Engaging the Soul at Work* (New York: Texere, 2001) .
7 D. E. Bowen and E. E. Lawler, "Empowering Service Employees," *Sloan Management Review*, Summer 1995, 73–84.
8 S. Caudron, "Create an Empowering Environment," *Personnel Journal* 74:9 (1995) , 28–36.
9 Russell L. Ackoff, *Re-creating the Corporation: A Design of Organizations for the 21st Century* (New York: Oxford University Press, 1999) , 180.
10 Ackoff, *Re-creating the Corporation*, 287.
11 Stephanie Vozza, "How to Set Healthy Boundaries in Your Workplace," *Entrepreneur*, December 30, 2013, http://bit.ly/1l9NgRs.
12 Donald G. Reinertsen, *Managing the Design Factory: A Product Developer's Toolkit* (New York: Free Press, 1997) , 107.
13 Appelo, *Management 3.0*, loc:2884.
14 Jurgen Appelo, "Delegation Poker (Free Exercise) ," noop.nl, updated May 6, 2013, http://bit.ly/16gsgl5

## 第4章　バリューストーリーズとカルチャーブック

1 Hamel, *What Matters Now*, loc:340.（『経営は何をすべきか』有賀裕子訳、ダイヤモンド社、2013年）
2 James M. Kouzes and Barry Z. Posner, *The Leadership Challenge: How to Make Extraordinary Things Happen in Organizations* (San Francisco: Jossey-Bass, 2012) , loc:1173.（『リーダーシップ・

チャレンジ』関美和訳、海と月社、2014年）

3 Ronald N. Ashkenas, *Simply Effective: How to Cut Through Complexity in Your Organization and Get Things Done* (Boston: Harvard Business Press, 2010) , loc:242.

4 Rosabeth Moss Kanter, "How Great Companies Think Differently," *Harvard Business Review*, November 2011, http://bit.ly/WIYuNl.

5 Appelo, *Management 3.0* loc:2256.

6 Geert Hofstede, Gert Jan Hofstede and Michael Minkov, *Cultures and Organizations: Software of the Mind*, 3rd ed. (New York: McGraw-Hill, 2010) .（『多文化世界――違いを学び未来への道を探る』原書第3版、岩井八郎・岩井紀子訳、有斐閣、2013年）

7 Kouzes and Posner, *Leadership Challenge*, loc:1207.

8 Appelo, *Management 3.0*, loc:2241.

9 Torben Rick, "Value Statements Can Be Real Business Drivers," Meliorate, March 7, 2014, http://bit.ly/1pDX3Rq.

10 Teresa Amabile, Colin M. Fisher, and Julianna Pillemer, "IDEO's Culture of Helping," *Harvard Business Review*, January–February 2014, http://bit.ly/1juZ2po.

11 Tim Brown, "The Little Book of IDEO," SlideShare, December 18, 2013, http://slidesha.re/1i9KFE5.

12 *Valve Handbook for New Employees*, 1st. ed. (Valve Press, March 2012) , http://bit.ly/1muZHHj.

13 Susan M. Heathfield, "20 Ways Zappos Reinforces Its Company Culture," About.com, updated August 9, 2015, http://abt.cm/1jTjTFA.

14 "The Zappos Family Culture Book," Zappos Insights, 2012, http://bit.ly/1jTB0Hz.

15 Jennifer Robin and Michael Burchell, *No Excuses: How You Can Turn Any Workplace into a Great One* (San Francisco: Jossey-Bass, 2013) , 1120.

16 Drake Baer, "Netflix's Major HR Innovation: Treating Humans Like People," *Fast Company*, March 13, 2014, http://bit.ly/QBLw9y.

17 Reed Hastings, "Netflix Culture: Freedom & Responsibility," SlideShare, August 1, 2009, http://slidesha.re/1s2inSQ.

18 Patty McCord, "How Netflix Reinvented HR," *Harvard Business Review*, January–February 2014, http://bit.ly/1e7yO7o.

19 Peter Senge, *The Fifth Discipline: The Art and Practice of the Learning Organization* (New York: Doubleday/Currency, 2006) , loc:6345.（『学習する組織――システム思考で未来を創造する』枝廣淳子・小田理一郎・中小路佳代子訳、英治出版、2011年）

20 Suzanne Lucas, "Culture Comes First. The Rest Is Noise." *Inc.*, December 19, 2013, http://bit.ly/1hYa6Y9.

21 Frédéric Laloux, *Reinventing Organizations: A Guide to Creating Organizations Inspired by the Next Stage in Human Consciousness* (Brussels, Belgium: Nelson Parker, 2014) , loc:3368. Chapter 5:

Exploration Days and Internal Crowdfunding（『ティール組織――マネジメントの常識を覆す次世代型組織の出現』鈴木立哉訳、英治出版、2018年）

## 第5章　エクスプロレーションデーと社内クラウドファンディング

1 Drucker, *Management*, loc:5807.
2 Erin Hayes, "Google's 20 Percent Factor," ABC News, May 12, 2008, http://abcn.ws/Ku53ka.
3 Christopher Mims, "Google's '20% Time,' Which Brought You Gmail and AdSense, Is Now As Good As Dead," Quartz, August 16, 2013, http://bit.ly/1q46QPd.
4 Christopher Mims, "Google Engineers Insist 20% Time Is Not Dead–It's Just Turned Into 120% Time," Quartz, August 16, 2013, http://bit.ly/1dXmI6g.
5 "Danger, If You Read This Story You May Want to Apply at This Company!" Happy Melly (blog), March 12, 2013, http://bit.ly/1jNQWsa.
6 Jurgen Appelo, *How to Change the World: Change Management 3.0* (Rotterdam: Jojo Ventures BV, 2012), 48.（『How to Change the World～チェンジ・マネジメント3.0～』前川哲次・川口恭伸・吉羽龍太郎訳、達人出版会、2012年）
7 Daniel H. Pink, "How to Deliver Innovation Overnight," DanPink.com, July 5, 2011, http://bit.ly/ipXAE5.
8 David Zax, "Secrets of Facebook's Legendary Hackathons Revealed," *Fast Company*, November 9, 2012, http://bit.ly/RTPk2H.
9 Zax, "Secrets of Facebook's Legendary Hackathons Revealed."
10 Dave Brands, "FedEx Day at PAT," Agile Studio, May 7, 2012, http://bit.ly/MQkiXO (no longer available).
11 "ShipIt Day FAQ," Atlassian, January 1, 2013, http://bit.ly/W5O27X.
12 Jon Silvers, "ShipIt Day in the Wild," Atlassian Blogs, November 12, 2010, http://bit.ly/JF5j3d.
13 Christopher Mims, "Google Engineers Insist 20% Time Is Not Dead—It's Just Turned into 120% Time," Quartz, August 16, 2013, http://qz.com/116196/google-engineers-insist-20-time-is-not-dead-its-just-turned-into-120-time.
14 David Burkus, "Why Hierarchy Stifles Creativity" *Psychology Today*, March 23, 2014, http://bit.ly/1gwpJ88.
15 Michael Schrage, "Just How Valuable Is Google's '20% Time'?" *Harvard Business Review*, August 20, 2013, http://bit.ly/1fV4OME.
16 Mims, "20% Time Is Now As Good As Dead."
17 Mims, "20% Time Is Not Dead."
18 Laura Vanderkam, "Why Encouraging Employees to Be Entrepreneurs Can Create an Incredible Place to Work," *Fast Company*, January 16, 2014, http://bit.ly/QOgKKy.
19 Donald G. Reinertsen, *The Principles of Product Development Flow: Second Generation Lean*

*Product Development* (Redondo Beach: Celeritas, 2009) .
20 Vanderkam, "Encouraging Employees to Be Entrepreneurs."
21 Hoverstadt, *The Fractal Organization*, loc:161.
22 "Hackathons Aren't Just for Developers," Spotify Developer, February 2, 2012, http://bit.ly/1QVOOQl.
23 Jurgen Appelo, "Innovation Is Not Only in Your Code," noop.nl, February 5, 2014, http://bit.ly/1jf0GuO.
24 William Taylor and Polly G. LaBarre, *Mavericks at Work: Why the Most Original Minds in Business Win* (New York: William Morrow, 2006) , loc:3507.
25 Ricardo Semler, *The Seven-Day Weekend: Changing the Way Work Works* (New York: Portfolio, 2004) , 133.

## 第6章 ビジネスギルドとコーポレートハドル

1 Sheilagh Ogilvie, "Guilds, Efficiency, and Social Capital: Evidence from German Proto-Industry," CESifo, December 2002, http://bit.ly/Lv8u8l.
2 Thomas Malone, *The Future of Work: How the New Order of Business Will Shape Your Organization, Your Management Style, and Your Life* (Boston: Harvard Business School Press, 2004) , 84.
3 Craig Brown, "On Community of Practice," Better Projects (blog) , March 28, 2012, http://bit.ly/HcQhj7.
4 Etienne Wenger, *Cultivating Communities of Practice: A Guide to Managing Knowledge* (Boston: Harvard Business School Press, 2002) , loc:144.（『コミュニティ・オブ・プラクティス――ナレッジ社会の新たな知識形態の実践』野村恭彦監修、櫻井祐子訳、翔泳社、2002年）
5 Gary Hamel, "Moon Shots for Management" *Harvard Business Review*, February 2009, http://bit.ly/UrOjRV.
6 John Seely Brown, "Complexity and Innovation," in *The Interaction of Complexity and Management*, ed. Michael Lissack (Westport: Quorum Books, 2002) .
7 Wenger, *Cultivating Communities of Practice*, loc:518.
8 Henrik Kniberg, "Scaling @ Spotify with Tribes, Squads, Chapters & Guilds," Crisp's Blog, November 14, 2012, http://bit.ly/1kzzy95.
9 Piotr Anioła, "Guilds @ BLStream," BLStream, March 2014. Shared privately.
10 Ronald N. Ashkenas, *The Boundaryless Organization: Breaking the Chains of Organizational Structure* (San Francisco: Jossey-Bass, 2002) , 157.
11 Adriana Gardella, "The Verdict on Huddles," *The New York Times*, April 5, 2012, http://nyti.ms/1kdOWwa.
12 *Wenger, Cultivating Communities of Practice*, loc:153.

13 Brian Bozzuto and Dennis Stevens, "Beyond Functional Silos with Communities of Practice," SlideShare, August 18, 2012, http://slidesha.re/1hxsqek.

14 Seth Godin, *Tribes: We Need You to Lead Us* (New York: Portfolio, 2008) .（『トライブ――新しい"組織"の未来形』勝間和代訳、講談社、2012年）

## 第7章　フィードバックラップと無制限の休暇

1 David G. Javitch, "The Benefits of Flextime," *Entrepreneur*, June 5, 2006, http://bit.ly/18FhwPr.

2 Paul Boag, "The Benefits and Challenges of Remote Working" boagworld (blog) , September 17, 2013, http://bit.ly/1h2seSk.

3 James Surowiecki, "Face Time," *The New Yorker*, March 18, 2013, http://nyr.kr/18WkyBp.

4 Amy-Mae Elliott, "4 Important Considerations for Creating a Remote Work Policy," Mashable, September 12, 2011, http://on.mash.to/J9HBfN.

5 Jena McGregor, "Flextime: Honing the Balance," Bloomberg Business, December 10, 2006, http://buswk.co/18Wlg1r.

6 Surowiecki, "Face Time."

7 David Hauser, "What's Wrong with a No-Remote-Work Policy at Yahoo?" davidhauser.com (blog) , February 27, 2013, http://bit.ly/18nBP5R.

8 Douglas MacMillan, "To Recruit Techies, Companies Offer Unlimited Vacation," Bloomberg Business, July 19, 2012, http://buswk.co/1iZy1wm.

9 Lotte Bailyn, "Unlimited Vacation Time Is Better in Theory Than in Practice," Quartz, August 27, 2013, http://bit.ly/18DWFJc.

10 Dugald McConnell and Erin McPike, "Unlimited Vacation? Some Workplaces Offer It," CNN, September 2, 2013, http://cnn.it/IHk71C.

11 McConnell and McPike, "Unlimited Vacation?"

12 Bailyn, "Unlimited Vacation Time."

13 Carolyn Gregoire, "Unlimited Vacation Policies Might Be Too Good to Be True," Huffington Post, November 1, 2013, http://huff.to/19jIr3Z.

14 Jena McGregor, "The Catch of Having an Unlimited Vacation Policy," *The Washington Post*, 13 August 13, 2013, http://wapo.st/1dsTNlh.

15 Robert F. Hurley, *The Decision to Trust: How Leaders Create High-Trust Organizations* (San Francisco: Jossey-Bass, 2012) , loc:616.

16 Hurley, *The Decision to Trust*, loc:3175.

17 Monique Valcour, "The End of 'Results Only' at Best Buy Is Bad News," *Harvard Business Review*, March 8, 2013, http://bit.ly/18WqGtt.

18 Aubrey Daniels, "Results Only Work Environment? It's a Leadership Problem," Aubrey Daniels' Blog, March 27, 2013, http://bit.ly/1n233HH.

19 Halvor Gregusson, "Creating a Remote Work Policy that Works," Yast (blog) , March 28, 2013, http://bit.ly/1bxVMSc.

20 Tom Coens and Mary Jenkins, *Abolishing Performance Appraisals: Why They Backfire and What to Do Instead* (San Francisco: Berrett-Koehler Publishers, 2000) , loc:779.

21 Coens and Jenkins, *Abolishing Performance Appraisals*, loc:402.

22 Coens and Jenkins, *Abolishing Performance Appraisals*, loc:457.

23 Gabriella Jozwiak, "Is It Time to Give Up on Performance Appraisals?" *HR Magazine*, October 22, 2012, http://bit.ly/18WsB0Y.

24 Kohn, *Punished by Rewards*, loc:3568.

25 Josh Bersin, "Time to Scrap Performance Appraisals?" *Forbes*, May 6, 2013. http://onforb.es/1f9si1o.

26 Samuel A. Culbert, "Get Rid of the Performance Review!" *The Wall Street Journal*, October 20, 2008, http://on.wsj.com/1bGTSDd.

27 Stephanie Vozza, "10 Reasons to Scrap Year-End Performance Reviews," *Entrepreneur*, December 23, 2013, http://bit.ly/1e80Nco.

28 Ray B. Williams, "Why 'Constructive Feedback' Doesn't Improve Performance," *Psychology Today*, November 26, 2011, http://bit.ly/19jMz3R.

29 Coens and Jenkins, *Abolishing Performance Appraisals*, loc:769.

30 Coens and Jenkins, *Abolishing Performance Appraisals*, loc:72.

31 Bersin, "Time to Scrap Performance Appraisals?"

32 Drake Baer, "Why Jerk Bosses Make People Worse at Their Jobs," *Fast Company*, February 20, 2014, http://bit.ly/R0QA7r.

33 Ron Ashkenas, "Stop Pretending That You Can't Give Candid Feedback," *Harvard Business Review*, February 28, 2014, http://bit.ly/R0RbpM.

34 Ed Batista, "Building a Feedback-Rich Culture," *Harvard Business Review*, December 24, 2014. http://bit.ly/1qgqqK8

35 Alina Tugend, "You've Been Doing a Fantastic Job. Just One Thing . . ." *The New York Times*, April 5, 2013, http://nyti.ms/IHnpSq.

36 Carolyn Kaufman, "Giving Good Constructive Feedback," *Psychology Today*, June 13, 2012, http://bit.ly/18E1CBA.

37 Julius Tarng, "How to Give Constructive Design Feedback over Email," Medium, October 21, 2013, http://bit.ly/1e7Hm2X.

38 Amy Gallo, "Giving a High Performer Productive Feedback," *Harvard Business Review*, December 3, 2009, http://bit.ly/IRablC.

39 Kaufman, "Giving Good Constructive Feedback."

40 Gallo, "Giving a High Performer Productive Feedback."

41 Kaufman, "Giving Good Constructive Feedback."
42 Tarng, "How to Give Constructive Design Feedback over Email."
43 Tugend, "You've Been Doing a Fantastic Job."
44 Bersin, "Time to Scrap Performance Appraisals?"
45 Kaufman, "Giving Good Constructive Feedback."
46 Heidi Grant Halvorson, "Sometimes Negative Feedback Is Best," *Harvard Business Review*, January 28, 2013, http://bit.ly/1e8lh4T.
47 Kaufman, "Giving Good Constructive Feedback."
48 Tugend, "You've Been Doing a Fantastic Job."
49 Williams, "Why 'Constructive Feedback' Doesn't Improve Performance."
50 Grant Halvorson, "Sometimes Negative Feedback Is Best."
51 Bersin, "Time to Scrap Performance Appraisals?"
52 Gregusson, "Creating a Remote Work Policy."
53 Miki Kashtan, "Is Nonviolent Communication Practical?" *Psychology Today*, May 21, 2012, http://bit.ly/18nGswF.
54 Coens and Jenkins, *Abolishing Performance Appraisals*, loc:925.
55 Marshall B. Rosenberg, *Nonviolent Communication: A Language of Life* (Encinitas: PuddleDancer Press, 2003) .（『NVC——人と人との関係にいのちを吹き込む法』安納献監修、小川敏子訳、日本経済新聞出版、2012年）

## 第8章　メトリクスエコシステムとスコアボードインデックス

1 Sandeep Gautam, "4 Major Goals of Life," *Psychology Today*, February 4, 2014, http://bit.ly/1fdWFSh.
2 Jay Yarow, "This Is the Internal Grading System Google Uses for Its Employees—And You Should Use It Too," *Business Insider*, January 6, 2014, http://read.bi/1hkkNV3.
3 Dean R. Spitzer, *Transforming Performance Measurement: Rethinking the Way We Measure and Drive Organizational Success* (New York: American Management Association, 2007) , loc:431.
4 Jamshid Gharajedaghi, *Systems Thinking: Managing Chaos and Complexity: A Platform for Designing Business Architecture*. (Amsterdam: Elsevier, 2006) .
5 Gharajedaghi, *Systems Thinking*, 47.
6 Douglas W. Hubbard, *How to Measure Anything: Finding the Value of "Intangibles" in Business* (Hoboken: Wiley, 2010) .
7 Drucker, *Management*.
8 Jeffrey Gedmin, "Our Mania for Measuring (and Remeasuring) Well-Being," *Harvard Business Review*, September 2013, http://bit.ly/1iYZzyi.
9 Yarow, "This Is the Internal Grading System Google Uses."

10 W. Edwards Deming, *Out of the Crisis* (Cambridge: Massachusetts Institute of Technology, Center for Advanced Engineering Study, 1986) , 121.

11 Hubbard, *How to Measure Anything*, 27.

12 Spitzer, *Transforming Performance Measurement*, loc:784.

13 "Data, Data Everywhere," *The Economist*, February 25, 2010, http://econ.st/1goRsuj.

14 Peter Brownell, "The Most Important New Advanced Soccer Statistics and Why They Matter," Bleacher Report, April 9, 2013, http://bit.ly/1epNTzE.

15 Eric Ries, *The Lean Startup: How Today's Entrepreneurs Use Continuous Innovation to Create Radically Successful Businesses* (New York: Crown Business, 2011) , 143.（『リーン・スタートアップ――ムダのない起業プロセスでイノベーションを生みだす』井口耕二訳、日経BP、2012年）

16 Hoverstadt, *The Fractal Organization*, 102.

17 Ackoff, *Re-Creating the Corporation*, 33.

18 Stephen Denning, *The Leader's Guide to Radical Management: Reinventing the Workplace for the 21st Century* (San Francisco: Jossey-Bass, 2010) , loc:1385.

19 Appelo, *Management 3.0*, loc:6604.

20 Spitzer, *Transforming Performance Measurement*, loc:1022.

21 Drucker, *Management*, loc:7160.

22 Drucker, *Management*, loc:6032.

23 Robert D. Austin, *Measuring and Managing Performance in Organizations* (New York: Dorset House Publishing, 1996) . loc:1899.

24 Seddon, *Freedom from Command and Control*, 19.

25 Kelly Allan, "3 Deming-Based Alternatives to Management by Objective," Process Excellence Network, April 12, 2012, http://bit.ly/1jwxJww.

26 Hoverstadt, *The Fractal Organization*, 138.

27 Yarow, "This Is the Internal Grading System Google Uses."

28 Michael Schrage, "Team Chemistry Is the New Holy Grail of Performance Analytics," *Harvard Business Review*, March 5, 2014, http://bit.ly/1hJMl5d.

29 Jeffrey K. Liker and Gary L. Convis, *The Toyota Way to Lean Leadership: Achieving and Sustaining Excellence Through Leadership Development* (New York: McGraw-Hill, 2011) , loc:4056.

30 Yarow, "This Is the Internal Grading System Google Uses."

31 Spitzer, *Transforming Performance Measurement*, loc:1333.

32 Austin, *Measuring and Managing Performance*, loc:464.

33 G. Lyons, *Social Research and Public Policies* (Hanover: Dartmouth College, The Public Affairs Center, 1975) , 35.

34 Liker, *The Toyota Way to Lean Leadership*, loc:592.

35 Drucker, *Management*, loc:6032.

36 Kohn, *Punished by Rewards*, loc:1343.
37 Yarow, "This Is the Internal Grading System Google Uses."
38 Kohn, *Punished by Rewards*, loc:1159.
39 Austin, *Measuring and Managing Performance*, loc:2977.
40 Hoverstadt, *The Fractal Organization*, 109.
41 Spitzer, *Transforming Performance Measurement*, loc:905.
42 Yarow, "This Is the Internal Grading System Google Uses."
43 Liker, *The Toyota Way to Lean Leadership*, loc:3133.
44 Gerald M. Weinberg, *Becoming a Technical Leader: An Organic Problem-Solving Approach* (New York: Dorset House, 1986) , loc:659.（『スーパーエンジニアへの道――技術リーダーシップの人間学』木村泉訳、共立出版、1991年）
45 Patrick Kua, "An Appropriate Use of Metrics" Martin Fowler, February 19, 2013, http://bit.ly/1ooprY6.
46 Robert S. Kaplan and David P. Norton, *The Balanced Scorecard: Translating Strategy into Action* (Boston: *Harvard Business Review* Press, 1996) .（『バランス・スコアカード――新しい経営指標による企業変革』吉川武男訳、生産性出版、1997年）
47 Austin, *Measuring and Managing Performance*, loc:750.
48 Mike Rother, *Toyota Kata: Managing People for Improvement, Adaptiveness, and Superior Results* (New York: McGraw Hill, 2010) , loc:2428.
49 Spitzer, *Transforming Performance Measurement*, loc:2081.
50 Yarow, "This Is the Internal Grading System Google Uses." Chapter 9: Merit Money

## 第9章　メリットマネー

1 Bjarte Bogsnes, *Implementing Beyond Budgeting: Unlocking the Performance Potential* (Hoboken: John Wiley & Sons, 2009) , loc:73.（『脱予算経営への挑戦』清水孝・清水扶慈子訳、生産性出版、2010年）
2 Kohn, *Punished By Rewards*.
3 Pink, Drive.
4 Fleming, "The Bonus Myth."
5 Joel Spolsky, "Incentive Pay Considered Harmful," Joel on Software (blog) , April 3, 2000, http://bit.ly/11q4Czh.
6 Fleming, "The Bonus Myth."
7 Kohn, *Punished By Rewards*.
8 Pink, Drive.
9 Nikolaj Bomann, "Bonus Schemes Should Be Handled with Care," Pointbeing.net, June 27, 2009, http://bit.ly/Roavfl.

10 Jonathan Haidt, *The Happiness Hypothesis: Finding Modern Truth in Ancient Wisdom* (New York: Basic Books, 2006) , 67.（『しあわせ仮説』藤澤隆史・藤澤玲子訳、新曜社、2011年）

11 Dan Ariely, *Predictably Irrational: The Hidden Forces That Shape Our Decisions* (New York: Harper, 2009) .（『予想どおりに不合理――行動経済学が明かす「あなたがそれを選ぶわけ」』熊谷淳子訳、早川書房、2013年）

12 E. D. Boyd, "At IGN, Employees Use a 'Viral Pay' System to Determine Each Other's Bonuses," *Fast Company*, December 16, 2011, http://bit.ly/11q83G7.

13 James Surowiecki, *The Wisdom of Crowds: Why the Many Are Smarter Than the Few and How Collective Wisdom Shapes Business, Economies, Societies, and Nations* (New York: Doubleday, 2004) .（『「みんなの意見」は案外正しい』小高尚子訳、角川書店、2006年）

14 Haidt, *The Happiness Hypothesis*, 66.

15 Daniel Kahneman, *Thinking, Fast and Slow* (New York: Farrar, Straus and Giroux, 2011) , 55.（『ファスト＆スロー――あなたの意思はどのように決まるか?』村井章子訳、早川書房、2014年）

16 Markowitz, "3 Weird, Game-Changing Ways to Make Employees Happy."

17 "Merit Money: A Crazy Idea That Works," Happy Melly, October 7, 2013, http://bit.ly/1eEqph8.

## 第10章　ムービングモチベーターズ

1 Jacob Shriar, "13 Scary Statistics on Employee Engagement," *Digitalist Magazine*, December 1, 2014, http://bit.ly/1Puczzs.

2 John Hollon, "How Important Is Engagement? 87% of Leaders Say a Lack of It Is a Key Issue," *Talent Management and HR*, March 4, 2015, http://bit.ly/1NdBROB.

3 John Roberts, *The Modern Firm: Organizational Design for Performance and Growth* (Oxford, New York: Oxford University Press) , 2004.loc:1040.（『現代企業の組織デザイン――戦略経営の経済学』谷口和弘訳、NTT出版、2005年）

4 Kohn, *Punished by Rewards*, loc:3528.

5 Jeff Grabmeier, "Intrinsic Motivation Doesn't Exist, Researcher Says," The Ohio State University, September 5, 2005, http://bit.ly/1MuRx0t.

6 Edward L. Deci and Richard M. Ryan, *Handbook of Self-Determination Research* (Rochester, NY: University of Rochester Press, 2002) .

7 Pink, Drive.

8 Steven Reiss, *Who Am I? The 16 Basic Desires that Motivate Our Behavior and Define Our Personality* (New York: Berkley, 2002) .

9 Garth Sundem, "A New Kind of Reward Increases Intrinsic Motivation," *Psychology Today*, March 19, 2014, http://bit.ly/1DcbSAs.

10 David Kelley and Tom Kelley, *Creative Confidence: Unleashing the Creative Potential Within Us*

*All* (New York: Crown Business, 2013) .(『クリエイティブ・マインドセット――想像力・好奇心・勇気が目覚める驚異の思考法』千葉敏生訳、日経BP、2014年)

11 Sylvia Ann Hewlett, Melinda Marshall, and Laura Sherbin, "How Diversity Can Drive Innovation," *Harvard Business Review*, December 2013, http://bit.ly/1zZCruD.

12 Reiss, *Who Am I?*

13 "Power Is the Ultimate High," *New Scientist*, July 4, 2012, http://bit.ly/1Z0TFSr.

14 Fritjof Capra and P. L. Luisi, *The Systems View of Life: A Unifying Vision* (Cambridge: Cambridge University Press, 2014) , loc:612.

15 Laloux, *Reinventing Organizations*, loc:5713.

16 Mihaly Csikszentmihalyi, *Creativity: The Psychology of Discovery and Invention* (New York: Harper Perennial Modern Classics, 2013) , loc:1887.(『クリエイティヴィティ――フロー体験と創造性の心理学』浅川希洋志・須藤祐二・石村郁夫訳、世界思想社、2016年)

17 Les McKeown, "A Very Simple Reason Employee Engagement Programs Don't Work," *Inc.*, September 10, 2013, http://bit.ly/1U6OPR0.

18 McKeown, "A Very Simple Reason."

19 Sebastian Radics, "Advanced Moving Motivators Sessions – Don't Miss These 6 Expert Hints" On the Agile Path, May 22, 2015, http://bit.ly/1M4KhDW.

20 Sander Huijsen, "My Experience Playing Moving Motivators," Medium, August 7, 2015, http://bit.ly/1QgZvNS.

## 第11章 ハピネスドア

1 Steve Crabtree, "Worldwide, 13% of Employees Are Engaged at Work," Gallup, October 8, 2013, http://bit.ly/1aG9kMn.

2 Devi Clark, "Fascinating Facts about Job Satisfaction and Motivation All Over the World," Lifehack, February 16, 2015, http://bit.ly/1vEQJuL.

3 University of Warwick, "We Work Harder When We Are Happy, New Study Shows," Science Daily, March 20, 2014, http://bit.ly/1e1eeuF.

4 Shawn Achor, *The Happiness Advantage: The Seven Principles of Positive Psychology That Fuel Success and Performance at Work* (New York: Crown Business, 2010) .(『幸福優位7つの法則――仕事も人生も充実させるハーバード式最新成功理論』高橋由紀子訳、徳間書店、2011年)

5 Jonathan Haidt, *The Happiness Hypothesis: Finding Modern Truth in Ancient Wisdom* (New York: Basic Books, 2006) .

6 Daniel T. Gilbert, *Stumbling on Happiness* (New York: A. A. Knopf, 2006) , loc:561.(『明日の幸せを科学する』熊谷淳子訳、早川書房、2013年)

7 Martin E. Seligman, *Authentic Happiness: Using the New Positive Psychology to Realize Your Potential for Lasting Fulfillment* (New York: Free Press, 2004) .(『世界でひとつだけの幸せ――ポ

ジティブ心理学が教えてくれる満ち足りた人生』小林裕子訳、アスペクト、2004年）

8 Harvey B. Simon, "Giving Thanks Can Make You Happier" Harvard Health Publications, November 22, 2011, http://bit.ly/1s2KuRg.

9 Kelly Fitzpatrick, "Are We Happier When We Give or Receive Gifts?" Greatist, December 20, 2011, http://bit.ly/1PwpqAp.

10 Jenny Santi, "The Secret to Happiness Is Helping Others," *Time*, October 14, 2015, http://ti.me/1ZItBg7.

11 Rachael Moeller Gorman, "New Science Links Food and Happiness," *EatingWell*, May/June 2010, http://bit.ly/1OkkLR1.

12 Leo Widrich, "What Happens to Our Brains When We Exercise and How It Makes Us Happier," Buffer Social, August 23, 2012, http://bit.ly/YKZMQZ.

13 Lindsay Holmes, "All the Ways Sleep Affects Your Happiness, in One Chart," Huffington Post, July 23, 2015, http://huff.to/1g9bdLl.

14 Jay Cassano, "The Science of Why You Should Spend Your Money on Experiences, Not Things," *Co.Exist* (blog) , *Fast Company*, March 30, 2015, http://bit.ly/1CoOIIx.

15 "Spending Time in Nature Makes People Feel More Alive, Study Shows," University of Rochester, June 3, 2010, http://bit.ly/UyDdgl.

16 Elise Bialylew, "4 Ways Mindfulness Can Enhance Your Happiness," Huffington Post, April 16, 2015, http://huff.to/1FY1bo1.

17 Kimberly Schaufenbuel, "Why Google, Target, and General Mills Are Investing in Mindfulness," *Harvard Business Review*, December 28, 2015, http://bit.ly/1TmWHgu.

18 Robert Waldinger, "What Makes a Good Life? Lessons from the Longest Study on Happiness," TED, November 2015, http://bit.ly/1QI5o7B.

19 Emily Esfahani Smith, "There's More to Life Than Being Happy," *The Atlantic*, January 9, 2013, http://bit.ly/1QI5o7B.

20 Melinda Wenner, "Smile! It Could Make You Happier," *Scientific American*, September 1, 2009, http://bit.ly/1oxz0pU.

## 第12章 イェイ！ クエスチョンとセレブレーショングリッド

1 Robin and Burchell, *No Excuses*, loc:589.

2 "Celebrate Failure," *Fast Company*, November 21, 2005, http://bit.ly/g9d7Ra.

3 Alexander Kjerulf, "Top 5 Reasons to Celebrate Mistakes at Work," The Chief Happiness Officer Blog, June 3, 2010, http://bit.ly/1gUfL4Q.

4 Leigh Buchanan, "Welcome to the Church of Fail," *Inc.*, November 2013, http://bit.ly/1lk6abG.

5 Jason Fried, "Failure Is Overrated, a Redux," *Signal vs. Noise*, March 23, 2009, http://bit.ly/41Ffok.

6 Donald G. Reinertsen, *The Principles of Product Development Flow: Second Generation Lean Product Development* (Redondo Beach: Celeritas, 2009) , loc:1512.
7 Reinertsen, *The Principles of Product Development Flow*, loc:1512.
8 Deming, *Out of the Crisis*, 128.
9 Alberg, "How to Celebrate Success Throughout Your Projects."
10 Bruce Eckel, "You Get What You Measure," Reinventing Business (blog) , August 2, 2011, http://bit.ly/pc0CwQ.
11 Atul Gawande, *The Checklist Manifesto: How to Get Things Right* (New York: Metropolitan Books, 2010) .(『アナタはなぜチェックリストを使わないのか？』吉田竜訳、晋遊舎、2011年)
12 Grant Halvorson, "Sometimes Negative Feedback Is Best."
13 McCrimmon, "Celebrating Success at Work," http://bit.ly/N1XLrP.
14 Jurgen Appelo, *How to Change the World: Change Management 3.0* (Rotterdam: Jojo Ventures BV, 2012) .
15 Jim McCarthy, *Software for Your Head: Core Protocols for Creating and Maintaining Shared Vision* (Boston: Addison-Wesley, 2002) .
16 Pascal Van Cauwenberghe, "We Expect Nothing Less Than Perfection," Thinking for a Change (blog) , August 12, 2006, http://bit.ly/I9i0ih.

## 終わりに

1 Jurgen Appelo, "Where's the End?" noop.nl, December 13, 2012, http://bit.ly/1fGScHv.
2 Gary Hamel, *What Matters Now: How to Win in a World of Relentless Change, Ferocious Competition, and Unstoppable Innovation* (San Francisco: Jossey-Bass, 2012) , loc:4123.
3 Kahneman, *Thinking, Fast and Slow*, loc:3473.
4 Jim Highsmith, "Agile Bureaucracy: When Practices Become Principles," Jim Highsmith (blog) , July 10, 2012, http://bit.ly/1njD8bV.
5 Henry Mintzberg, *Managers, Not MBAs: A Hard Look at the Soft Practice of Managing and Management Development* (San Francisco: Berrett-Koehler Publishers, 2004) , 252.(『MBAが会社を滅ぼす――マネジャーの正しい育て方』池村千秋訳、日経BP、2006年)
6 Robin and Burchell, *No Excuses*, loc:702.
7 Scott Berkun, "How to Convince Your Boss to Try New Things," Scott Berkun (blog) , March 26, 2014, http://bit.ly/1gMMc1I.
8 Charles Duhigg, *The Power of Habit: Why We Do What We Do in Life and Business* (New York: Random House, 2012) .(『習慣の力』渡会圭子訳、講談社、2013年)
9 Rother, *Toyota Kata*, loc:171.

## 他にもご期待あれ！

### ワークエキスポ
アウトプットを集めて目的を明確にする

### アイデンティティシンボル
皆とアイデンティティを共有する

### インプルーブメントダイアログとコ・パイロットプログラム
コラボレーションを通してパフォーマンスを改善する

### プロブレムタイム
問題を解決し、価値を提供する

### ワークプロファイルとプロジェクトクレジット
自分の肩書きから自分の評判に視点を変える

### CHAMPFROGSチェックリスト
よりよいインフルエンサーになる方法を理解する

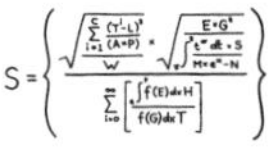

### サラリーフォーミュラ
公平な報酬で人々の信頼を保つ

m30.me/morehappiness

## Jurgen Appeloの著書

「つまらない組織とどう付き合っていけばいいのか?」という質問をよく耳にする。仕事は好きだが、マネジメント層のやることは気に入らない。そんなときにはどうすればいい?簡単だ。そこには3つの選択肢がある。我慢するか、辞めるか、チェンジマネジメントを学ぶかだ。これは最後の選択肢を選んだ人のための本である。

m30.me/hcw

アジャイルマネジメントは、アジャイルのなかでも見落とされがちな部分だ。アジャイル開発者やプロジェクトマネージャーにとっての本は少なくとも100冊はあるが、アジャイルマネージャーやリーダーにとっての本は非常に少ない。しかし、組織にアジャイルソフトウェア開発を導入する場合、アジャイル開発者やプロジェクトマネージャーだけでなく、開発マネージャーやチームリーダーも新しいプラクティスを学ぶ必要がある。組織をマネジメントするためにこれまでと違うアプローチを学ばなければならない。

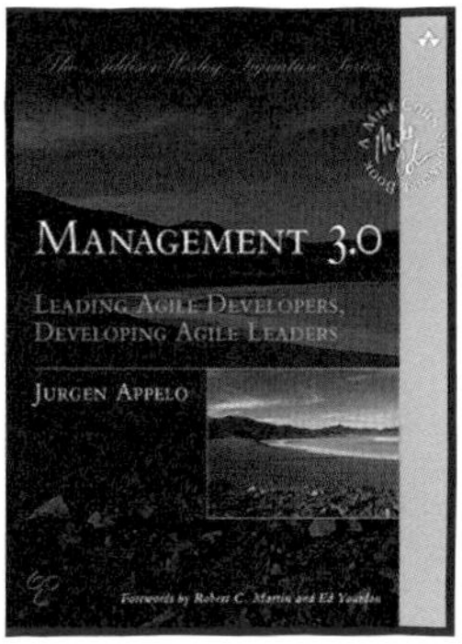


m30.me/m30

## この本のレビューをお願いします！

ここまで読んで頂いてありがとうございます。

この本の完成には**3年もの月日**を掛けてしまったので、お願いがあります。:-)

ぜひ、Amazon **レビュー**を書いてください。m30.me/amazon

あるいは、GoodReadsでも構いません。m30.me/goodreads

あなたのご好意に本当に感謝します。

そして、書籍には「レビューは本の売上を伸ばす」という**法則**があります。

さらに良いのは、この本のブログを書くことです！

もし書いてもらえたら、喜んであなたの記事をシェアさせて頂きます。

それでは、このあたりで。

ありがとう！

ヨーガン

## 著者について

ヨーガン・アペロは、21世紀に創造的な組織が成功して存続するためのマネジメントを開拓するパイオニアだ。具体的なゲーム、ツール、プラクティスを提供し、少数のマネージャーでより良いマネジメントを導入できるようにしている。

ヨーガンは自身をクリエイティブネットワーカーと呼んでいるが、執筆者でもあり、講演者でもあり、トレーナーでもあり、起業家でもあり、イラストレーターでもあり、マネージャーでもあり、ブロガーでもあり、読者でもあり、夢想家でもあり、リーダーでもあり、自由な思想家でもあり……オランダ人の男性でもある。Inc.comのTop 50 Leadership ExpertやTop 50 Leadership InnovatorやTop 100 Great Leadership Speakerにもあげられている。ヨーガンは2008年からNOOP.NLでクリエイティブエコノミー、アジャイルマネジメント、組織変革、能力開発に関する人気のブログを書いている。アジャイルな組織におけるマネージャーの役割について述べたManagement 3.0の著者であり、チェンジマネジメントの特筆すべきモデルを端的に述べたHow to Change the Worldの著者でもある（management30.com）。ヨーガンはHappy Mellyビジネスネットワーク（happymelly.com）のファウンダーであり、ビジネスセミナーやカンファレンスに講演者として数多く招待されている（jurgenappelo.com）。

デルフト工科大学でソフトウェアエンジニアリングを学び、1994年に修士号を取得した後、ヨーガンはオランダでさまざまなビジネスを立ち上げ、チームリーダー、マネージャー、エグゼクティブの立ち位置でリードしてきた。100人ものソフトウェア開発者、開発マネージャー、プロジェクトマネージャー、ビジネスコンサルタント、品質マネージャー、サービスマネージャー、さらにはカンガルーの大群を率いてきた経験があり、そのなかには偶然雇った人もいる。

今日では、彼は革新的なコースウェアや本などさまざまな種類のオリジナルコンテンツの開発にフルタイムで従事している。ときには、それらをすべて脇に置いて、自分でプログラミングしたり、自分でデザインした本棚に積み上がった4メートルもの高さになるSFやファンタジー作品に時間を費やしたりすることもある。彼はパートナーであるラウルとScoobyというWi-Fiネットワークと一緒に、ロッテルダム（オランダ）とブリュッセル（ベルギー）に住んでいる。

twitter.com

/jurgenappelo

linkedin.com

/in/jurgenappelo

facebook.com

/jurgenappelo

youtube.com

/user/jurgenappelo

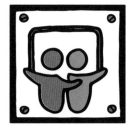

slideshare.net

/jurgenappelo

www.noop.nl

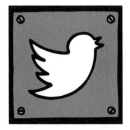

# 共同制作者

あなたが今読んでいるこの本は友人、パートナー、専門家、読者からの支援がなくては完成させることはできなかった。多くの人がこの本の制作に協力してくれたが、ときにはそれに気づかないことすらあった。

この本の表現はコピーエディターによるものだ。非ネイティブである私の英語は、ベッツィー・ゴールズビー、デビッド・グレゴリー、ウェイン・パーディンが大幅に文法表現を改善してくれた。

この本のデザインは、リンダ・ヒルツマンの素晴らしいデザインスキルのおかげできれいに仕上がった。いくつかの初期案や後期の各章の改編はエリック・ギルによるものだ。

有用な写真を惜しげもなく提供してくれたのは、アンソニー・クラベリー、デイヴ・ブランズ、ゲイリー・シェパード、ホセ・イグナシオ・デ・ファン、ヨーガン・ディットマー、カミル・ソワ、コーエン・ファン・ヴァイク、マテウス・ガジュズィク、オマル・C・バーミューデス、ロビー・ウッドだ。

この本は素敵なストーリーが提供されなくては退屈なものになってしまっていただろう。それらのストーリーは、アニエスカ・ジモチク、アリックス・モガダム、アンダース・イバーソン、クラウディオ・ピレス、フラヴィウス・ステフ、フロリアン・ホフマン、ゲイリー・シェパード、ジェフリー・ローニー、ジェラルド・バルシア・パラシオス、インガ・リル・ホルムクヴィスト、イヴォ・ファン・ヘイレン、イヴォ・ベリッチコフ、ジェイソン・リトル、ヨハン・ダルベック、ジュハニ・リンド、ラザール・トドロフ、ポール・ボウラー、ポール・ホールデン、パトリック・ヴェルドンク、ピーター・ルバース、リチャード・ブア、ロビー・ウッド、セバスチャン・レーディックス、ステファン・ワンダーが提供してくれた。

刺激的な会社訪問ができたのは、アンダース・イバーソン、イヴォ・ファン・ヘイレン、ジェスパー・リヒター・ライヒヘルム、ジョルディ・アスコリーズ、キース・デ・コーニング、レイトン・ガオ、オルヴェ・モーダル、パヴェル・プステルニク、ローリー・アボット、フォルカー・デュッシュのおかげだ。

この本を読みやすく仕上げることができたのは、エイドリアン・ルーペイ、アレクサンドロス・フィロプロス、アンドレイ・ルッキィ、アンジェロ・アノリン、キャスパー・ビロウ、クレイグ・ブラウン、ダン・ウッドワード、デレク・グラハム、エドアルド・スクデラー・フェルナンデス、エリック・ウェーバー、インガ・リル・ホルムクヴィスト、ヤン・パストワ、ヤンカ・ハダーコワ、ジョルジュ・ロンチョーゼ、ケン・ウィアー、コーン・ファン・ヴァイク、マティアス・ウルフ、マックス・ヘイウッド、マキシム・クリザノフスキー、マイク・グリフィス、マイク・リーバー、ニレシュ・クルカルニ、ポール・インマーゼール、パヴェル・プステルニク、ピエール・フォーベル、プリーティ・ゴラップ、ラファエル・チチニ、レイナー・グレイ、ラムクマール・KB、リチャード・ブア、スコット・ダンカン、セルジュ・ダミアン、ステファン・ハース、ステファノ・レリ、トーマス・クリウラ、トマシュ・スクビシュ、トニー・ナバーロ、ビブ・スリニバサン、ビジェイ・バンダル、ボランチ・クトニク、ヴィム・ヘムスケルク、イェホナサン・シャービット、イヴ・シャレールから多くのフィードバックがあったからこそだ。

最後になるが、私のチームであるHappy Mellyにはいつもお世話になっている。皆、ありがとう！

それと、すべてのイラストの拙さについてはお詫びをさせて欲しい。すべて私が描いたものだ。

# 訳者あとがき

この本の翻訳を始めたのはもう数年前になります。Management 3.0のワークショップに参加した際にこの本が配られているのを見て「英語だったら読む人は少ないだろうな。よし、翻訳してみよう」と軽いきっかけからひとりで始めたものでしたが、そのときはまさかここまでの時間と労力が掛かるものとは思いもしませんでした。

それでもようやく書店に並び、皆さんの手に取ってもらえる段階まで来たことを思うと感慨深いものがあります。私は「関わったコミュニティにエクストリームな貢献ができているかどうか」というのを行動基準としていますが、Management 3.0についてはようやく実現できたと思っています。

この本は、さまざまな形で協力してくださった皆様の力がなければ実現に至りませんでした。ステファン・ニュースペリングさん、今回の出版の0→1部分の話を立ち上げて大友さんと繋げて頂き、ありがとうございました。こういったところのフットワークの軽さはいつも尊敬しています。大友聡之さん、同じく明石書店さんと繋げて頂いてありがとうございました。大友さんのご支援がなければ、明石書店さんからの出版は成立しませんでした。

ひととおりの翻訳を終えてきた頃、完成に向けてレビューをどうしていくかなど、正直なところ1人ではうまく段取りができずに困っていました。翻訳本の出版が単に英語を日本語に翻訳する作業だけで終わらないことを思い知ったのもこの頃です。中原慶さん、秋元利春さん、レビューの進め方の相談に乗ってくださったり、レビュワーの皆様と繋げてくださったりなど、ありがとうございました。中原さん、秋元さんのご協力がなければ、この本はひとりよがりな質のまま世に出てしまったか、お蔵入りになっていたことでしょう。

杉山久見子さん、尾花猛紀さん、山田哲寛さん、森川裕美さん、中原慶さん、前川哲次さん、吉羽龍太郎さん、長沢智治さん、藤井拓さん、鬼木哲郎さん、レビューのご協力ありがとうございました。皆様からフィードバックを頂くことで翻訳や表現の面でたくさんの改善点があるのを認識でき、この本の翻訳だけでなく、自分の今後の翻訳スキルを向上させる場としても大変貴重な機会でした。

平鍋健児さん、素敵なコピー文をありがとうございました。どんな内容の本でも手に取ってもらえなければ伝えたいことも伝えられませんが、平鍋さんならではのお言葉でこの本を表現して頂いたことで、その機会は最大限に高まったと思っています。

また、明石書店の黄唯さん、赤瀬智彦さん、出版に向けたさまざまなやりとりを続けて頂き、ありがとうございました。日常の荒波に流されがちで連絡が途切れやすく、翻訳書だけでなく書籍の出版としても初めてだった私がここまで辿り着けたのは、お二方のサポートあってのものです。

最後に、結果的にプライベートの時間の大部分を投入することになったにもかかわらず、ときおり翻訳作業を気にかけてくれた妻の南、ありがとう。

私は自分のことをアーティストやプロのイラストレーターとは呼ばない。しかし、私は鉛筆やペンを使った作業が好きで、自分のイラストによって本に加わる「独特の雰囲気」が皆に評価されていることに気がついた。

# YOU SHOULD *try it, too!*

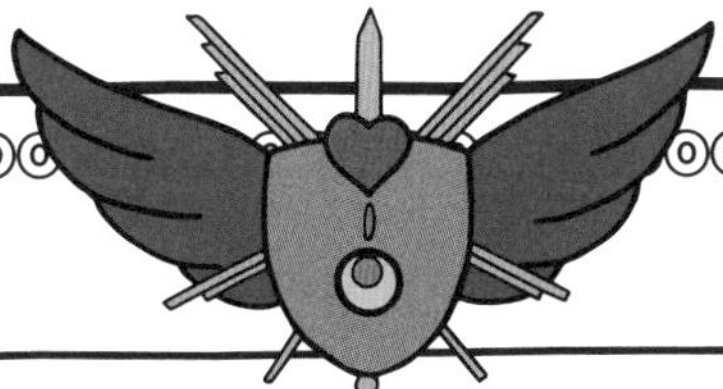

実は、この本も含めた最初の3冊で描いたイラストをすべてダウンロードできる。すべて無料だ。商業利用かどうかにかかわらず、あなたの作品に使用することができる。使用する際、クレジットを記載して私のウェブサイトへのリンクしてくれると嬉しい。

● ● ● ● ● ● ● ● ● ● ● ● ● ● ● ● ●

しかし、私が本当に望むのは、あなたが自分自身で絵を描き始めることだ。世の中にはもう素材が溢れてしまっているのだから。

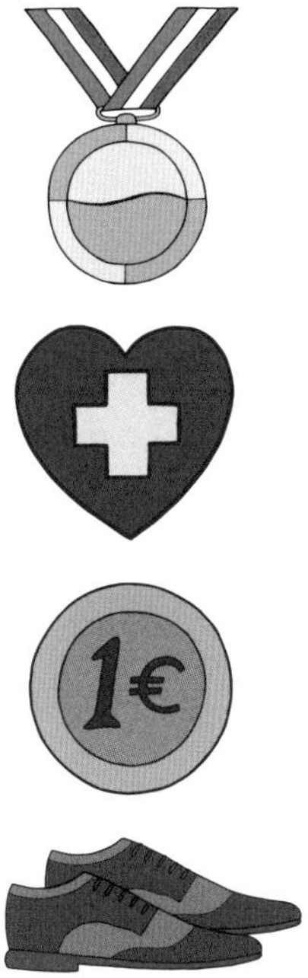

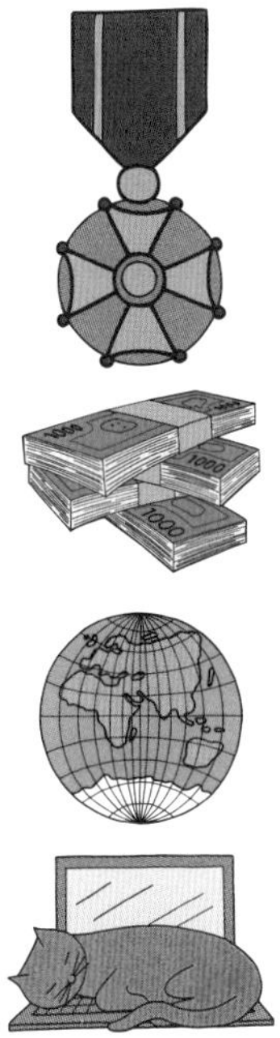

M30.ME/
ILLUSTRATIONS
→

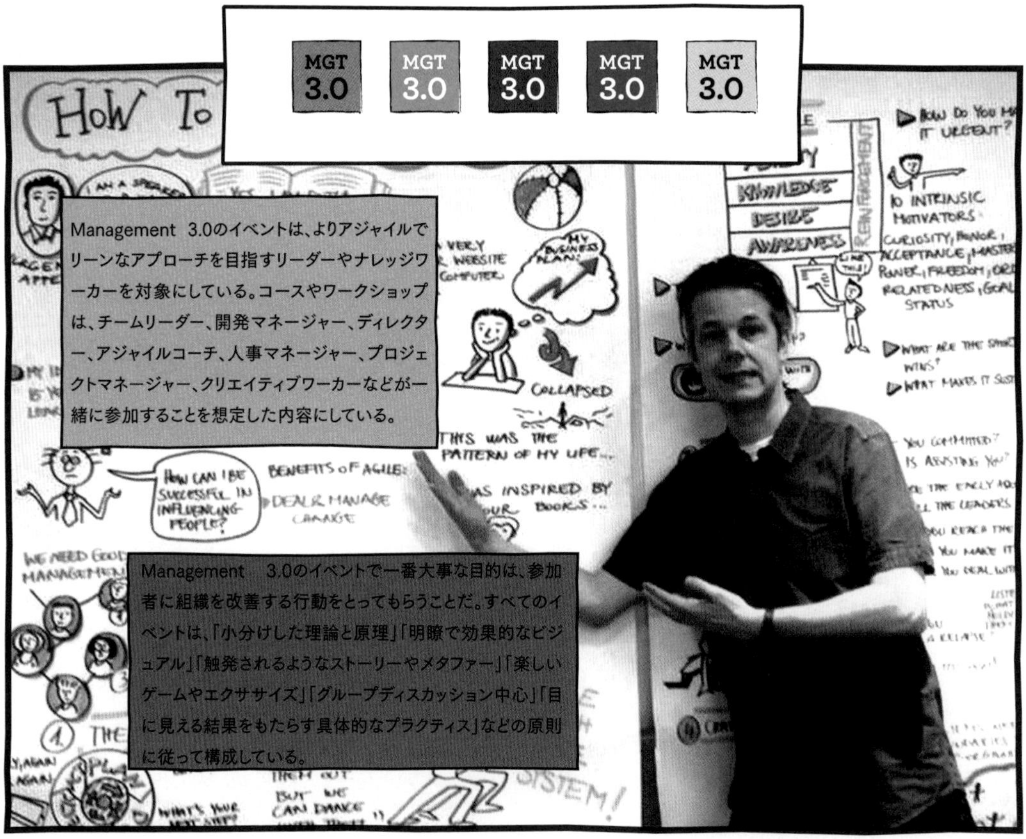

Management 3.0のイベントは、よりアジャイルでリーンなアプローチを目指すリーダーやナレッジワーカーを対象にしている。コースやワークショップは、チームリーダー、開発マネージャー、ディレクター、アジャイルコーチ、人事マネージャー、プロジェクトマネージャー、クリエイティブワーカーなどが一緒に参加することを想定した内容にしている。

Management　3.0のイベントで一番大事な目的は、参加者に組織を改善する行動をとってもらうことだ。すべてのイベントは、「小分けした理論と原理」「明瞭で効果的なビジュアル」「触発されるようなストーリーやメタファー」「楽しいゲームやエクササイズ」「グループディスカッション中心」「目に見える結果をもたらす具体的なプラクティス」などの原則に従って構成している。

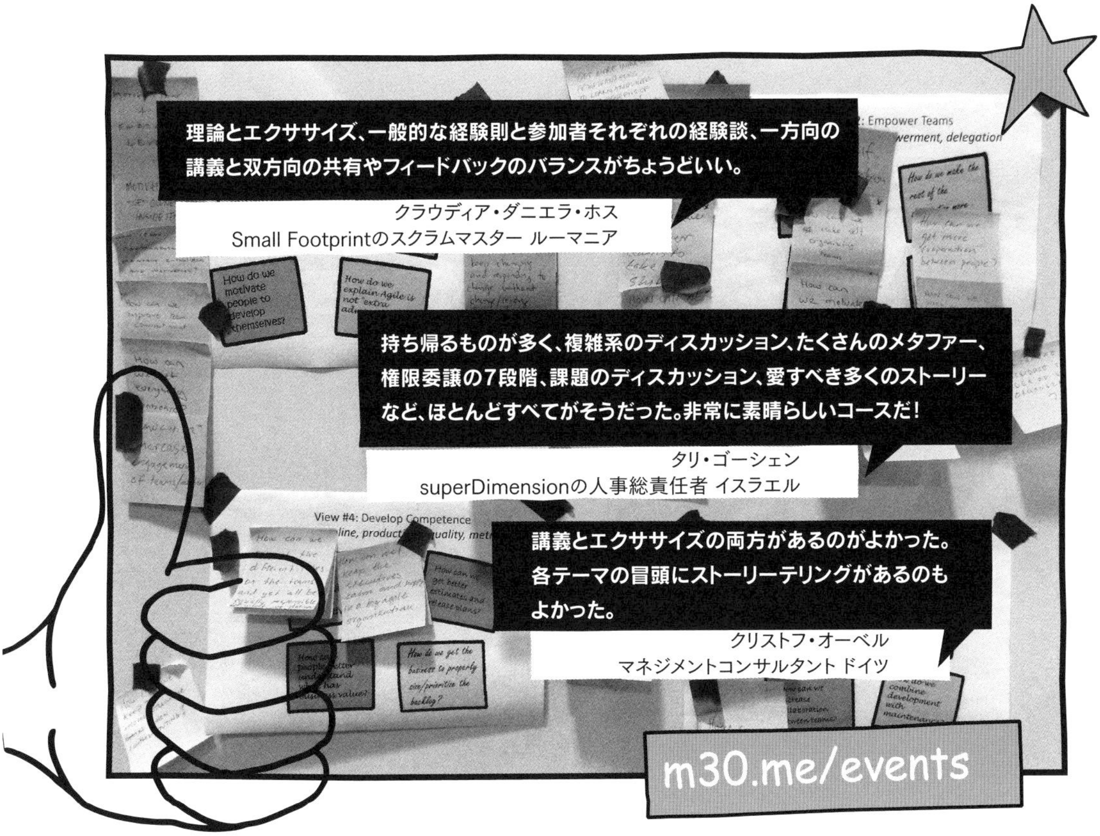
理論とエクササイズ、一般的な経験則と参加者それぞれの経験談、一方向の講義と双方向の共有やフィードバックのバランスがちょうどいい。
クラウディア・ダニエラ・ホス
Small Footprintのスクラムマスター ルーマニア
持ち帰るものが多く、複雑系のディスカッション、たくさんのメタファー、権限委譲の7段階、課題のディスカッション、愛すべき多くのストーリーなど、ほとんどすべてがそうだった。非常に素晴らしいコースだ！
タリ・ゴーシェン
superDimensionの人事総責任者 イスラエル
講義とエクササイズの両方があるのがよかった。各テーマの冒頭にストーリーテリングがあるのもよかった。
クリストフ・オーベル
マネジメントコンサルタント ドイツ
m30.me/events

## 認定

Management 3.0の原理原則とプラクティスを伝える側になりませんか？

あなたのイベントでデリゲーションポーカーやムービングモチベーターズなどの
素敵なゲーム、エクササイズ、スライド、イラストを使ってみたいと思いませんか？

Management 3.0ファシリテーターで構成される世界的なコミュニティに参加ください！

m30.me/licensing

Management 3.0認定ファシリテーターになれば、
あなたの会社を含む世界中のどこででも
Management 3.0のコースやワークショップを公開イベントとして開催できます。

他にもたくさん……

m30.me/facilitators

## 訳者紹介

**寳田雅文（たからだ・まさふみ）**

とある製造業の情報システム系子会社にて、インフラチームのマネージャーとして「対話のプラットフォーム上にそれぞれのメンバーの個性や強みを前提にした最高のコラボレーションを発揮するハイパフォーマンスチーム」になるためのあれこれについて日々奮闘中。Management 3.0認定ファシリテーター。日本にManagement 3.0を広めるべく「人にやさしい組織マネジメント勉強会」(https://management30.connpass.com/) の運営メンバーとしても活動中。アジャイルやスクラム、人の認知のメカニズム、チームや組織のマネジメントが関心分野。

**マネージング・フォー・ハピネス**
チームのやる気(モチベーション)を引き出すゲーム、ツール、プラクティス

2022年8月15日　初版第1刷発行

**著　者**：ヨーガン・アペロ
**訳　者**：寳田 雅文
**発行者**：大江 道雅
**発行所**：株式会社明石書店
〒101-0021
東京都千代田区外神田6-9-5
TEL　03-5818-1171
FAX　03-5818-1174
http://www.akashi.co.jp
振替　00100-7-24505

装丁：明石書店デザイン室
印刷・製本：モリモト印刷株式会社

（定価はカバーに表示してあります）

ISBN978-4-7503-5413-2